구성 및 특징

핵심이론

시험에 출제되는 핵심 내용만을 모아 효율적인 학습이 가능하도록 구성하였습니다. 반드시 알아야 할 내용에 대한 충실한 이해와 체계적 정리가 가능합니다.

빈출개념

시험에서 자주 출제되는 개념들을 표시하여 중요한 부분을 한 눈에 들어올 수 있도록 하였습니다. 합격에 필요한 핵심이론을 깔끔하게 학습하시기 바랍니다.

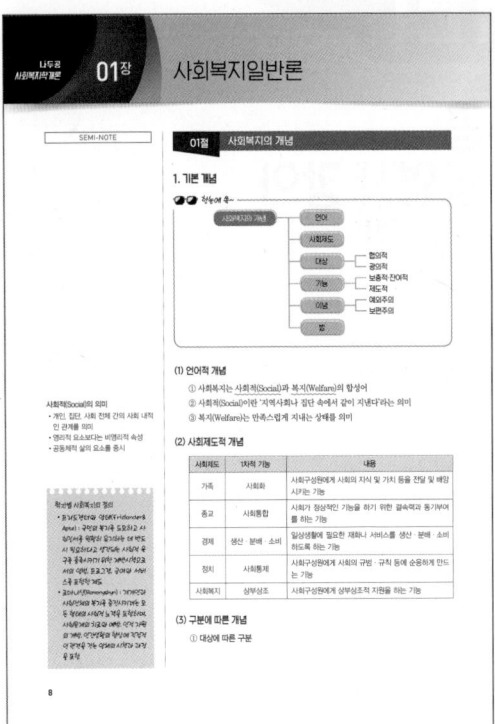

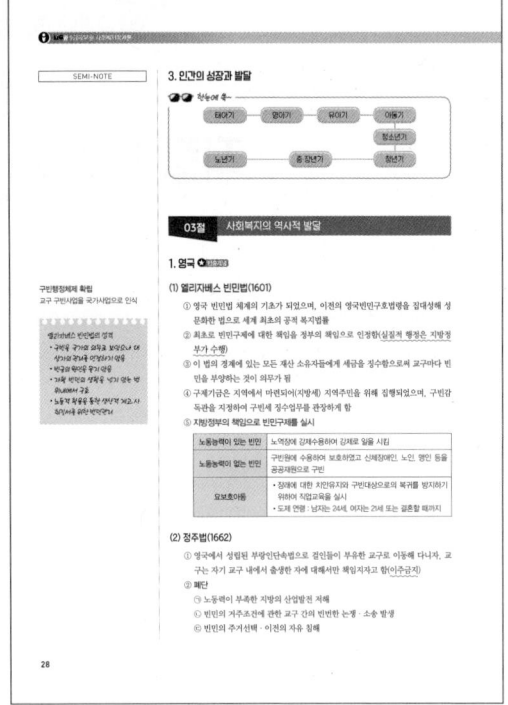

한눈에 쏙~

흐름이나 중요 개념들이 한눈에 쏙 들어올 수 있도록 도표로 정리하여 수록하였습니다. 한눈에 키워드와 흐름을 파악하여 수험에 도움이 되도록 하였습니다.

실력 up

더 알아두면 좋을 내용을 실력 up에 배치하고, 보조단에는 SEMI - NOTE를 배치하여 본문에 관련된 내용이나 중요한 개념들을 수록하였습니다.

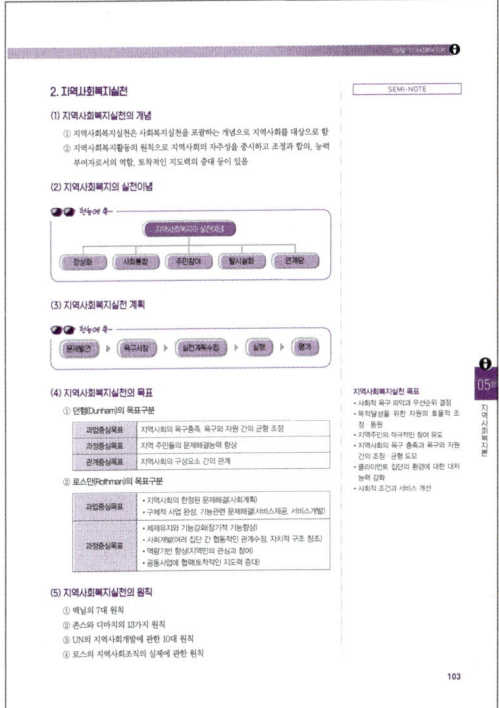

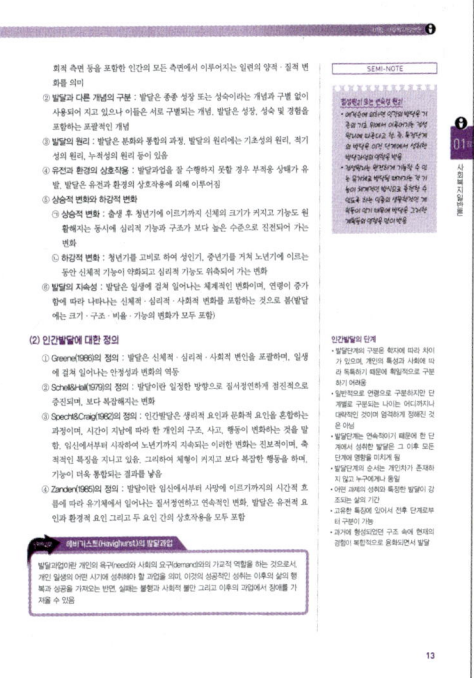

목 차

01장 사회복지일반론
- 01절 사회복지의 개념 ··· 8
- 02절 인간행동과 사회환경 ··· 12
- 03절 사회복지의 역사적 발달 ·· 28
- 04절 복지국가 ··· 37

02장 사회복지조사론
- 01절 과학적 방법 ·· 42
- 02절 조사연구요소 ··· 43
- 03절 사회복지조사과정 ·· 48
- 04절 사회조사의 형태 ·· 50
- 05절 측정과 척도 ·· 55
- 06절 실험조사설계연구 · 단일사례설계 및 표집 ················· 61

03장 사회복지실천론
- 01절 사회복지실천 일반 ··· 72
- 02절 사회복지실천현장과 사회복지사의 역할 ··················· 74
- 03절 사회복지이론 ··· 75
- 04절 사회복지실천의 과정 ··· 78
- 05절 사례관리 ··· 82

04장 사회복지실천기술론
- 01절 사회복지실천 모델 ··· 86
- 02절 집단사회복지실천과 사회복지실천 기록 · 평가 ········· 95

05장 지역사회복지론

- 01절 지역사회복지의 개념 …………………………………………… 102
- 02절 지역사회복지의 모델 …………………………………………… 104
- 03절 지역사회복지실천의 사회복지사의 역할과 실천기술 ………… 105

06장 사회복지정책론

- 01절 사회복지정책 일반 ……………………………………………… 112
- 02절 사회복지정책 관련 이론 ………………………………………… 114
- 03절 사회복지정책 과정과 분석 ……………………………………… 117
- 04절 사회보장 …………………………………………………………… 121

07장 사회복지행정론

- 01절 사회복지행정의 이해 및 특성 …………………………………… 130
- 02절 사회복지행정의 이론적 배경 …………………………………… 132
- 03절 사회복지서비스 전달체계 ………………………………………… 136
- 04절 사회복지조직의 구조와 환경 …………………………………… 138
- 05절 사회복지행정의 주요 개념 ……………………………………… 141

08장 사회복지서비스론

- 01절 아동복지 …………………………………………………………… 150
- 02절 노인복지 …………………………………………………………… 152
- 03절 장애인복지 ………………………………………………………… 154
- 04절 가족복지 …………………………………………………………… 155
- 05절 재가복지 …………………………………………………………… 158
- 06절 정신건강 · 청소년 ………………………………………………… 160

9급공무원
사회복지학개론

나두공

01장 사회복지일반론

01절 사회복지의 개념

02절 인간행동과 사회환경

03절 사회복지의 역사적 발달

04절 복지국가

01장 사회복지일반론

SEMI-NOTE

01절 사회복지의 개념

1. 기본 개념

한눈에 쏙~

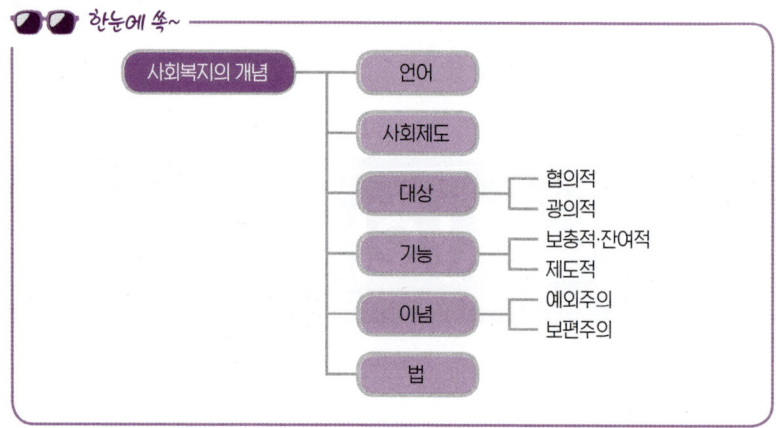

(1) 언어적 개념
① 사회복지는 사회적(Social)과 복지(Welfare)의 합성어
② 사회적(Social)이란 '지역사회나 집단 속에서 같이 지낸다'라는 의미
③ 복지(Welfare)는 만족스럽게 지내는 상태를 의미

사회적(Social)의 의미
- 개인, 집단, 사회 전체 간의 사회 내적인 관계를 의미
- 영리적 요소보다는 비영리적 속성
- 공동체적 삶의 요소를 중시

(2) 사회제도적 개념

사회제도	1차적 기능	내용
가족	사회화	사회구성원에게 사회의 지식 및 가치 등을 전달 및 배양시키는 기능
종교	사회통합	사회가 정상적인 기능을 하기 위한 결속력과 동기부여를 하는 기능
경제	생산·분배·소비	일상생활에 필요한 재화나 서비스를 생산·분배·소비하도록 하는 기능
정치	사회통제	사회구성원에게 사회의 규범·규칙 등에 순응하게 만드는 기능
사회복지	상부상조	사회구성원에게 상부상조적 지원을 하는 기능

학자별 사회복지의 정의
- 프리드랜더와 앞테(Fridlander & Apte) : 국민의 복지를 도모하고 사회질서를 원활히 유지하는 데 반드시 필요하다고 생각되는 사회적 욕구를 충족시키기 위한 제반시책으로서의 입법, 프로그램, 급여와 서비스를 포함한 제도
- 로마니신(Romanyshyn) : 개개인과 사회전체의 복지를 증진시키려는 모든 형태의 사회적 노력을 포함하며, 사회문제의 치료와 예방, 인적 자원의 개발, 인간생활의 향상에 직접적인 관련을 갖는 일체의 시책과 과정을 포함

(3) 구분에 따른 개념
① 대상에 따른 구분

구분	협의(狹義)적 개념	광의(廣義)적 개념
대상	사회적 · 경제적 약자	모든 국민, 구성원 전체
기능	취약 계층에 대한 한정적이고 소극적인 지원으로, 교육 · 치료 · 보호 등의 사회복지의 전문적 지원	국민 전체에 대한 총괄적이고 적극적인 지원으로, 보건 · 주택 · 소득 등의 사회복지의 제도적 지원
특징	보충적, 잔여적, 대체적	제도적, 보편적, 항구적
장단점	경제적 효율성이 높으나, 사회통합을 저해하고, 스티그마(stigma) 발생 확률이 높음	사회통합에 용이하며, 스티그마(stigma) 발생확률이 낮으나, 경제적 효율성이 떨어짐

② 기능에 따른 구분(Wilensky&Lebeaux)

구분	보충적 · 잔여적(Residual) 개념	제도적(Institutional) 개념
대상	사회적 · 경제적 약자	모든 국민, 구성원 전체
기능	사회안전망(필수적이지 않음)	사회구성원이 만족할 만한 사회복지(필수적)
특징	• 가족이나 시장과 같이 정상적인 공급구조가 제 기능을 하지 못할 경우 사회복지를 제공 • 사회문제의 원인을 개인으로 보고 개인의 책임을 강조하면서 정부의 역할을 제한함 • 임시적, 응급조치적, 선별적, 한정적, 소극적	• 다른 사회제도가 수행하는 기능과는 구분되어 독립적으로 사회복지를 제공 • 사회문제의 원인을 사회구조로 보고 사회구조적 책임을 강조하면서 정부의 역할을 확대함 • 항구적, 사전적, 일반적, 보편적, 적극적
기반이념	예외주의(자유주의, 보수주의)	보편주의(사회주의, 진보주의)

③ 이념에 따른 구분(Ryan)

구분	예외주의(Exceptionalism)	보편주의(Universalism)
대상	문제를 가진 집단이나 특수 계층	모든 국민, 구성원 전체
특징	• 사회문제의 원인을 특정한 집단에서 예측할 수 없이 발생하는 것으로 봄 • 개인적 문제해결을 주장	• 사회문제의 원인을 특정한 집단이 아닌 사회체제의 불공평 · 불완전에서 발생하는 것으로 봄 • 예측이 가능하므로 예방이 가능하다고 봄
기반이념	보충적 · 잔여적(Residual) 개념	제도적(Institutional) 개념

(4) 법적 개념

① 헌법(제34조)

법령 헌법

제34조 ① 모든 국민은 인간다운 생활을 할 권리를 가진다.
② 국가는 사회보장 · 사회복지의 증진에 노력할 의무를 진다.
③ 국가는 여자의 복지와 권익의 향상을 위하여 노력하여야 한다.

SEMI-NOTE

기능에 따른 사회복지의 개념

구분	잔여적	제도적
급여제공 원칙	선별주의	보편주의
스티그마	O	X
사회통합 기능	약함	강함
주요 사례	공공부조	사회수당, 사회보험

사회복지의 기반이념
• 보충적 · 잔여적 개념 : 동정(Compassion)(Pumphrey), 개별화된 치료(Chamber), 개인적인 문제(Mills)
• 제도적 개념 : 보호(Protection)(Pumphrey), 정치적 행동(Chamber), 공적인 문제(Mills)

SEMI-NOTE

④ 국가는 노인과 청소년의 복지향상을 위한 정책을 실시할 의무를 진다.
⑤ 신체장애자 및 질병·노령 기타의 사유로 생활능력이 없는 국민은 법률이 정하는 바에 의하여 국가의 보호를 받는다.
⑥ 국가는 재해를 예방하고 그 위험으로부터 국민을 보호하기 위하여 노력하여야 한다.

② 사회보장기본법(제3조)

법령 사회보장기본법

제3조(정의) 이 법에서 사용하는 용어의 뜻은 다음과 같다.
1. "사회보장"이란 출산, 양육, 실업, 노령, 장애, 질병, 빈곤 및 사망 등의 사회적 위험으로부터 모든 국민을 보호하고 국민 삶의 질을 향상시키는 데 필요한 소득·서비스를 보장하는 사회보험, 공공부조, 사회서비스를 말한다.
2. "사회보험"이란 국민에게 발생하는 사회적 위험을 보험의 방식으로 대처함으로써 국민의 건강과 소득을 보장하는 제도를 말한다.
3. "공공부조"(公共扶助)란 국가와 지방자치단체의 책임 하에 생활 유지 능력이 없거나 생활이 어려운 국민의 최저생활을 보장하고 자립을 지원하는 제도를 말한다.
4. "사회서비스"란 국가·지방자치단체 및 민간부문의 도움이 필요한 모든 국민에게 복지, 보건의료, 교육, 고용, 주거, 문화, 환경 등의 분야에서 인간다운 생활을 보장하고 상담, 재활, 돌봄, 정보의 제공, 관련 시설의 이용, 역량 개발, 사회참여 지원 등을 통하여 국민의 삶의 질이 향상되도록 지원하는 제도를 말한다.
5. "평생사회안전망"이란 생애주기에 걸쳐 보편적으로 충족되어야 하는 기본욕구와 특정한 사회위험에 의하여 발생하는 특수욕구를 동시에 고려하여 소득·서비스를 보장하는 맞춤형 사회보장제도를 말한다.
6. "사회보장 행정데이터"란 국가, 지방자치단체, 공공기관 및 법인이 법령에 따라 생성 또는 취득하여 관리하고 있는 자료 또는 정보로서 사회보장 정책 수행에 필요한 자료 또는 정보를 말한다.

사회복지사업법(제2조 제1호)*
- 「국민기초생활 보장법」
- 「아동복지법」
- 「노인복지법」
- 「장애인복지법」
- 「한부모가족지원법」
- 「영유아보육법」
- 「성매매방지 및 피해자보호 등에 관한 법률」
- 「정신건강증진 및 정신질환자 복지서비스 지원에 관한 법률」
- 「성폭력방지 및 피해자보호 등에 관한 법률」
- 「입양특례법」
- 「일제하 일본군위안부 피해자에 대한 생활안정지원 및 기념사업 등에 관한 법률」
- 「사회복지공동모금회법」
- 「장애인·노인·임산부 등의 편의증진 보장에 관한 법률」
- 「가정폭력방지 및 피해자보호 등에 관한 법률」
- 「농어촌주민의 보건복지증진을 위한 특별법」
- 「식품등 기부 활성화에 관한 법률」
- 「의료급여법」
- 「기초연금법」
- 「긴급복지지원법」
- 「다문화가족지원법」
- 「장애인연금법」
- 「장애인활동 지원에 관한 법률」
- 「노숙인 등의 복지 및 자립지원에 관한 법률」
- 「보호관찰 등에 관한 법률」
- 「장애아동 복지지원법」
- 「발달장애인 권리보장 및 지원에 관한 법률」
- 「청소년복지 지원법」
- 그 밖에 대통령령으로 정하는 법률

③ 사회복지사업법(제2조)

법령 사회복지사업법

제2조(정의) 이 법에서 사용하는 용어의 뜻은 다음과 같다.
1. "사회복지사업"이란 다음 각 목*의 법률에 따른 보호·선도(善導) 또는 복지에 관한 사업과 사회복지상담, 직업지원, 무료 숙박, 지역사회복지, 의료복지, 재가복지(在家福祉), 사회복지관 운영, 정신질환자 및 한센병력자의 사회복귀에 관한 사업 등 각종 복지사업과 이와 관련된 자원봉사활동 및 복지시설의 운영 또는 지원을 목적으로 하는 사업을 말한다.
2. "지역사회복지"란 주민의 복지증진과 삶의 질 향상을 위하여 지역사회 차원에서 전개하는 사회복지를 말한다.
3. "사회복지법인"이란 사회복지사업을 할 목적으로 설립된 법인을 말한다.
4. "사회복지시설"이란 사회복지사업을 할 목적으로 설치된 시설을 말한다.
5. "사회복지관"이란 지역사회를 기반으로 일정한 시설과 전문인력을 갖추고 지역주민의 참여와 협력을 통하여 지역사회의 복지문제를 예방하고 해결하기 위하여 종합적인 복지서비스를 제공하는 시설을 말한다.
6. "사회복지서비스"란 국가·지방자치단체 및 민간부문의 도움을 필요로 하는 모든 국민에게 「사회보장기본법」 제3조제4호에 따른 사회서비스 중 사회복지사업을 통한 서비스를 제공하여 삶의 질이 향상되도록 제도적으로 지원하는 것을 말한다.
7. "보건의료서비스"란 국민의 건강을 보호·증진하기 위하여 보건의료인이 하는 모든 활동을 말한다.

(5) 학문적 개념

① 정의 : 사회복지라는 사회현상을 파악하고 인간사회의 문제와 그 해결방안을 연구·분석하는 응용학문
② 특징
   ㉠ 실천적 성격 : 과학적 지식을 바탕으로 사회문제를 해결방법을 찾는 과학적이고 실천 지향적인 학문
   ㉡ 다문학적 성격 : 사회과학의 여러 학문의 성과를 활용하며, 여러 학문간 충돌할 수 있는 가치간의 갈등을 절충하여 활용하는 다문학적이고 절충적 학문
   ㉢ 틈새적 성격 : 다양한 사회과학 학문들과 협력을 통하여 발전되어 융합·틈새적 특징이 있지만, 새로운 학문적 특징을 가진 학문

2. 관련 개념

(1) 사회사업(Social Work) ★빈출개념

① 정의 : 개인, 집단, 지역사회가 사회적 기능을 수행할 수 있도록 그들의 능력 증진이나 회복을 돕고 목표를 달성할 수 있는 사회적 여건을 조성하는 것
② 특징
   ㉠ 특정한 개인, 집단, 지역사회를 대상으로 함(개별적·선별적)
   ㉡ 전문가에 의하여 수행되는 전문적이고 기술적인 실천적 활동(실천적)
   ㉢ 사후적, 소극적, 치료적, 미시적
③ 사회복지와의 비교

구분	사회복지	사회사업
언어적 개념	사회의 욕구를 충족시키고 사회의 안정을 유지하기 위한 국가적 제도나 서비스(이상적)	개인, 집단, 지역사회의 능력 증진이나 회복을 돕고 목표를 달성할 수 있는 사회적 여건을 조성(실천적)
대상	모든 국민, 구성원 전체	개인, 집단, 지역사회
주체	개인·집단·국가	개인·집단·기관
기능	제도, 정책	지식, 기술적 활동
특징	거시적, 조직적, 생산적, 사전적, 적극적	미시적, 전문적, 소비적, 사후적, 소극적

(2) 사회서비스·사회보장·사회안전망

① 사회서비스(Social Service) : 소득보장, 의료, 교육, 재택, 개별적 서비스를 포함하는 기본적이고 보편적인 인간의 욕구해결을 위한 사회서비스
② 사회보장(Social Security) : 다양한 사회적 위험에 대비하여 사회입법을 통해 이루어지는 보호로, 국가에 의한 국민의 최저생활 보장제도
③ 사회안전망(Social Safety Net)
   ㉠ 정의 : 사회적 위험으로부터 국민을 보호하기 위한 제도적 장치로, 국민복지의 최소한을 보장

SEMI-NOTE

사회서비스 5대 영역(Kahn)
- 소득보장
- 의료
- 교육
- 주택
- 개별적 서비스

SEMI-NOTE

공공 사회안전망
대량실업, 재해, 전시와 같은 국가적 위기 상황에서 국가가 국민의 기초생활을 보장해주어 안정된 사회생활을 하도록 만드는 보호장치

ⓒ 특징

공공 사회안전망	민간 사회안전망
• 1차 사회안전망 : 일반국민을 대상으로 예방적 차원이 큼 예 사회보험제도 • 2차 사회안전망 : 저소득 빈곤층을 위한 기초생활보장 예 공공부조제도 • 3차 사회안정망 : 긴급 구호의 성격이 큼 예 긴급지원제도	공공 사회안전망의 보호를 받지 못하는 사각지대에 대한 보호장치로, 사회복지단체, 종교단체, 시민단체 등이 존재

3. 개념의 기준과 변화

(1) 개념의 기준

① 사회복지 개념의 기준(Wilensky&Lebeaux)
  ㉠ 사회복지의 주체는 공식적인 조직에 의하여 제공되어야 함. 공식적이지 않은 집단에 의해 행해지는 상호보조적 행위는 사회복지라 할 수 없음
  ㉡ 사회복지는 비영리적이어야 하며, 목적상 이윤을 배제하여야 함
  ㉢ 사회복지는 사회적으로 승인된 목적과 방법으로 수행되어야 하며, 사회적 책임을 가짐
  ㉣ 사회복지는 인간의 욕구에 대한 통합적 관점으로 다양한 서비스를 제공하여야 함
  ㉤ 사회복지는 인간의 소비욕구를 충족시킬 수 있는 것들에 대하여 직접적인 관심이 필요함
② 사회복지 개념의 변화(Romanyshyn)

구분	산업화 이전	산업화 이후
개념	보충적 · 잔여적	제도적 · 보편적
기능	자선	시민의 권리
대상	빈민에 대한 서비스	전체에 대한 서비스
급여	최저 수준	최적 수준
책임	개인	사회 · 국가
특징	특수성, 한정성, 선별성	보편성, 일반성

02절 인간행동과 사회환경

1. 인간발달의 일반

(1) 발달의 개념

① 발달의 의의 : 발달이란 전 생애에 걸쳐 신체적 · 운동적 · 정서적 · 도덕적 및 사

인간발달의 원리
• 유전과 환경의 상호작용의 산물
• 연속적 과정, 일정치 않은 속도
• 일정한 순서와 방향
• 적기성
• 개인차 및 상호관련성
• 점성원리 또는 연속성 원리
• 분화와 통합의 과정
• 연령의 증가에 따른 발달경향 예측의 어려움

회적 측면 등을 포함한 인간의 모든 측면에서 이루어지는 일련의 양적·질적 변화를 의미

② 발달과 다른 개념의 구분 : 발달은 종종 성장 또는 성숙이라는 개념과 구별 없이 사용되어 지고 있으나 이들은 서로 구별되는 개념. 발달은 성장, 성숙 및 경험을 포함하는 포괄적인 개념

③ 발달의 원리 : 발달은 분화와 통합의 과정. 발달의 원리에는 기초성의 원리, 적기성의 원리, 누적성의 원리 등이 있음

④ 유전과 환경의 상호작용 : 발달과업을 잘 수행하지 못할 경우 부적응 상태가 유발. 발달은 유전과 환경의 상호작용에 의해 이루어짐

⑤ 상승적 변화와 하강적 변화
  ㉠ 상승적 변화 : 출생 후 청년기에 이르기까지 신체의 크기가 커지고 기능도 원활해지는 동시에 심리적 기능과 구조가 보다 높은 수준으로 진전되어 가는 변화
  ㉡ 하강적 변화 : 청년기를 고비로 하여 성인기, 중년기를 거쳐 노년기에 이르는 동안 신체적 기능이 약화되고 심리적 기능도 위축되어 가는 변화

⑥ 발달의 지속성 : 발달은 일생에 걸쳐 일어나는 체계적인 변화이며, 연령이 증가함에 따라 나타나는 신체적·심리적·사회적 변화를 포함하는 것으로 봄(발달에는 크기·구조·비율·기능의 변화가 모두 포함)

(2) 인간발달에 대한 정의

① Greene(1986)의 정의 : 발달은 신체적·심리적·사회적 변인을 포괄하며, 일생에 걸쳐 일어나는 안정성과 변화의 역동

② Schell&Hall(1979)의 정의 : 발달이란 일정한 방향으로 질서정연하게 점진적으로 증진되며, 보다 복잡해지는 변화

③ Specht&Craig(1982)의 정의 : 인간발달은 생리적 요인과 문화적 요인을 혼합하는 과정이며, 시간이 지남에 따라 한 개인의 구조, 사고, 행동이 변화하는 것을 말함. 임신에서부터 시작하여 노년까지 지속되는 이러한 변화는 진보적이며, 축적적인 특징을 지니고 있음. 그리하여 체형이 커지고 보다 복잡한 행동을 하며, 기능이 더욱 통합되는 결과를 낳음

④ Zanden(1985)의 정의 : 발달이란 임신에서부터 사망에 이르기까지의 시간적 흐름에 따라 유기체에서 일어나는 질서정연하고 연속적인 변화. 발달은 유전적 요인과 환경적 요인 그리고 두 요인 간의 상호작용을 모두 포함

실력UP 해비거스트(Havighurst)의 발달과업

발달과업이란 개인의 욕구(need)와 사회의 요구(demand)와의 가교적 역할을 하는 것으로서, 개인 일생의 어떤 시기에 성취해야 할 과업을 의미. 이것의 성공적인 성취는 이후의 삶의 행복과 성공을 가져오는 반면, 실패는 불행과 사회적 불만 그리고 이후의 과업에서 장애를 가져올 수 있음

SEMI-NOTE

점성원리 또는 연속성 원리
- 에릭슨에 의하면 인간의 발달은 기존의 기초 위에서 이루어지는 점성원리에 따른다고 함. 즉, 특정단계의 발달은 이전 단계에서 성취한 발달과업의 영향을 받음
- 점성원리는 완전하게 기능할 수 있는 유기체로 발달될 때까지는 각 기능이 체계적인 방식으로 출현할 수 있도록 하는 일종의 생물학적인 계획들이 있기 때문에 발달은 그러한 계획들의 영향을 많이 받음

인간발달의 단계
- 발달단계의 구분은 학자에 따라 차이가 있으며, 개인의 특성과 사회에 따라 독특하기 때문에 획일적으로 구분하기 어려움
- 일반적으로 연령으로 구분하지만 단계별로 구분되는 나이는 어디까지나 대략적인 것이며 엄격하게 정해진 것은 아님
- 발달단계는 연속적이기 때문에 한 단계에서 성취한 발달은 그 이후 모든 단계에 영향을 미치게 됨
- 발달단계의 순서는 개인차가 존재하지 않고 누구에게나 동일
- 어떤 과제의 성취와 특정한 발달이 강조되는 삶의 기간
- 고유한 특징에 있어서 전후 단계로부터 구분이 가능
- 과거에 형성되었던 구조 속에 현재의 경험이 복합적으로 융화되면서 발달

SEMI-NOTE

프로이트의 인간관
- **정신적 결정론**: 기본적 성격구조는 만 5세 이전의 경험으로 결정되어 성인기가 되어도 변하지 않음(현재보다 과거를 중시)
- **수동적 인간관**: 의식영역 밖에 존재하는 비합리적이고 통제할 수 없는 무의식적 본능의 지배를 받는 존재(무의식의 강조)
- **갈등적 인간관**: 자유의지, 책임감, 자발성, 자기결정과 선택할 수 있는 능력, 즉 인간의 자유를 인정하지 않음(내적 갈등)
- **투쟁적 인간관**: 사회와 지속적으로 대항하는 투쟁적 존재

성격의 3요소
- 원초아(Id) : 쾌락의 원리
- 자아(ego) : 현실의 원리
- 초자아(superego) : 도덕의 원리

방어기제의 정상성(병리성) 판단기준 (Anna Freud)
- 균형 : 불쾌한 정서상태에서 몇 개의 방어기제가 동시에 사용되었는가
- 방어의 강도 : 불쾌한 정서상태에서 방어기제의 사용 횟수는 얼마인가
- 연령의 적합도 : 불쾌한 정서상태에서 연령에 맞는 방어기제인가
- 철회가능성 : 불쾌한 정서상태가 아닌 경우에도 방어기제가 사용되고 있는가

실력up 발달과업의 특징

- 발달과업은 특정연령이 되면 그 시기에 획득해야 하는 기술과 능력이 있음
- 발달과업은 특정한 지식이나 기술 혹은 기능 등으로 구성되어 있음
- 발달과업은 특정한 사회에서 각 연령에 부합하는 정상적인 발달이 어떤 것인지 이해하는 근거를 제공

2. 인간행동에 관한 주요 이론

(1) 프로이트(Freud)의 정신분석이론

① 성격구조
  ㉠ 원초아(Id) : 정신적 에너지의 저장소, 원초적(일차적)·본능적 성격, 행동의 힘을 부여하는 근원적인 생물학적 충동을 저장. 생물학적 충동을 즉각적으로 만족시키려고 하는 쾌락원리에 지배되어 1차 사고과정을 함
  ㉡ 자아(ego) : 현실원리에 따라 작동하는 성격의 의사결정 요소, 원초아와 현실을 중재, 사회적 현실(사회규범·규칙·관습 등)을 고려하여 행동을 결정. 원초아의 충동을 만족시키는 상황을 발견할 때까지 지연시키는 현실원리에 따름
  ㉢ 초자아(superego) : 옳고 그름에 대한 사회적 기준을 통합. 일반적으로 아동기를 통해 부모의 사회적 규범을 내면화. 도덕성을 추구하나, 이러한 요구가 지나치면 죄책감을 느낌

② 정신구조
  ㉠ 의식(Consciouness) : 특정시점에 인식하는 모든 것을 의미하며, 어떤 순간 우리가 알거나 느낄 수 있는 모든 감각과 경험을 의미
  ㉡ 전의식(Preconsciousness) : 의식과 무의식의 교량역할을 하며, 조금만 노력하면 쉽게 떠올릴 수 있는 인식의 표면 밑에 있는 내용
  ㉢ 무의식(Unconsciousness) : 의식적 사고의 행동을 전적으로 통제하는 힘으로, 의식적 인식은 어려우나 행동에 큰 영향력을 발휘하는 사고·기억·욕구를 의미

③ 불안 : 이드가 자아의 통제를 벗어나 부정적인 결과를 가져올 행동을 하거나, 초자아가 통제력을 상실해 실제적·상상적인 것에 죄책감을 느낄 때 발생

④ 방어기제
  ㉠ 정의 : 불쾌한 정서상태에서 자신을 보호하기 위한 무의식적 반응
  ㉡ 종류

방어기제	내용
억압 (Repression)	가장 기본적이고 많이 사용되는 방어기제로 불쾌한 사고나 갈등·욕망 등을 무의식에 묻어두는 것. 동기화된 망각이라고도 함
퇴행 (Regression)	미숙한 행동양식으로 되돌아가는 것(고착 : 특정 발달단계에 고정)

투사 (Projection)	생각, 감정, 동기 등을 다른 사람의 탓으로 돌리는 방어기제로, 때때로 죄책감을 유발(투입 : 투사와는 반대되는 개념으로, 내면화라고도 함. 부정적인 감정을 자신의 탓으로 돌리는 방어기제)	
합리화 (Rationalization)	수용할 수 없는 행동을 그럴듯한 변명으로 정당화	
동일시 (Identification)	다른 사람·집단과 실제적·상상적으로 닮음으로써 자존심 고양	
부정 (Denial)	현실을 감당하기 힘들 때, 위협이 되는 상황의 존재를 인정하지 않음(현실왜곡이 가장 큼)	
반동형성 (Reaction Formation)	실제 감정과 상반되게 행동하는 것(감정역전)	
보상 (Compensation)	약점을 지각하지 않거나 강점을 지나치게 강조	
치환(Displacement)	어떤 대상에게 느낀 감정을 다른 대상에게 전환시킴	
전환 (Conversion)	신체 감각기관과 수의근 계통의 증상으로 심리적 갈등을 표출(신체화 : 신체 감각기관과 수의근 계통을 제외한 부위의 증상으로 심리적 갈등을 표출)	
승화 (Sublimation)	욕구 좌절 시 욕구 충족을 위해 보다 가치 있는 방향으로 나아가는 것	
격리 (Isolation)	고통스러운 기억과 감정을 분리시켜 기억은 남고, 감정을 없앰	
해리(Dissociation)	의식(인격)의 분리(이중인격자)	
취소 (Undoing)	어떤 대상에게 죄책감 또는 미안함을 원상복귀, 무효화(중화)함	

SEMI-NOTE

합리화(Rationalization)

신 포도 기제	자신이 원하던 목표나 성과를 성취하지 못할 경우 처음부터 원하지 않았던 것처럼 생각
달콤한 레몬 기제	자신이 보유하거나 소유하고 있는 것이야 말로 자신이 원하는 목표나 성과라고 생각

⑤ 심리성적 발달단계

구강기(0~1세)	• 구강에 리비도가 집중되어 빨기(전기), 깨물기(후기)를 통해 만족과 쾌감을 얻음 • 구강기 후기 욕구불만으로 인하여 부모에게 우호적 감정과 동시에 적대적 감정을 느끼는 양가감정을 경험(최초의 양가감정)
항문기(1~3세)	• 항문에 리비도가 집중되어 배변활동을 통하여 만족과 쾌락을 얻음 • 배변훈련을 통하여 처음으로 사회적 기대에 순응을 요구받음
남근기(3~6세)	• 성기에 리비도가 집중되어 성기를 관찰하거나 장난을 치며 만족과 쾌감을 얻음 • 부모와의 동일시를 통해 적절한 역할을 습득(양심·자아 이상 발달) • 남아의 경우 오이디푸스 콤플렉스를, 여아의 경우 일렉트라 콤플렉스를 경험
잠복기(6~12세)	• 리비도가 무의식 속으로 잠복하는 시기 • 지적인 활동, 운동, 친구와의 관계에 집중

리비도(Libido)
일반적으로는 본능적인 성적·정신적 에너지를 의미하며, 의식적·무의식적으로 행해지는 행동과 사고의 동기가 됨

남근기의 경험
- 오이디푸스 콤플렉스(Oedipus Complex) : 남아가 자신의 어머니를 사랑하고 자신의 아버지를 경쟁상대로 여기는 현상으로, 거세불안을 경험
- 일렉트라 콤플렉스(Electra Complex) : 여아가 자신의 아버지를 사랑하고 자신의 어머니를 경쟁상대로 여기는 현상으로, 남근 선망을 경험

SEMI-NOTE

에릭슨의 인간관
- 합리적 · 창조적 존재
- 인간행동은 자아로부터 동기화 됨
- 총체적 존재, 환경 속의 존재

프로이트 이론과의 차이점
- 전 생애적 발달단계 제시
- 인간의 행동과 기능의 기초로 원초아가 아닌 자아를 강조
- 가족상황 속에서 개인과 그 부모와의 관계뿐 아니라 가족이 위치한 역사적 · 문화적 상황 속의 사회적 관계에 주목
- 생의 심리적 위험을 극복할 수 있는 인간능력에 주목

프로이트와 에릭슨

프로이트	에릭슨
• 폐쇄에너지 체계 • 성적 · 공격적 충동이 강함 • 원초아가 지배함 • 불안, 무의식 욕구가 위협 • 갈등을 감소하고 기대가 상반됨으로써 갈등 • 충동을 통제하려고 함 • 아동기 초기에 형성되어 성인기 초기에 끝남	• 개방에너지 체계 • 성적 충동은 약하고 사회적 충동은 강함 • 자아가 지배함 • 사회적 상호작용에 기반함 • 자아의 지배력과 사회적인 지지로 성격을 형성 • 역사적 · 민족적 세대 간 상호작용에 기반함 • 사회에 긍정적으로 기여하는 건강한 성원 양성 • 전 생애 동안 발달

생식기(12세 이후)	• 잠복되어 있던 리비도가 다시 되살아나는 시기 • 이성에 대한 관심이 증가 • 2차 성징이 일어나며, 성적 충동이 증가

(2) 에릭슨(Erikson)의 심리사회적 발달이론

① 특징
  ㉠ 일생에 걸친 생활주기 속에서 성장을 논함
  ㉡ 인간의 발달이 전적으로 생물학적 혹은 환경적 영향에 좌우되지 않는다고 가정
  ㉢ 개인의 성장에 문화가 기여하는 것에 주목함
  ㉣ 성숙의 힘에 의해 지배되는 일련의 발달단계는 생물학적 성숙에 의해 자극되며, 사회의 요구나 기대에 의해 이끌리며 심리사회적 위기를 낳음

② 주요 개념

개념	내용
자아(Ego)	인간이 신체적 · 심리적 · 사회적 발달과정에서 외부환경에 대처하고 적응하면서 형성되는 역동적인 힘
자아정체감 (Ego Identity)	총체적인 자기지각과 자기수용을 의미
점성원칙 (Epigenetic Principle)	발달이 유전에 의존한다는 의미로, 성장하는 모든 것은 유전적 기초안을 가지며, 각 단계는 특별히 우세해지는 결정적인 시기가 있음
위기(Crisis)	인간의 발달단계마다 개인이 사회로부터 받는 요구를 의미

③ 심리사회적 자아발달단계

단계	내용	심리사회적 위기	심리사회적 능력	주요 관계 범위	심리성적 발달단계 비교
제1단계 유아기	• 세상에 대한 기본적 신뢰감 형성 • 부적절하고 부정적으로 다뤄지면 세상에 대한 공포 · 의심을 품음	기본적 신뢰감 대 불안감	희망	어머니	구강기
제2단계 초기 아동기	• 칭찬, 신뢰, 용기에 의해 자율성 · 의지력을 형성 • 과잉조절 또는 자기조절 상실의 경우 무력감으로 인한 수치심 · 회의, 자신의 의지력과 타인에 대한 불신으로 의심에 빠짐	자율성 대 수치심 · 회의 · 의심	의지	부모	항문기
제3단계 유희기	• 활동의 자유와 부모의 인정을 받아 주도성이 생김 • 활동을 제한하고 질문에 대해 억압적 태도를 취할 경우 죄의식을 가짐	주도성 대 죄의식	목적	가족	남근기

제4단계 학령기	• 활동유발 요인 : 지적 호기심, 성취동기 • 교육을 통해 인지적·사회적 기술을 학습하는 시기로 성취기회, 성취과업의 인정, 격려를 통해 성취감을 기름	근면성 대 열등감	능력	이웃, 학교	잠복기
제5단계 청소년기	• 심리사회적 유예기간으로, 사회적·직업적 역할을 탐색하는 기회로 작용 • 끊임없는 자기질문을 통해 자신을 통찰하고 자아상을 찾음	정체감 대 정체감 혼미·혼란	성실	또래집단	생식기
제6단계 성인초기	• 개인적인 정체감과 사랑, 친교, 안정된 관계를 맺는 능력이 발달, 타인과의 친밀감을 통해 고립감을 극복하고자 함 • 자아도취에 빠질 경우 직업을 쓸 모없는 것으로 여겨 직업에서 소외됨	친밀감 대 고립감	사랑	우정, 이성	
제7단계 성인기	• 자녀를 양육하고 다음 세대를 교육시켜 사회적 전통을 전수시키고 가치관을 전달하는 생산성 형성 • 생산성을 확립하지 못한 사람은 성취감을 경험하지 못하고 침체에 빠짐	생산성 대 침체	배려	직장, 가족	
제8단계 노년기	• 자신의 유한성을 인정하고 죽음을 수용(통합성) • 그렇지 못한 경우 인생의 짧음을 탓하고 다른 인생을 기도하기에 급급하며 생에 절망함	자아통합 대 절망감	지혜	인류	

(3) 아들러(Adler)의 개인심리이론

① 특징
  ㉠ 무의식이 아닌 의식을 성격의 중심으로 보고, 성격구조나 발달단계에 대한 개념이 없음
  ㉡ 생애초기 또는 과거의 경험이 성인 또는 현재의 삶에 미치는 영향을 중요시 여김
  ㉢ 사회적 관심을 한 개인의 심리적 건강을 측정하는 유용한 척도로 여김
  ㉣ 부족함 자체가 아니라 그것들을 받아들이고 대응하는 방식을 중시

② 주요 개념

개념	내용
열등감	• 부적응이나 해결하지 못하는 문제에 직면했을 때 생겨나는 무능력감 • 동기유발의 요인으로 자기완성과 성숙에 필수적인 요소

아들러의 인간관
• 사회적 동기에 의해 동기화, 행동의 목적적·목표지향적
• 단지 유전과 환경에 의해 결정되지 않으며, 환경에 영향을 미치고 환경을 창조

SEMI-NOTE

우월성 추구
열등감에 대한 보상의 노력은 결국 우월성의 추구라는 개념으로 연결되며, 아들러는 이를 궁극적인 목적으로 봄. 그에 따르면 우월은 낮은 데서 높은 데로, 마이너스에서 플러스로 가려는 노력, 즉 열등감을 극복한다는 소극적인 입장에 그치지 않고 적극적인 향상과 완성으로 나아가는 것임

우월을 향한 목표

긍정적 경향	부정적 경향
사회적 이타성을 강조하는 이타적인 목표	개인의 우월성을 강조하는 이기적인 목표

생활양식

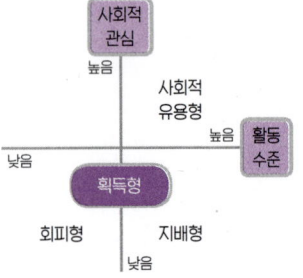

가족자리
가족집단의 사회심리적인 형태를 그리는 데 사용되는 용어로, 가족들의 성격유형, 정서적 거리, 나이 차이, 출생순위, 상호지배 및 복종관계, 가족의 크기 등이 가족자리를 결정해주는 요소가 되며 개인의 성격발달에 영향을 미침. 특히, 출생순위에 수반되는 상황에 대한 지각이 중요함

자기실현(개성화)
개인의 의식을 다른사람과 분리하는 과정으로, 고유한 자기 자신이 되는 것을 의미함. 무의식적 내용을 의식화 하여야 자기실현이 이루어짐

보상		• 잠재력을 발휘하도록 유도하는 건전한 반응 • 보상을 통해 열등감을 해결할 수 있음
우월성의 추구		• 모든 인간이 가지고 있는 욕구로, 부족한 것을 채우고 보완하려는 경향 • 개인의 자기완성을 위해 노력함과 동시에 사회적·문화적 완성에 노력함
사회적 관심		• 개인이 공동사회 추구의 목표를 달성하고자 하는 성향(공헌) • 개인의 목표를 사회적 목표로 전환하는 것으로, 심리적 성숙의 판단기준이 됨 • 선천적으로 타고나지만, 의식적 개발이 필요함
생활양식	의의	• 개인이 가지고 있는 독특한 신념(성격의 개념) • 인생초기(대략 4~5세경)에 형성되고, 특히 가족관계 내의 경험이 중요한 영향을 미침 • 사회적 관심과 활동수준에 따라 유형이 구분됨
	구분 - 지배형	• 사회적 관심은 낮고, 활동 수준은 높은 유형 • 독선적이고 공격적이며, 활동적임
	구분 - 획득형	• 사회적 관심은 낮고, 활동 수준은 중간인 유형 • 기생적인 방식으로 외부세계와 관계를 맺고, 타인에게 의존하여 자신의 욕구를 채움
	구분 - 회피형	• 사회적 관심은 낮고, 활동 수준은 낮은 유형 • 성공하려는 욕구보다 실패에 대한 두려움이 더 강해 인생과업을 포기하려 함
	구분 - 사회적 유용형	• 사회적 관심이 높고, 활동 수준은 높은 유형 • 자신과 타인의 욕구를 모두 충족시키며, 이를 위해 타인과 협력함
창조적 자기		• 인간이 스스로 자신의 성격을 만들어 나간다는 개념 • 유전과 경험을 토대로 창조적 자기를 형성하며, 자신의 고유한 생활양식을 형성
가상적 목표		• 인간이 추구하는 궁극적인 목적을 현실에서는 검증되지 않은 가상의 목표로 봄 • 미래에 대한 기대로 동기유발이 가능
출생순서		• 첫째(맏이) : 동생이 출생하기 전까지 사랑을 독차지, 동생 출생 후 빼앗긴 사랑을 되찾으려고 노력하나 실패함 • 둘째 또는 중간아이 : 손위 형제자매를 경쟁자로 여겨 손위 형제자매보다 낫다는 것을 증명하기 위해 매우 경쟁적으로 노력함 • 막내 : 동생에게 관심을 빼앗기지 않으므로 귀염둥이로 자라 응석받이가 되기 쉬움 • 외동(독자) : 경쟁할 형제가 없으므로 응석받이가 되기 십상이고, 의존심이 강할 수 있음

(4) 융(Jung)의 분석심리이론

① 특징
   ㉠ 전체적인 성격을 정신으로 보며, 성격의 발달을 자기실현(개성화)의 과정으로 봄
   ㉡ 정신의 수준을 크게 의식과 무의식으로 구분하고, 무의식을 다시 개인무의식과 집단무의식으로 구분

ⓒ 인간은 본질적으로 양성을 가지고 태어난다는 양성론적 입장을 취함
ⓔ 인간발달 중 자기실현을 할 수 있는 중년기·노년기 발달에 관심을 둠
ⓜ 중년기·노년기의 발달에 관심을 두고 있으므로 인간행동과 발달에 대한 이해를 넓히는 데 유용
ⓑ 인생의 전기에는 분화된 자아를 통해 현실 속에서 자기를 찾으려고 노력하며, 중년기를 전환점으로 자아가 자기에 통합되면서 성격발달이 이루어진다고 봄

② 주요개념

개념			내용
원형			시·공간, 문화나 인종에 관계없이 모든 인간의 정신에 보편적으로 존재하는 인류의 원초적 행동 유형으로 인간 정신의 근원적인 핵
정신 (성격)	의식	자아	의식 속에 존재하는 원형으로, 의식과 무의식을 결합하는 역할을 함
	개인 무의식	그림자 (음영)	자아의 반대되는 개념으로, 인간의 동물적 본성을 포함하는 스스로 인식하기 싫은 자신의 부정적인 측면(자발성, 창의력, 통찰력 등 완전한 인간성에 필수적인 요소의 원천)
		콤플렉스	특수한 종류의 감정으로 이루어진 무의식 속의 관념 덩어리로, 무의식적인 콤플렉스를 의식화하는 것이 인격 성숙을 위한 과제
	집단 무의식	자기	의식과 무의식을 포함한 전체 정신의 중심으로서, 태어날 때부터 존재하는 핵심 원형. 성격 전체의 일관성, 통합성, 조화성을 무의식적으로 추구
		아니마	남성의 무의식에 존재하는 여성적 측면
		아니무스	여성의 무의식에 존재하는 남성적 측면
페르소나			자아의 가면으로, 개인이 외부에 표출하는 이미지, 사회 기대치에 부응하는 개인의 역할과 밀접하게 관련됨

③ 성격의 유형
㉠ 자아의 태도

외향형	• 외부세계로의 지향이 능동적인 양상을 보임 • 사교적이고, 활동적임
내향형	• 외부세계로의 지향이 수동적인 양상을 보임 • 신중하고, 조용함

㉡ 자아의 심리적 기능

합리적 기능	• 사고(논리적, 객관적) • 감정(감정적, 주관적)
비합리적 기능	• 감각(실제적, 현실적) • 직관(미래지향적)

SEMI-NOTE

리비도 개념의 확대
융은 리비도가 생물학적·성적·사회적·문화적·창조적인 모든 형태의 활동에 에너지를 제공하는 전반적인 생명력(생활에너지)을 의미한다고 봄

정신(성격)
• 의식 : 어떤 순간 우리가 알거나 느낄 수 있는 모든 감각과 경험
• 집단무의식 : 모든 인간의 정신이 공통적으로 가지고 있는 하부구조로, 개인적 경험과 관계없이 조성됨
• 개인무의식 : 개인사에서 억압한 모든 성향과 감정으로, 프로이트의 정신분석이론에서 전의식에 해당

프로이트와 융

구분	프로이트	융
리비도	성적 에너지	생활 에너지
인간의 성격	주로 과거의 사건에 의해 결정됨	과거의 사건들뿐 아니라 미래에 대한 열망에도 영향을 받음
정신 구조	• 의식, 무의식, 전의식 • 무의식의 중요성 강조	• 의식, 무의식(개인무의식, 집단무의식) • 인류의 정신문화 발달에 초점

정신역동이론가의 관심시기
• 프로이트 : 유아기
• 에릭슨 : 청소년기
• 아들러 : 인생초기(4~5세)
• 융 : 중년기

SEMI-NOTE

④ 성격의 발달

단계	내용
제1단계 아동기	출생~사춘기에 이르는 시기로, 본능에 의해 지배되며 자아가 형성되지 않은 시기이므로 심리적인 문제가 발생하지 않는다고 주장하며, 초년의 생존을 위한 활동에 리비도의 영향을 중시
제2단계 청년기 및 성인초기	사춘기~약 40세 전후에 이르는 시기로, 정신적 발달로 자아가 발달함. 외적·신체적 팽창 시기이기도 하며 외부 세계에 대처하는 능력이 발휘됨
제3단계 중년기	35세부터 40세를 전후하여 정신적 변화를 거치며 외향적 목표와 야망이 의미를 잃음. 자신의 내부에 초점을 맞추어 잠재력에 대해 관심을 가짐으로써 남자는 여성적인 측면을, 여자는 남성적인 측면을 표현하게 됨
제4단계 노년기	내면에 관심이 많아지는 시기로 죽음 앞에서 생의 본질을 이해하려고 애쓰는 시기

(5) 피아제(Piaget)의 인지발달이론

① 특징
  ㉠ 인간의 적응·발달을 이지적 측면에서 연구
  ㉡ 인간의 인지발달은 자연적인 성숙과 환경의 상호작용에 의하며, 속도에 차이는 있으나 대부분 문화적 보편성을 보임

② 주요개념

개념			내용
도식(Scheme)			사물이나 사건에 대한 지각과 반응을 형성하는 인지구조 또는 인지의 기본적인 틀
적응 (Adaptation)	개념		주변환경의 조건을 조정하는 능력으로 자신의 도식을 재구성 및 확장하는 인지능력
	적응 과정	동화	학습·경험을 통해 형성된 기존 도식에 맞게 자기 나름대로의 이해의 틀을 변화시켜 외계의 대상을 이해하고 해석하는 것
		조절	외계의 대상이 기존의 틀로써 이해되지 않을 때 그 틀을 변화시키는 것으로, 기존의 도식을 수정하는 과정
		평형	동화의 조절의 균형
조직화 (Organization)			심리적이고 신체적인 과정을 일관되게 전체로 종합하는 방법으로 성숙과 더불어 상이한 도식들을 자연스럽게 서로 결합하는 것
자아중심성 (자기중심성)			자신과 대상을 서로 구분하지 못하는 것으로, 적응의 과정에서 조절보다 동화를 주축으로 함에 따라 나타남
보존			6세 이상의 아이들은 훨씬 추상적인 인지수준을 보이는데 질량은 양적 차원에서는 동일하지만 모양의 차원에서는 변할 수 있음

③ 인지발달단계
  ㉠ 감각운동기(0~2세) : 유아가 시각, 후각, 청각과 같은 감각과 반사작용과 같

피아제(Piaget)의 인간관
- 인지·생각으로 인간의 감정·행동 통제가능
- 개인이 자신의 삶을 해석하는 방식에 따라 각기 다른 주관적인 현실이 존재 (객관적인 현실은 존재하지 않음)
- 현실세계 구성방식에 따라 인간 본성에 대한 정서, 행동, 사고가 다름
- 인간의 의지와 환경이 상호작용하는 과정에서 인간의 능동적 역할이 중요함

피아제의 인지발달이론의 기본가정
- 모든 인간은 똑같은 방법으로 생각하는 방법을 배움
- 유아기와 아동기 초기에는 사고가 기본적이고 구체적이며, 성장하면서 복잡하고 추상적이 됨
- 인지발달단계는 개인이 생각하는 일정한 원칙과 특정한 방식이 존재함

피아제의 인지발달단계 결정요인
- 유전적 요인
- 교육적 요인
- 경험적 요인
- 평형

은 동작적 인지활동을 하는 시기
ⓒ 전조작기(2~7세) : 2세가 지나면서 아동은 감각동작적 행동에만 의존하던 것을 차츰 새로이 습득한 언어와 대치하게 될 뿐만 아니라 언어 이외의 다양한 상징적 능력도 발달하게 됨. 직관적인 수준 정도의 사고가 가능하며, 감각동작적 행동을 언어로 대치

특징	내용
직관적 사고	이 시기의 아동은 가시적인 조건에 의지할 뿐 내적 조건이나 객관적 기준에 의한 사고는 불가능
자아중심적 사고	아동이 자신의 조망과 타인의 조망을 구별하지 못하는 것을 의미
물활론적 사고	물건이나 현상이 살아 있고 또 살아서 움직이는 것으로 생각하는 것을 말하며 생동론적 사고라고도 함
상징적 사고	과거에 체험한 것을 마음속에서 재생해서 그것을 상징적인 형태로 재현하려 함
인공론적 사고	물체가 인과관계에 의해 만들어지는 것이라고 생각하는 것을 의미
실재론적 사고	아동들이 자기가 보고, 듣고, 느끼고, 생각하고, 상상하는 것은 모두가 외부에 실재하고 있다고 생각하는 것을 의미
도덕적 실재론	누군가 잘못했을 때 동기에 의해 잘잘못을 판단하는 것이 아니라 행위에 대한 결과 여부에 따라 잘못한 정도를 판단
꿈의 실재론	자신이 꾼 꿈의 내용이 실제로 일어났을 뿐만 아니라 실재하고 있다고 생각

ⓒ 구체적 조작기(7~12세)
- 구체적 조작기에 접어들면 아동의 사고는 급격한 진전을 보이게 됨. 전조작기에는 지각적으로 두드러진 대상에게만 자기의 관점을 한정시키는 데 비해 구체적 조작기에는 일반적인 것으로 관점이 확대되고 내적 표상을 여러 가지 방법으로 조정할 수도 있게 됨
- 이 시기의 아동은 자기중심에서 벗어나 탈중심화가 됨. 구체적인 세계에만 한정될 뿐 추상적으로 사고하지는 못함

ⓔ 형식적 조작기(12세~성인)
- 이 시기의 아동은 추상적이고 논리적인 사고를 할 수 있고 문제해결을 하는 데 가설을 사용하며 성인과 같은 형태로 사고할 수 있음
- '미래와 눈에 보이지 않는 먼 곳(Remote&Future)'까지 사고가 가능하고 '연역적 문제해결방법'을 사용할 줄 알게 됨

(6) 콜버그(Kohlberg)의 도덕성발달이론

① 특징
ⓐ 도덕적 문제상황에 대한 개인적인 반응을 분석하고, 그 반응이 나오기까지의 사고방식을 발단론적 관점에서 연구
ⓑ 도덕성발달단계는 보편적이며, 정해진 순서로 진행된다고 봄

SEMI-NOTE

감각운동기의 발달과정
- 반사활동 : 출생~1개월의 시기로, 반사활동으로 환경을 동화시키며, 빨기도식이 가장 우세함
- 1차 순환반응 : 1~4개월의 시기로, 유쾌한 자극에 대해 의도적인 행동을 서서히 나타나 보이며 선천적인 반응을 다른 대상에 적용시켜 새로운 반응을 획득
- 2차 순환반응 : 4~10개월의 시기로, 2단계의 순환반응에서 관심이 자기 내부의 만족을 위한 것이라면 3단계에서는 자신이 아닌 외부에서 흥미로운 사건을 발견하여 반복
- 2차 도식의 협응 : 10~12개월의 시기로, 어떤 결과를 얻기 위해 둘로 분리된 도식을 협응하여 의도적이며 수단-목적적인 행동을 수행
- 3차 순환반응 : 12~18개월의 시기로, 외부세계에 대해 명백히 실험적·탐색적으로 접근
- 사고의 시작 : 18~24개월의 시기로, 5단계에서는 특정결과를 얻기 위해 시행착오를 경험하지만 6단계에서는 상상을 통해 시험

피아제의 인지발달이론에 대한 비판적 시각
- 이론수립에서 개인적인 편견이 개입되었을 수 있음
- 인지발달에서 왜곡된 부분에 대한 내용을 거의 다루지 않음
- 성인기의 인지발달을 증명하는 연구결과가 많음
- 보통 아이들에 대한 연구이나, '보통'의 정의가 모호함

② 단계

전인습적 도덕기 (4~10세)	1단계 타율적 도덕성	규칙은 절대적인 것으로 변경이 불가능하며, 처벌과 복종을 지향함
	2단계 개인적·도구적 도덕성	개개인의 욕구와 쾌락에 따라 상대적으로 도덕성이 결정됨(상대적 쾌락주의)
인습적 도덕기 (10~13세)	3단계 대인관계적 도덕성	좋은 인간관계를 유지하며 착한 소년소녀를 지향함
	4단계 사회체계적 도덕성	법과 사회질서, 보편적 사회규범을 통해 도덕판단을 하며, 사회적 의무 수행을 중요시함
후인습적 도덕기 (13세 이상)	5단계 민주적·사회계약적 도덕성	민주적으로 용인된 법을 존중하며, 자유·평등·계약의 원리를 지향함
	6단계 보편윤리적 도덕성	보편적 윤리와 개인의 양심에 따라 도덕판단을 함

(7) 로저스(Rogers)의 현상학적 이론

① 특징
㉠ 유아기나 아동기 초기에 타인이 한 개인을 평가하는 방법이 자아개념의 궁극적 혹은 부정적 발달을 촉진
㉡ 자신의 신체적인 면을 환경과 분리된 존재로 경험할 때부터 자기개념을 가지며, 자기를 중심으로 성격이 발달
㉢ 타인이 설정한 기준에 맞게 행동·생각·느낌으로써 긍정적인 관심을 받으려고 함
㉣ 건강하게 성격을 발달시키려면 무조건적인 긍정적 관심이 가장 중요하며, 무조건적인 긍정적 관심과 존중은 자기와 자신이 체험한 것이 일치됨을 느끼게 함
㉤ 로저스는 인간이 통합된 유기체로서 행동하기 때문에 전체론적인 관점에서 접근해야 한다고 봄
㉥ 인간의 의식과 자기인식이 성격을 설명한다고 봄

② 주요 개념

현상학적 장	• 경험적 세계 또는 주관적 경험으로도 불리는 개념으로 특정 순간에 개인이 지각하고 경험하는 모든 것을 의미함 • 프로이트가 과거 경험이 인간의 행동을 결정하는 요인이라고 본 점에 대항하여, 로저스는 현재 행동을 결정하는 것은 과거 그 자체가 아니라 과거에 대한 각 개인의 현재의 해석이라고 할 정도로 현재의 현상학적 장을 중시
자아	• 자신에 대해 갖고 있는 조직적이고 지속적인 인식을 말함 • 로저스의 인본주의이론의 가장 중요한 구성개념 • 자아개념은 현재 자신이 어떤 존재인가에 대한 개인의 개념으로, 자기 자신에 대한 자아상(self image)임

로저스의 인간관
• 로저스는 오랜 임상경험을 바탕으로 하여 인간은 기본적으로 자유로우며 자신의 행동에 책임을 지는 존재로 봄. 또한 유목적·합리적이고 건설적인 방향으로 지속적으로 성장해 나가는 미래지향적 존재라고 봄
• 로저스의 인간관을 자세히 살펴보면 자유, 합리성, 자아실현의 경향이 서로 연결되어 있음
• 모든 인간은 자신의 과거와 현재 생활 상태를 정확히 인식할 수 있기 때문에 자신의 미래를 능동적으로 선택할 수 있음
• 로저스는 인간마다 현실을 각기 달리 지각하고 주관적인 경험이 행동을 지배한다고 믿음

완전하게 기능하는 사람의 특성
• 경험에 대해 개방적임
• 실존적인 삶
• 자신의 유기체에 대한 신뢰
• 능동적 인생과 자유로움
• 창조성

자아실현 경향	• 인간에게는 많은 욕구와 동기가 있지만 그것들은 단지 하나의 기본적 욕구의 일부분에 지나지 않는다고 생각함 • 모든 인간은 성장과 자기증진을 위하여 끊임없이 노력하며, 그 노력의 와중에서 직면하게 되는 고통이나 성장방해요인에 직면하여 극복할 수 있는 성장지향적 유기체라고 봄

(8) 매슬로우(Maslow)의 욕구위계론

① 특징
  ㉠ 인간은 건강, 창의성, 통찰 같은 상위의 수준을 향하고자 하는 경향성을 지님
  ㉡ 인간의 행동을 활성화시키고 이끄는 5가지 욕구를 제시
  ㉢ 인간은 자신의 잠재력을 발달·성장시키고 완성시킬 수 있는 본능적 욕구를 가지고 태어남
  ㉣ 발달의 마지막 단계이자 최고의 단계는 자기실현
  ㉤ 기본적인 욕구가 채워지면 인간은 상위욕구를 채우려 함. 매슬로우가 주장하는 인간욕구 5단계를 나타내면 생리적인 욕구 – 안전욕구 – 소속과 애정의 욕구 – 존경욕구 – 자기실현의 욕구 순
  ㉥ 하위단계의 욕구가 충족이 안 되면 상위단계의 욕구로 진행되지 않음. 따라서, 경영자들은 근로자의 욕구를 하위단계부터 충족시키도록 노력을 해야 비로소 동기부여가 되어 상위단계의 욕구충족의 방향으로 나아감

실력UP 매슬로우이론에서 말하는 욕구의 특성

- 욕구 위계에서 하위에 있는 욕구가 더 강하고 우선적임
- 욕구 위계에서 상위의 욕구는 전 생애 발달과정에서 후반에 점차 나타남
- 욕구 위계에서 상위의 욕구의 만족은 지연될 수 있음
- 하위욕구는 생존에, 상위욕구는 성장에 필요함
- 욕구를 충족시키기 위한 행동은 선천적인 것이 아니라 학습에 의한 것이며 사람마다 큰 차이를 보임

② 욕구단계

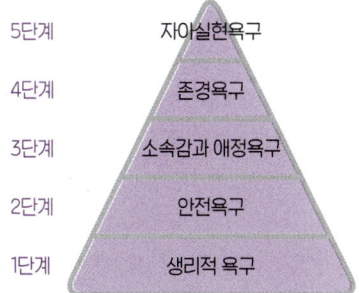

단계	욕구	내용
1단계	생리적 욕구	• 인간에게 있어 가장 기본이라 할 수 있는 생리적 욕구 • 생존과 관련된 욕구로, 음식, 물, 공기 등에 대한 욕구

SEMI-NOTE

매슬로우의 인간의 본성에 관한 3가지 가정
- 인간은 만족할 수 없는 욕구를 가짐
- 인간의 행동은 만족하지 못한 욕구를 채우는 것을 목표로 함
- 인간의 욕구는 기본욕구(생리적인 욕구, 안전욕구)에서부터 상위욕구(소속과 애정의 욕구, 자아욕구, 자기실현의 욕구)까지 5단계로 이루어져 있음

매슬로우와 로저스
매슬로우는 자기실현자의 특성, 로저스는 충분히 기능하는 사람의 특성을 연구

자아실현에 성공한 사람의 특징
- 현실중심적
- 문제해결능력이 강함
- 수단과 목적을 차별하지 않음
- 사생활을 즐김
- 환경과 문화에 영향을 받지 않음
- 사회적인 압력에 굴하지 않음
- 민주적인 가치를 존중
- 인간적
- 인간관계를 깊이 함
- 공격적이지 않은 유머를 즐김
- 자신과 남을 있는 그대로 받아들임
- 자연스러움과 간결함을 좋아함
- 풍부한 감성
- 창의적
- 최대한 많은 것을 알고 경험하려 함

2단계	안전욕구	• 근본적으로 신체적·감정적인 위험으로부터 보호되고 안전해지기를 바라는 욕구 • 안정, 보호, 의존, 공포와 근심으로부터의 자유 등에 대한 욕구
3단계	소속감과 애정욕구	• 어떤 집단에 소속되거나 자신이 다른 집단에 의해서 받아들여지기를 원하는 욕구 • 사랑, 애착, 친분, 우정 등에 대한 욕구
4단계	존경욕구	• 내적으로 자존·자율을 성취하려는 욕구(내적 존경욕구) • 외적으로 타인으로부터 주의를 받고, 인정을 받으며, 집단 내에서 어떤 지위를 확보하려는 욕구(외적 존경욕구)
5단계	자아실현 욕구	• 자신이 이룰 수 있는 것 혹은 될 수 있는 것을 성취하려는 욕구 • 계속적인 자기발전을 통하여 성장하고, 자신의 잠재력을 극대화하여 자아를 완성시키려는 욕구

(9) 스키너(Skinner)의 행동주의이론

① 특징
  ㉠ 실험심리학적 방법에 입각해서 인간행동의 일반적 원리와 법칙을 찾아 교육에 응용하는 데 공헌함
  ㉡ 근본적으로 외부로부터 어떠한 세력이 있고 그에 따라 반응하는 과정이 있어야 하며 행동적으로 수정이 가능하다고 가정함
  ㉢ 스키너의 조작적 조건형성이론의 주요 변인은 자극(stimulus), 반응(response), 강화(reinforcement)임
  ㉣ 자극이 있고 그에 따른 반응이 따르며 강화에 따라서 행동의 수정 또는 지속적인 강화가 따름(스키너는 상자를 이용해 자극에 따른 유기체의 반응과 강화를 실험하고, 적당한 자극 후에 반응에 따른 강화가 잇따르도록 만듦)

② 주요내용
  ㉠ 행동주의 학습이론 : S-R 연합이론을 근본적으로 하는 손다이크의 시행착오설, 파블로프의 조건반사설, 스키너의 조작적 조건화설 등
  ㉡ 행동주의이론의 기본가정
    • 인간의 행동은 자연법칙의 지배를 받기 때문에 과학적으로 연구되어야 하며, 겉으로 나타나는 행동을 연구의 대상으로 할 수 있음
    • 환경은 행동이 이루어지도록 작용하는 변인이므로 행동의 변화를 목표로 하는 학습도 환경이 개체에 작용하여 나타난 결과로 볼 수 있음
  ㉢ 인간행동에 대한 기본가정
    • 인간행동의 대부분은 학습되거나 학습에 의해 수정된다는 기본전제에 근거를 두고 있기 때문에 학습이론(learning theory)이라고도 불림
    • 행동주의이론은 인간의 특정한 행동(behavior)은 선행하는 사건, 즉 선행요인과 뒤이어 일어나는 사건인 결과에 의해 일어난다고 보고 있음. 특히, 행동주의이론에서는 환경적 선행요인과 결과에 관심을 두고 있는데, 이를 선행요인-행동-결과의 약자를 따서 부르는 행동의 ABC 패러다임이라고 함

스키너의 실험상자

스키너는 '스키너 박스'라는 조그만 실험상자를 고안하여 먹이를 강화요인으로 한 실험을 함. 쥐는 상자 안에서 쉬지 않고 계속 움직이면서 새로운 환경을 탐색하다가 우연히 지렛대를 누르면 먹이가 먹이통에 떨어지는 것을 보고, 이를 먹고는 다시 지렛대를 누르는 행동을 계속하게 됨. 스키너는 이와 같이 유기체가 반응을 통해 어떤 긍정적인 결과를 얻게 되면 이후에도 그와 유사한 반응을 나타낼 확률이 높다는 것을 보여주었는데, 이러한 과정을 강화(reinforcement)라고 부름

ABC 패러다임
• 선행요인(Antecedents) : 행동 이전에 일어나는 사건으로 이 사건은 일어날 행동의 단계를 설정함
• 행동(Behavior) : 관찰가능하고 측정가능한 반응 혹은 행동으로 행동은 때로 인지, 심리생리적 반응, 감정 등을 포함하는 넓은 의미
• 결과(Consequences) : 특정행동의 직접적인 결과인 그 무엇을 말하는데 결과를 가장 잘 설명하는 용어는 강화와 처벌

③ 주요 개념

변별 자극	• 특정한 반응이 보상받거나 혹은 보상받지 못할 것이라는 단서 혹은 신호로서 작용하는 자극을 말함 • 어떤 행동이나 반응을 나타내면 바람직한 결과를 얻을 수 있을 것인지 알 수 있는 신호로 인간은 변별자극으로 외적 세계를 예측하고 통제하는 것이 가능함
조작적 조건화	• 어떤 반응에 대해 체계적이고 선택적으로 강화를 줌으로써(보상함으로써) 그 반응이 다시 일어날 확률을 증가시키는 절차로, 작동적 조건화라고도 함 • 조작적 조건형성이론을 구성하는 주요변인은 자극(stimulus), 반응(response), 강화(reinforcement)
강화	• 강화는 행동의 재현가능성을 높임 • 긍정적 강화는 특정 행동 뒤에 그 행동을 강화하는 긍정적인 사건이나 결과를 의미함 • 부정적 강화는 특정 행동의 빈도를 증가시키기 위해 부정적인 사건이나 결과를 제거하는 것을 말함 • 정적 강화 : 가치 있는 어떤 것을 제공함으로써 바람직한 행동의 강도와 빈도를 증가시키는 것을 말함 • 부적 강화 : 바라지 않는 어떤 것을 제거하여 바람직한 행동의 강도와 빈도를 증가시키는 것을 말함
강화계획	• 조작적 조건화 이론에 있어서 어떤 행동은 그 결과에 의해 유지됨. 다시 말하면, 그 행위에 뒤따르는 강화 혹은 처벌의 사건에 의해 유지됨 • 계속적 강화계획 : 행동이 일어날 때마다 강화물을 주는 것으로 초기 단계에 유용 • 간헐적 강화계획 : 행동이 일어날 때마다 그 행동을 강화하지 않고 간헐적으로 강화

실력up **강화물**

1차적 강화물	• 학습되지 않고서도 강화물 자체가 무조건 동기를 높일 수 있는 힘을 가진 것을 말하며 다른 강화물과 연합되지 않은 보상 그 자체를 말함 • 1차적 강화물이 효과적이기 위해서는 아동이 그 강화제에 대해서 박탈상태에 있어야 함 • 음식, 장난감, 과자, 주스와 같은 음료수 등의 강화물이 이에 속함
2차적 강화물	• 강화물 자체가 무조건적으로 행동을 유발시킬 수 있는 힘을 가진 것은 아니며 다른 강화물과 함께 학습됨 • 강화물이 과거의 즐거운 경험을 연상시켜서 좋은 결과가 올 것을 기대하기 때문에 행동의 증가를 가져오는 자극을 말함 • 칭찬, 미소와 같은 사회적 자극, 강화제와 교환이 가능한 토큰이나 이와 비슷한 표, 좋아하는 활동을 하게 하는 것 등이 이에 속함

SEMI-NOTE

고전적 조건화

고전적 조건화는 파블로프의 개의 실험을 통한 고전적 조건반사 연구에서 그 유래를 찾을 수 있으며 인간에게 있어서 고전적 조건화는 연상적 학습을 설명해 줌. 반응적 행동은 구체적인 자극에 따라 유발되는 구체적 행동을 말함. 반응적 행동으로는 눈 깜박임, 타액 분비반응, 공포반응 등이 있는데 이러한 일련의 과정을 반응적 조건화 또는 고전적 조건화라고 함

간헐적 강화계획

고정비율 강화계획	어떤 특정한 행동이 일정한 수만큼 일어났을 때 강화를 주는 것
가변비율 강화계획	평균 몇 번의 반응이 일어난 후 강화를 주는 것
고정간격 강화계획	일정한 시간이 지난 뒤에 일어나는 특정 첫 번째의 행동을 강화하는 것
가변간격 강화계획	강화시행 간의 간격이 다른데 평균적으로 확인할 수 있는 시간 간격이 지난 후 강화를 주는 것

SEMI-NOTE

파블로프(Pavlov)의 고전적 조건화 이론

- 고전적 조건형성은 평상시 반응을 이끌어 내지 못했던 중성자극이 조건화 후 무조건 반응을 이끌어 내는 무조건 자극과 연합하는 과정을 말함
- 파블로프의 개 실험으로 유명하며, 개에게 종소리를 들려준 후 먹이를 주자 다음부터 종소리를 들으면 침을 흘리는 실험과정이 진행됨
- 파블로프(Pavlov)의 개 실험

실험요소	반응 및 자극
먹이	무조건자극
먹이에 의한 타액분비	무조건반응
조건화 전 종소리	중성자극
조건화 후 종소리	조건자극
종소리에 의한 타액분비	조건반응

(10) 반두라(Bandura)의 사회학습이론

① 특징
  ㉠ 사람의 행동은 타인의 행동이나 상황을 관찰하거나 모방한 결과로 이루어진다는 교육심리학이론 중의 하나로, 캐나다 출신의 미국 심리학자인 반두라(Albert Bandura)가 조건형성과 인지이론을 통합하여 주장한 이론
  ㉡ 사회학습이론은 타인의 행동이나 상황이 한 개인의 행동에 영향력을 행사한다는 점에서 보상, 처벌 등의 조작결과로 인간행동이 결정된다는 기존의 이론과는 다름
  ㉢ 반두라의 연구에서 사회학습이론은 자신과 타인에게 주는 영향과 효과를 관찰한 후 그 결과를 바탕으로 자신의 행동을 평가하고 미래의 성공 여부를 가늠해보는 것

② 주요개념

모방	다른 사람이 행동한 것을 관찰하고 그 행동을 따라 하는 것을 말함
자기강화	자기 행동을 유지하거나 바꾸는 과정
자기조정	활동의 가치는 자기조정 판단요소 중 하나로, 사람들은 자신에게 중요한 타인들이 자기 행동에 부과한 보상과 처벌을 통해 학습한 내적 기준에 따라 활동의 가치를 판단함
관찰학습	• 주요학습기제 중 하나로 흔히 사람들은 단지 타인들의 태도와 행동을 관찰함으로써 사회적 태도와 행동을 학습하게 되는데 이런 경우 그 타인을 '모델'이라고 함 • 모방 또는 모델링은 개인이 단지 관찰할 뿐만 아니라, 실제로 모델의 행동을 모방할 때 일어남. 어떤 개인에게 있어서 모델은 사람, 영화, TV, 그림이나 상징물 등 정보를 전달하는 것이면 어떠한 것이라도 모델이 될 수 있음

자기효율성

반두라의 연구에서는 사회학습이론의 조망을 확대시킴. 만약, 자신이 성공적으로 일을 수행할 수 있다는 기대가 성립되면, 필요한 행동을 수행하려는 경향을 내것. 이것은 자기확신감으로서 반두라는 자기효율성(self-efficacy)이라고 불렀으며, 개인의 자기 효율성은 반복된 과제관련 관찰과 경험을 통해 경험적으로 발달함

상호결정론

- 성격발달에서 상징적인 환경이 중요함을 강조함(내적 요인-환경적 요인)
- 인간행동의 많은 부분은 자기강화에 따라 결정됨(행동적 요인-내적 요인)
- 자기효율성이 높은 사람은 기대한 결과에 미치지 못하면 환경을 바꾸는 등의 노력을 함
- 자신이 얼마나 잘 수행할 수 있을지 기대하는 것은 실제로 행동을 움직이는 인지적 각본의 핵심이 됨

관찰학습	• 관찰학습은 어떤 외적 강화 없이도 일어날 수 있어서 사람들은 어떤 특정한 행동을 하기 전에 모델을 통해 사전학습을 할 수 있기 때문에 불필요한 실수를 줄일 수 있음 • 반두라는 지금껏 구분하지 않고 사용한 '관찰'과 '모방학습'을 강조하며, 이 두 용어의 구분이 아주 중요하다고 주장함. 관찰학습에는 모방이 포함될 수도 있고 그렇지 않을 수도 있다고 주장 • 반두라의 이론에 의하면 학습은 인지적 과정이며, 이롭다고 생각되는 것으로 실행함(관찰학습은 단순히 흉내내는 모방 이상의 것)

③ 관찰학습과정

주의(집중)과정	• 단순히 모델을 보는 것만으로는 관찰이 일어나지 않고, 어떠한 행동이 관찰을 통해서 학습되려면, 그 행동이 관찰자의 주의를 끌어야 함. 그러기 위해서는 우리가 모델에게 주의를 기울여야 함 • 주의집중과정은 노출된 모델에서 어느 것을 선택적으로 지각하고, 어느 것을 습득할 것인가를 결정함
보존(또는 파지, 기억)과정	• 관찰을 한 후 이것이 적당한 시기에 기억되지 못한다면 이 학습은 의의가 없어짐 • 모델링된 단서가 행동으로 재생되기 위해서는 최초의 관찰단계에서 그 모델의 반응에 대한 관찰이 어떤 상징적 형태로 기억 속에 저장되어야 함
운동재생과정	학습자가 모델행동의 상징적 표상을 주의 깊게 형성하고, 기억한다 할지라도 이것만으로는 행동을 올바르게 수행하기 어려울 수 있음
동기화과정	• 사람들은 배운 것이라고 해서 무엇이든 실행하지는 않기 때문에 사회적 학습이론은 지식의 획득과 수행을 구별함 • 만족할 만한 결과가 예기되면 모델행동을 사용하지만 보상이 주어지지 않거나 불만족스러운 결과가 예기되면 그 일을 하지 않게 됨 • 긍정적 자극이 주어지면 모델링이나 관찰학습은 빠르게 행동으로 전환되며, 그러한 행동을 하는 것에 대한 강화가 예상되면 행동은 촉진됨

④ 스키너의 전통적 행동주의이론과 반두라의 사회학습이론의 비교

구분	행동주의이론(스키너)	사회학습이론(반두라)
입장	기계론적 환경결정론	상호적 결정론
인간행동	객관적인 자극-반응의 관계만을 강조	인지와 같은 주관적인 요소 관여
공통점	• 인간의 행동을 불러일으키는 요인은 환경적 자극 • 관찰가능한 행동에 초점을 두고 있기 때문에 과학적 연구를 통해 인간 본성을 설명할 수 있음 • 강화속성이나 환경적 자극의 변화를 통해 인간 행동을 변화시킬 수 있음	

⑤ **모방의 효과** : 타인이 하는 행동을 관찰함으로써 새로운 반응을 학습할 수 있음. 타인 행동의 관찰에 대해 어떤 특수한 행위를 억제하거나 피하게 되는 수가 있고, 행동의 촉진작용을 하기도 함

SEMI-NOTE

대리적 학습
관찰학습은 자극 자체의 특징을 확인하여 자신의 행동을 수행하게 되지만, 이와는 달리 다른 사람의 행동 결과 예상, 명예, 돈 등의 강화가 주어질 때 이를 모방할 가능성이 더욱 증가되는데 이러한 모방학습을 '대리적 학습'이라 함

사회학습이론과 행동주의의 큰 차이점
행동주의자들이 철저하게 관찰가능 외현적인 행동에 대해서만 관심을 가진 반면, 사회학습이론가들은 인간의 내적 과정을 인정함으로써 인간학습의 인지론적 경향을 함께 수용

3. 인간의 성장과 발달

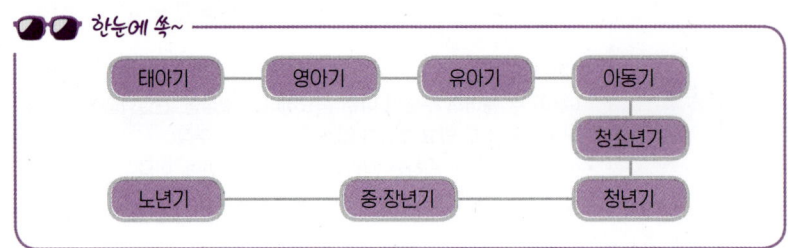

03절 사회복지의 역사적 발달

1. 영국 ★ 빈출개념

(1) 엘리자베스 빈민법(1601)

① 영국 빈민법 체계의 기초가 되었으며, 이전의 영국빈민구호법령을 집대성해 성문화한 법으로 세계 최초의 공적 복지법률
② 최초로 빈민구제에 대한 책임을 정부의 책임으로 인정함(실질적 행정은 지방정부가 수행)
③ 이 법의 경계에 있는 모든 재산 소유자들에게 세금을 징수함으로써 교구마다 빈민을 부양하는 것이 의무가 됨
④ 구제기금은 지역에서 마련되어(지방세) 지역주민을 위해 집행되었으며, 구빈감독관을 지정하여 구빈세 징수업무를 관장하게 함
⑤ 지방정부의 책임으로 빈민구제를 실시

노동능력이 있는 빈민	노역장에 강제수용하여 강제로 일을 시킴
노동능력이 없는 빈민	구빈원에 수용하여 보호하였고 신체장애인, 노인, 맹인 등을 공공재원으로 구빈
요보호아동	• 장래에 대한 치안유지와 구빈대상으로의 복귀를 방지하기 위하여 직업교육을 실시 • 도제 연령 : 남자는 24세, 여자는 21세 또는 결혼할 때까지

(2) 정주법(1662)

① 영국에서 성립된 부랑인단속법으로 걸인들이 부유한 교구로 이동해 다니자, 교구는 자기 교구 내에서 출생한 자에 대해서만 책임지자고 함(이주금지)
② 폐단
 ㉠ 노동력이 부족한 지방의 산업발전 저해
 ㉡ 빈민의 거주조건에 관한 교구 간의 빈번한 논쟁·소송 발생
 ㉢ 빈민의 주거선택·이전의 자유 침해

SEMI-NOTE

구빈행정체제 확립
교구 구빈사업을 국가사업으로 인식

엘리자베스 빈민법의 성격
• 구빈을 국가의 의무로 보았으나 대상자의 권리를 인정하지 않음
• 빈궁의 원인을 묻지 않음
• 자활 빈민의 생활을 넘지 않는 범위내에서 구호
• 노동력 활용을 통한 생산성 제고, 사회질서를 위한 빈민단속

(3) 작업장법(1722)
① 노동이 가능한 빈민을 고용하여 국가적 부의 증대에 기여코자 하는 목적에서 제정. 동시에 빈민에게 노동을 강제함으로써 구빈재정의 지출을 줄여보자는 의도
② 오늘날 직업보도의 성격을 띤 최초의 프로그램

(4) 길버트법(1782)
① 작업장에서의 빈민들의 비참한 생활과 착취를 개선할 것을 목적으로 한 법
② 노동력이 있는 빈민을 작업장에 보내는 대신 자기 가정이나 또는 인근의 적당한 직장에서 취업하도록 알선해 주는 원외구호(outdoor relief)를 인정하는 내용
③ 인도주의적 성격의 빈민구제로, 최초로 유급사무원 채용

(5) 스핀햄랜드법(1795)
① 최저 생활비 미달의 임금에 대해서 그 부족분을 보조해 주는 제도로 이것이 오늘날 가족수당이나 최저 생활보장의 기반이 됨
② '남자는 매주 3갈론의 빵, 여자와 자녀는 매주 1.5갈론의 빵이 필요하다'와 같은 기준으로 빈민들에 대한 구제금액을 결정하고 또 가족의 수에 비례해서 금액을 산출함
③ 부작용
  ㉠ 고용주가 저임금을 지급해도 구빈세로부터 보조금이 나오기 때문에 이것은 노동자를 위한 임금보조금이 아니라 고용주에 대한 보조금이 됨
  ㉡ 노동자는 수입이 적어도 교구로부터 부족분을 받을 수 있기 때문에 열심히 일을 하지 않음

(6) 공장법(1833)
① 아동 노동여건 개선을 위한 법
② 최초의 아동노동복지법

(7) 개정빈민법(1834)
① 지주와 자본가들의 이해를 조정하기 위해 빈민구제를 억제하는 방향으로 법 개정
② 스핀햄랜드법의 임금보조제를 폐지
③ 주요원칙

전국 균일처우의 원칙	행정기구를 개혁해서 전국적인 행정수준의 통일과 구빈행정의 중앙집권화를 뜻함
열등처우의 원칙	구빈대상자의 구제수준이 자활 노동자들의 생활수준보다 높지 않아야 함
작업장 활용의 원칙	'노역장 강제수용의 원칙'으로, 원조를 억제할 수 있는 작업장 수용을 원칙으로 함. 다만 병자, 노인, 허약자, 모자가족에게만 원외구호를 허용

SEMI-NOTE

작업장법 형성과정
1696년 영국의 Bristol시에서 여러 교구가 모여 연합체를 형성, 공동작업장을 마련하여 빈민들에게 일을 시키고 임금을 지불. 이후 1722년 나치블법으로 조정됨

원외구호
노동능력이 있는 빈민을 자신의 가정에 머물게 하여 원조하거나, 취업을 알선해 줌(거택보호)

스핀햄랜드법의 의의
오늘날 최저생활보장·가족수당의 기반이기도 하며, 빈민구제 억제정책인 개정빈민법(1834)의 결정적인 영향을 줌

왕립위원회 보고서 내용
- 스핀햄랜드 제도하에 제공되던 보조금은 폐지
- 모든 노동가능자들에 대한 구호는 작업장 구호로 대체
- 원외구호는 병자, 노인, 무능력자, 아동을 가진 과부로 제한
- 몇 개의 교구를 묶어 구빈법조합으로 조정
- 구호수준은 지역사회의 가장 낮은 임금수준보다 적도록 조정
- 왕명에 의한 중앙통제위원회를 설립

SEMI-NOTE

자선조직협회의 특징
- 박애주의·부르조아 특권적 지위의 정당화
- 공공의 구빈정책 반대(자원봉사자의 주도권 강조)

자선조직협회와 사회진화론
사회진화론은 진화론의 진화 및 적자생존의 법칙 등을 인간사회에 대입한 것으로, 환경에 잘 적응하는 자만이 생존할 수 있고, 그렇지 못한 자는 도태한다고 봄. 자선조직협회는 이와 같은 사회진화론에 근거함으로써 사회통제적 활동이라는 비판을 받음

인보관운동의 특징
- 빈곤문제를 해결하려는 사회개량운동으로 출발
- 인보관운동에서 주요하게 실시한 사업 중 한 가지는 교육사업
- 인보관운동은 집단사회사업의 발달에 기여함
- 인보관운동은 이후 지역사회복지의 실천모형으로 발전함
- 사회환경의 중요성을 강조

(8) 자선조직협회(COS, 1869)

① 독일 엘버펠트의 영향을 받아 1869년 런던 자선조직협회에서 창립
② 사회진화론과 인도주의에 영향을 받은 신흥자본가들이나 사회중산층(상류층)이 주요 활동 층
③ 중복구호 방지를 위하여 실시되었으며, 우애방문원의 개별방문에 의한 개별적 조사와 등록
④ 인간은 자립이 가능하다고 보고 자립의 실패를 환경적 요인보다 빈곤자의 도덕적 개혁에 초점을 둠
⑤ 빈곤에 대한 서비스 제공에 있어 원조의 대상자를 가치 있는 자와 가치 없는 자로 구분함
⑥ 빈곤자의 환경조사를 통해 낙인감이나 수치심을 초래한다 할지라도 빈곤의 관점은 보수적인 성향이 강한 개인 책임을 강조함
⑦ 인간은 자립이 가능하다고 보고 자립의 실패를 환경적 요인보다 빈곤자의 도덕적 개혁에 초점을 둠
⑧ 빈민구분

가치 있는 빈민	가치 없는 빈민
장애인, 고아, 비자발적 실업자 등과 같이 어려울 때를 대비하여 모든 노력을 기울였지만 여전히 불행에 빠져 있는 자를 말하며 이들을 자립시키기 위해 자선적 구제가 제공되어야 함	게으른 자, 타락한 자, 주벽이 있는 자 등 돕는 것이 불가능한 자를 말하며 이들에 대해서는 민간자선의 제공을 거부하고 구빈법의 구제억제적인 열등처우의 원칙에 맡겨야 함

(9) 인보관운동(1884)

① 지역주민들 간에 서로 배우고 가르치고 돕는 것을 기본으로 하여 1884년 토인비 홀에 설립
② 급진주의와 기독교 사회주의를 기반으로 한 성직자나 엘리트 층(주로 중류층)이 주요 활동 층
③ 내용
 ㉠ 빈민지구 실제조사, 교육·문화적 활동, 보건문제
 ㉡ 인도주의
 ㉢ 체육관 설치, 인보관 설립 및 집단사회사업
 ㉣ CO(Community Organization, 지역사회조직), GW(Group Work, 집단사회사업)의 기반
④ 3R

거주(Residence)	빈민과 함께 거주
조사(Research)	사회조사를 통한 빈민의 욕구 파악
개혁(Reform)	조사를 통해 얻은 정보를 통해 사회를 개혁

실력UP 자선조직협회와 인보관운동

구분	자선조직협회(COS)	인보관운동
주 활동층	신흥자본가들이나 사회중산층(상류층)	성직자나 엘리트 층(주로 중류층)
이념	인도주의, 사회진화론	급진주의, 기독교 사회주의
빈곤관	개인주의적 빈곤 죄악관	사회구조적 빈곤
해결방법	빈민 개조, 개인의 변화	사회 구조의 변화
영향	개별사회사업, 지역사회복지에 영향을 미침	집단사회사업과 지역사회복지에 영향을 미침

(10) 빈민법 보고서

① 왕립빈민법위원회에서 다수파와 소수파의 2개의 보고서가 정부에 제출됨
② 다수파와 소수파

구분	다수파	소수파
빈곤원인	개인적	사회적
현행 구빈법	유지 · 개정	전면 폐지
내용	빈민탈출에 노력하는 빈민에게 지방정부가 동정적인 지원	노동 불가능 빈민은 지방정부 책임

(11) 베버리지 보고서(1942)

① 전제조건
 ㉠ 15세까지 아동수당(가족수당)
 ㉡ 질병의 예방과 치료, 노동능력의 회복 등을 위한 포괄적인 보건서비스
 ㉢ 완전고용 달성
② 6원칙
 ㉠ 정액급여의 원칙
 ㉡ 정액기여의 원칙
 ㉢ 포괄성의 원칙
 ㉣ 급여 적절성의 원칙
 ㉤ 행정책임 통합의 원칙
 ㉥ 피보험자 구분의 원칙

2. 독일

(1) 함부르크구빈제도(1788)

① 독일 최초의 구빈사업조직(빈민구호위원회, 빈민구호상원위원회로 구성)
② 노동능력이 있는 빈민에게 직업교육 또는 취업의 기회를 제공함으로써, 빈곤층의 수를 줄이려는 목표로 실시

주요 법령
- 노령연금법(1908) : 70세 저소득층 노인에게 지급되는 무갹출 연금제도
- 국민보호법(1911) : 건강보험과 실업보험으로 구성(영국 최초의 사회보험)

구빈법 소멸
'요람에서 무덤까지'로 불리는 사회보장체계의 수립

> SEMI-NOTE
>
> **엘버펠트구빈제도의 영향력**
> 영국의 자선조직협회 설립에 영향을 줌
>
> **최초의 입법**
> 세계최초로 사회보험제도를 입법하였으며, 세계최초로 헌법에 생존권에 관련된 기본권을 규정함(바이마르 헌법)
>
> **미국의 시기별 발달과정**
> - 전문직의 발달(20세기 초반~1930년대)
> - 사회복지행정의 발전(1930~1960년대)
> - 사회복지행정의 확립(1970~1990년대)

(2) 엘버펠트구빈제도(1852)

① 함부르크구빈제도의 미비점을 보완·수정하여 엘버펠트 시에서 시행한 구빈제도
② 빈민구제를 지구조직화 함
③ 공공의 조세로 운영

(3) 비스마르크의 사회보험법(1883)

① 산업화와 노동계급의 형성, 사회주의 사상의 전파로 사회적 갈등이 발생. 갈등 완화와 사회통합, 충성심 유도를 위하여 당근과 채찍 정책을 제시함
② 독일 비스마르크의 3대 사회보험법

3. 미국

(1) 뉴딜정책

① 1929년 경제대공황을 계기로, 1932년 루즈벨트 대통령이 구제·부흥 및 개혁의 과업을 목적으로 하는 뉴딜정책 발표
② 케인즈 이론에 입각한 정책

(2) 사회보장법(1935)

① 최초로 사회보장이라는 용어를 공식화함
② 3대 사회보장 범위
   ㉠ 사회보험 프로그램
   ㉡ 공공부조 프로그램
   ㉢ 보건 및 복지서비스 프로그램

4. 우리나라

(1) 삼국시대

① 구제사업
   ㉠ **사궁구휼** : 환과고독(홀아비, 고아, 과부, 무자녀 노인)의 무의탁 빈민을 군주들이 방문하여 위로하고 의류, 곡물, 관재 등을 급여하여 구제하는 것
   ㉡ **조조감면** : 재해로 인하여 심한 피해를 입은 지역의 주민들에게 그 재해 정도에 따라 조세를 감면해 주는 것
   ㉢ **대곡자모구면** : 백성이 대여한 관곡을 거두어 들일 때에 상환이 곤란한 경우 그 원본 및 이자를 감면해 주는 것
   ㉣ **경형방수** : 천재지변과 같은 자연재난에 대해 형벌 경감, 석방 등으로 선정을 베푸는 것
   ㉤ **책기감선** : 각종 재난이 왕 자신의 잘못에 기인한 것이라 하여 스스로 죄인으로 생각하고 뜰아래 방에서 식사도 적게 하여 자신의 생활을 삼가는 것
   ㉥ **관곡진급** : 재해를 당한 백성에게 나라에서 비축한 관곡을 배급하는 것

② 구빈제도

창제	진대법
• 삼국의 일반적이고 가장 오래된 구제정책 • 재해나 역병, 전시에 백성에게 나라에서 비축한 관곡을 배급하는 것	• 최초의 항구적 구빈제도로 춘궁기에 빈민을 구제하는 제도 • 영농자본을 대여함으로써 농민의 실농 방지에 기여함 • 관곡을 적절히 활용함으로써 낭비와 사장을 없앰

(2) 고려시대

① 5대 진휼사업
  ㉠ 은면지제 : 개국·즉위·제사·순시·불사·경사·전쟁 후·기타 적절한 시기에 왕이 베푸는 각종 은전
  ㉡ 환과고독 : 우선적으로 보호를 받아야 할 대상자로 지정
  ㉢ 재면지제 : 천재지변, 전쟁, 질병 등으로 인한 이재민의 조세, 부역 및 형벌 등의 전부 혹은 일부를 감면
  ㉣ 수한질려진대지제 : 이재민에게 쌀, 잡곡, 소금, 간장, 의류 등 각종 물품과 의료, 주택 등의 급여
  ㉤ 납속보관지제 : 흉년과 재해 때 백성을 구휼하기 위한 재원조달의 한 방법으로 이용한 것으로 일정한 금품을 납입한 자에게 일정한 관직을 주었던 것

② 상설구빈기관
  ㉠ 흑창 : 흉년이 들었을 때 국가가 비축한 양곡으로 무상으로 백성을 구제
  ㉡ 제위보 : 일정한 재화를 원금으로 설정하고 그것을 대부 활용하여 거기에서 생기는 이익으로 기관을 운용하고 아울러 빈민과 이재민 구제사업도 실시하는 최일선기관
  ㉢ 의창 : 각 주의 군에 두어 평상시에 곡물을 쌓아두었다가 흉년, 전쟁, 질병 등 비상시에 대비
  ㉣ 상평창 : 물가조정기능 및 구빈사업
  ㉤ 동서대비원 : 환자치료나 빈민구제를 위주로 노인, 고아, 환과고독 등도 수용하여 진휼하였으나 오늘날 병원과 복지원을 겸한 기능
  ㉥ 혜민국 : 빈민을 치료하고 약품을 지급하는 국립의료기관
  ㉦ 유비창 : 재난으로 인한 빈민구제와 물가조절 등 의창과 상평창의 복합적 기능을 한 구제 기관
  ㉧ 연호미법 : 풍년에 호의 대소에 따라 차등 있게 곡식을 내어 비축하였다가 유사시에 발하여 재해에 대비

(3) 조선시대

① 비황제도(흉년이나 재난을 미리 대비하는 제도)
  ㉠ 삼창 : 상평창, 의창, 사창
  ㉡ 교제창 : 교통의 요지에 설치하여 지역 간 흉풍을 조절

SEMI-NOTE

고려시대 임시구빈기관
• 동서제위도감 : 재난시 빈민구휼과 병자치료
• 구제도감 : 곡물, 면포, 의류, 식염 등을 저장하여 필요한 때에 빈민을 구제한 후에 진제도감, 진제색으로 명칭을 바꿈
• 구급도감 : 기근대비
• 해아도감 : 유유아(乳幼兒)를 보호·양육하는 최초의 관설 영아원

삼창
• 국가 : 상평창, 의창
• 민간 : 사창

SEMI-NOTE

민간구제
- **계** : 신라 때부터 존재하였던 주민 상호 간의 협동조직으로서 친목, 산업, 혼상, 학업, 양로, 군포 등을 위한 다양한 계가 존재
- **두레** : 촌락 단위의 공동 노동력을 교환하는 노동협동양식
- **품앗이** : 주민 상호 간의 노동력을 교환하는 노동협동양식
- **향약** : 조선의 지배층을 구성하였던 양반계층에 의하여 동원된 사회질서를 유지하기 위한 하나의 방법으로 덕업상권, 과실상규, 예속상교, 환난상휼의 4대 덕목 중 환난상휼에 의하여 재해, 질병, 빈곤에 대한 구제를 행함
- **고지** : 가난한 사람들이 농업경영자에게 상호 연대책임을 지고 춘궁기에 곡물을 선불받아 농번기에 노동을 해 주는 것
- **공굴** : 촌락을 단위로 마을 내의 무능력자나 과부 또는 초상을 당하여 일정 기간 동안 노동을 할 수 없는 자의 농사를 마을주민 공동으로 지어 주는 것
- **향도** : 마을에 흉사가 있을 때만 무보수로 봉사하는 것

조선구호령 급여내용
생활부조, 의료, 조산, 생업부조, 장제부조 등

② 구황제도(춘궁기와 흉년 때에 빈민구제 제도)
  - ㉠ **견감** : 흉년 또는 재해를 당한 백성에게 지세, 호세, 부역 등을 감면해 주거나 대부된 환곡을 면제 또는 감해 주는 것
  - ㉡ **진휼** : 식량, 물품 및 금전을 제공하여 이재 및 빈민을 구제
  - ㉢ **진대** : 영세민 구제를 위하여 관곡을 백성들에게 대부하였다가 환납케 하는 것
  - ㉣ **고조** : 생계가 곤란하여 혼례나 장례를 치루지 못하는 자에게 관에서 그 비용을 부조
  - ㉤ **원납** : 관고의 부족을 보충·충당하기 위해 관직을 제공하는 것

③ 구제기관
  - ㉠ **구황청** : 재해가 생겼을 때 국가의 비축곡을 방출하여 구제하고 급식을 하는 진휼사업을 전담해 왔는데 그후 진휼청으로 명칭이 바뀌었다가 선혜청에 병합
  - ㉡ **혜민국** : 서민과 궁민의 질병을 치료해주고 건강을 보살펴 주는 일을 맡았으며, 나중에 혜민서로 개칭되었다가 전의감에 병합
  - ㉢ **활인서** : 서울 성내의 환자구휼기관으로서 초기에는 고려시대와 같이 동서대비원으로 불리다가 동서활인서로 개칭

> **실력up 자휼전칙(1783)**
> - 아동복지관련 법령으로 유기아, 행걸아의 구제 및 입양법령
> - 요보호아동의 구휼에 있어 개인과 민간의 책임보다 국가의 책임과 역할을 다소 인정
> - 정조의 전교와 보호전반에 대한 9개의 절목으로 구성

> **실력up 오가작통법**
> - 5개의 가구를 1개의 통으로 묶음
> - 연대책임 하에 치안 유지와 복리증진을 목적으로 시행

(4) 일제강점기

① 방면위원제도(1927)
  - ㉠ 일본의 민생위원 제도를 모방한 제도로, 빈민의 생활실태조사, 개발지도 수행
  - ㉡ 우리나라 개별사회사업의 기원

② 조선구호령(1944)
  - ㉠ 일본구호법을 기초로 모자보호법과 의료보호법을 부분적으로 부가·종합함
  - ㉡ 생활보호법의 모태
  - ㉢ 적용 대상과 급여원칙

적용대상	급여원칙
• 65세 이상의 노쇠자, 13세 이하의 유아 • 임산부, 불구, 폐질, 질병, 상이, 기타 정신 또는 신체의 장애로 인하여 노동을 하기에 지장이 있는 자	• 신청주의 • 자산조사 • 거택보호 원칙, 예외로 구호시설 수용, 위탁 수용 • 재정은 국가가 1/2 또는 7/12을 보조, 도가 1/4 보조할 수 있으며 읍·면에서 나머지 부담

(5) 1960년대

1960	공무원연금법
1961	• 갱생보호법 • 생활보호법 • 아동복리법
1962	• 재해구호법 • 국가유공자특별원호법 • 제3공화국 헌법
1963	• 산업재해보상보험법 • 군인연금법 • 사회보장에관한법률 • 의료보험법

(6) 1970년대

1970	사회복지사업법
1973	• 사립학교교원연금법 • 국민복지연금법
1976	입양특례법
1977	• 의료보호법 • 공무원및사립학교교직원의료보험법

(7) 1980년대

1980	사회복지사업기금법
1981	• 아동복지법 • 심신장애자복지법 • 노인복지법
1986	• 국민연금법 • 최저임금법
1987	남녀고용평등법
1988	보호관찰법
1989	모자복지법

SEMI-NOTE

1960년대 주요내용
- **생활보호법** : '사회복지'의 향상을 명시, 국민기초생활보장법 제정으로 폐지
- **아동복리법** : 아동복지법으로 변경
- **제3공화국 헌법** : 인간다운 생활을 할 권리 신설
- **사회보장에관한법률** : 사회보장기본법 제정으로 폐지
- **의료보험법** : 국민건강보험법 제정으로 폐지

1970년대 주요내용
- **사립학교교원연금법** : 사립학교교직원 연금법으로 변경
- **국민복지연금법** : 국민연금법으로 변경(개정)
- **의료보호법** : 의료급여법으로 변경

1980년대 주요내용
- **심신장애자복지법** : 장애인복지법으로 변경
- **남녀고용평등법** : 남녀고용평등과 일·가정양립지원에관한법률로 변경
- **보호관찰법** : 보호관찰등에관한법률로 변경
- **모자복지법** : 한부모가족지원법으로 변경

사회복지사업법(1983)
1970년에 제정된 사회복지사업법을 전면 개정함. 복지증진의 책임이 국가와 지방자치단체에 있음을 명문화함. 또한 사회복지사라는 명칭도입과 사회복지사자격을 1급, 2급, 3급으로 구분

SEMI-NOTE

1990년대 주요내용
- **장애인고용촉진등에관한법률** : 장애인고용촉진및직업재활법으로 변경
- **성폭력범죄의처벌및피해자보호등에관한법률** : 성폭력방지및피해자보호등에관한법률 제정으로 폐지
- **정신보건법** : 정신건강증진및정신질환자복지서비스지원에관한법률로 변경
- **사회복지공동모금법** : 사회복지공동모금회법으로 변경

2000년대 주요내용
- **청소년의성보호에관한법률** : 아동·청소년의성보호에관한법률로 변경
- **기초노령연금법** : 기초연금법으로 변경

(8) 1990년대

1990	장애인고용촉진등에관한법률
1991	• 영유아보육법 • 청소년기본법 • 사내근로복지기금법
1993	고용보험법
1994	성폭력범죄의처벌및피해자보호등에관한법률
1995	• 보호관찰등에관한법률 • 사회보장기본법 • 여성발전기본법 • 정신보건법
1997	• 사회복지공동모금법 • 청소년보호법 • 장애인·노인·임산부등의편의증진보장에관한법률 • 가정폭력방지및피해자보호등에관한법률 • 국민의료보험법
1999	• 국민건강보험법 • 국민기초생활보장법

(9) 2000년대 ★빈출개념

2000	• 청소년의성보호에관한법률 • 장애인고용촉진및직업재활법
2001	근로복지기본법
2004	• 청소년복지지원법 • 청소년활동진흥법 • 건강가정기본법 • 성매매방지및피해자보호등에관한법률 • 학교폭력예방및대책에관한법률
2005	• 교통약자의이동편의증진법 • 긴급복지지원법 • 자원봉사활동기본법 • 저출산·고령사회기본법
2006	식품기부활성화에 관한 법률
2007	• 장애인차별금지및권리구제등에관한법률 • 가족친화사회환경의조성촉진에관한법률 • 기초노령연금법 • 노인장기요양보험법
2008	• 다문화가족지원법 • 중증장애인생산품우선구매특별법

(10) 2010년대 ⭐ 빈출개념

2010	• 장애인연금법 • 장애인활동지원에관한법률 • 성폭력방지및피해자보호등에관한법률
2011	• 사회서비스이용및이용권관리에관한법률 • 장애인활동지원에관한법률 • 장애아동복지지원법
2012	협동조합기본법
2014	• 주거급여법 • 학교밖청소년지원에관한법률 • 사회보장급여의이용·제공및수급권자발굴에관한법률 • 아동학대범죄의처벌등에관한법률
2015	• 주거기본법 • 노후준비지원법
2018	• 아동수당법 • 성폭력방지기본법

> **SEMI-NOTE**
>
> 2020년대
> • 청년기본법
> • 구직자취업촉진및생활안정지원에관한법률

04절 복지국가

1. 복지국가의 개념과 위기

(1) 복지국가의 개념
① 복지국가가 되기 위해서는 공통적으로 자유민주주의, 국민최저수준 보장 등이 되어 있어야 함
② 국민의 생존권을 보장 및 공공복리의 증진을 목표로 함

(2) 복지국가의 위기 쟁점
① **경제적 문제**: 실업률 증가, 물가 상승, 성장률 감소, 생산성 증가율 하락
② **정부의 문제**: 국가부문의 확대는 관료제의 확대, 비용통성 야기, 과대한 공공지출로 인한 경제적 부담, 실질소득이 감소, 세금의 증가, 조세저항 등
③ **재정의 문제**: 경제악화로 인한 복지수요의 증가를 적자예산으로 지속시키고, 그 규모가 커지면 결국 물가상승을 유발시키거나 저성장을 유발시켜 경제를 더욱 악화시킴
④ **정당화 문제**: 복지국가에 대한 대중의 여론악화, 세금 증가에 대한 조직적 조세 저항 등

> 복지국가의 발전과정
> • 정착기(1920~1945)
> • 팽창기(1945~1975)
> • 재편기(~현재)

2. 유형화모형 ★ 빈출개념

(1) 윌렌스키와 르보(Wilensky&Lebeaux)의 2분 모형

잔여적 모형(안정망 기능)	제도적 모형(일차적 기능)
• 가족이나 시장의 기능 실패에 따른 보충 개입 • 개인주의 및 개인의 책임 • 경쟁 강조 • 낮은 급여 • 소득자산 조사 • 받을 자격 여부에 따른 제공 • 잔여적, 주변적, 예외적	• 정상적인 주요제도로서 사회복지 • 국가역할 극대화 • 사회권으로 보편적 급여 • 높은 급여 수준 • 집합적인 사회의 결속 강조 • 지속적, 필수적, 독립적

(2) 티르머스(Titmuss)의 3분 모형

보완적(잔여적) 모형	• 일차적으로 가족과 시장경제에서 보충이 안 되는 빈곤자나 요보호자들을 대상으로 사회복지제도가 활용되는 것 • 공적부조 프로그램 강조 • 잔여적 모형
산업적 성취수행모형	• 사회복지를 기능주의 입장에서 해석하여 경제성장의 수단으로 활용하고자 하는 것으로 시장경제 메커니즘에서의 생산성 중심의 사회구성, 즉 업적, 신분향상, 작업수행 등을 목표로 함 • 사회보험 프로그램 강조
제도적 재분배 모형	• 공동체적 삶을 위한 인간의 기본적 욕구의 원리를 기반으로 하여 시장경제 메커니즘 외부에서 욕구에 따른 보편적·선택적 서비스를 제공하는 기본적·종합적 제도 • 복지정책의 진취적 입장을 표명

(3) 미쉬라(Mishra)의 복지국가 유형화

다원주의(분화된) 복지국가	조합주의(통합된) 복지국가
• 사회복지는 경제와 구분이 되고 대립됨 • 경제에 악영향을 주는 사회복지는 제한됨 • 이익집단의 다양한 이익추구 과정에서 복지정책 형성 • 복지정책의 단편화	• 사회복지와 경제의 상호의존적 • 계급 간의 상호협력하에 복지정책 추진 • 집합적 책임 강조 • 완전고용과 포괄적 사회복지정책

(4) 조지&윌딩(George&Wilding)의 이데올로기 4분모형

반집합주의 (자유방임주의, 신자유주의, 신우파)	• 자유, 개인주의, 불평등, 소극적 자유 • 정부개입 부정적(복지국가 반대) • 정부는 규칙 제정자, 공동자원의 관리자, 가부장적 역할로 제한 • 자발적 협동과 경쟁에 기초한 사회 • 복지급여는 주로 최저생계비 이하의 빈곤계층에게 국가온정주의적 차원에서 정치적 안정 유지를 위하여 최소한으로 주어짐

SEMI-NOTE

제3의 길
- 영국 총리였던 토니 블레어가 지향했던 정치이념
- 복지국가 전성기의 사회민주주의의 길과 1980년대 전후의 시장지향적인 신보수주의의 길 모두를 비판적으로 평가하여 이 양자의 장점을 극대화하기 위해 제기된 정치노선
- 1980년대의 기반에서 보다 노동과 관련된 영역을 활성화하여 사회적 확력을 되찾고자 함
- 이전의 신보수주의보다는 복지에서의 국가책임성을 강조함

마르크스주의(6분모형)
- 페미니즘
  - 19세기 중반에 시작된 여성참정권 운동에서 비롯된 복지이념
  - 여성 억압의 원인과 상태 기술
  - 여성해방이 궁극적 목표
  - 복지국가는 성차별 체계의 현대적 양상일 뿐이라는 부정적 입장과 여성친화적 국가라는 호의적 반응이 공존
- 녹색주의(Greenism)
  - 경제성장이 지연되더라도 자연을 먼저 생각하자는 운동
  - 인간과 자연의 조화를 위한 성장제일주의 생산구조의 변경을 주장
  - 공정한 재분배·분권적 직접 민주제, 비폭력적 수단을 통한 저항 등을 강조하면서 경제성장과 소비의 확대를 바람직하다고 보는 복지국가의 신념이 잘못되었다고 비판

소극적 집합주의 (수정자유주의, 중도노선)	• 자유, 개인주의, 불평등, 소극적 자유 • 정부개입 조건부 인정(복지국가 찬성) • 실용주의와 인도주의 • 시장실패를 보충하는 수단으로 복지국가 • 종합적 포괄적 대책 • 불평등의 완화가 아닌 빈곤의 제거
페이비언주의 (사회민주주의)	• 평등, 자유, 우애, 적극적 자유 • 정부개입 적극인정(복지국가 적극 찬성) • 근로자의 참여 중시 • 자원 재분배 • 사회통합 증진 • 비복지의 공평한 분담 • 이타주의 증진, 사회주의로 가는 한 수단으로서 복지국가 인정
마르크스주의 (사회주의)	• 경제적 평등과 적극적 자유 • 정부개입 적극인정(복지국가 적극 반대) • 자본주의 전면거부 • 보편적 욕구충족 • 참여 기초로 예방중심 운영 • 복지국가의 사회주의화 부정, 계급갈등론 • 자본가계급의 마키아벨리즘 • 자본주의 체제론(자본축적과 정당화 기능)

SEMI-NOTE

신마르크스주의
• 자본축적과 정당화 기능의 모순성
• 자본의 축적을 위한 사회적 자본과 정당성을 유지하기 위한 사회적 비용의 증가
• 세입과 세출 사이의 구조적인 격차로 재정위기

(5) 에스핑 앤더슨(Esping Anderson)의 3분모형

자유주의	조합주의	사회민주주의
• 시장의 효율성과 노동력의 상품화가 중요 • 소득조사에 의한 공적부조 • 저소득층 대상 • 엄격하고 까다로운 자격기준 • 탈상품화 효과 최소화 • 사회권 제한 • 다차원의 사회계층체제 발생	• 국가가 주된 사회복지제공자 역할 • 사회적 지위의 차이를 유지하는 급여 • 보험원칙을 강조하는 사회보험 • 시장에서 지위 차이에 따른 혜택 차이 • 탈상품화 효과의 한계	• 보편주의 • 사회권을 통한 탈상품화 효과가 가장 큼 • 새로운 중간층까지 확대 • 시장의 복지기능을 최대한 약화 • 국가가 미리 가족생활의 비용을 사회화 • 완전고용정책과 직접 연계

케인즈주의(유효수요론)
• 1930년대 이후 복지국가의 이론적 기초
• 1970년대 복지국가 위기 이후 영향력을 상실
• 1980년대 이후 프리드만의 공급 중시경제학으로 대체

(6) 퍼니스와 틸튼(Furniss&Tilton)

적극적 국가	경제적이고, 효율적인 제도만을 실시하며, 국가와 기업 간의 협동을 강조함(완전고용책 최소화)
사회보장 국가	국민의 최저생활보장을 중요한 목표로 둠(완전고용정책 중요시)
사회복지 국가	정부와 노동조합의 협동을 강조하며, 일반적인 삶의 질의 평등을 목표로 함(완전고용책 극대화)

파커(Parker)의 3분법
• 자유방임주의형
• 자유주의형
• 사회주의형

9급공무원
사회복지학개론

나두공

02장 사회복지조사론

01절 과학적 방법

02절 조사연구요소

03절 사회복지조사과정

04절 사회조사의 형태

05절 측정과 척도

06절 실험조사설계연구 · 단일사례설계 및 표집

02장 사회복지조사론

01절 과학적 방법

1. 과학 및 과학적 연구

(1) 과학의 개념

① 과학의 정의
  ㉠ 과학은 인간이 자연의 사물과 현상의 원리를 추구하는 마음으로부터 경험적 사실을 근거로 보편타당하고 체계화된 지식을 얻기 위해 사회·문화 속에서 발전해 가는 과정
  ㉡ 과학이란 일반적으로 우주와 우주의 내용에 대한 사실적 지식을 체계적으로 연구, 조사하는 것이라고 할 수 있음

② 과학의 목적

기술(description)	관찰된 사실을 일반적인 수준에서 요약·기록함으로써, 현상 자체의 속성을 있는 그대로 보여주는 것
설명(explanation)	관심 있는 현상에 대한 기술과 그 현상이 일어나게 된 이유 또는 원인을 밝히는 것
예측(prediction)	이론의 기초적인 명제로부터 보다 복잡한 명제를 추론하는 것으로써, 미래 사회현상의 특정한 측면에 관한 예상이나 기대를 진술하는 것
통제(control)	현상을 결정하는 사건을 조작하는 것으로, 현상의 원인이나 선행조건을 조작하여 현상을 바람직한 방향으로 유도하는 것

(2) 과학적 지식의 특징

한눈에 쏙~

과학적 지식의 특징
- 재생가능성
- 경험성
- 객관성
- 간주관성
- 체계성
- 변화가능성

(3) 과학적 연구방법의 논리

① 연역적 접근법
  ㉠ 연역적 방법을 사용하는 연구자는 기존의 이론이나 일반적인 원리를 이용하여 새로운 가설을 도출하고 이를 실증적으로 검증해 봄으로써 가설이 현상을 적절히 설명하고 있는 지를 검증
  ㉡ 경험적 검증은 가설 → 조작화 → 관찰 → 검증의 과정을 거쳐 이루어 짐

SEMI-NOTE

과학의 특성
- 논리적이고 결정론적임
- 일반적·특정적이며 간결함
- 검증이 가능함
- 가치 중립적임

과학적 방법의 가정
- 자연에는 질서와 규칙성이 존재
- 모든 사건에는 원인이 존재
- 현상은 이해될 수 있음
- 자명한 지식은 없음
- 증거는 상대적임
- 경험과 관찰은 지식의 원천

과학적 지식의 특징
- 재생가능성 : 과학적 지식은 입증이 가능하고 신뢰성이 높기 때문에, 어떤 결론을 획득하기까지의 과정과 절차를 반복하면 동일한 결과를 얻을 가능성이 높음
- 경험성 : 경험이란 궁극적으로 인간의 감각기관에 의해 지각될 수 있는 성질로써 과학은 경험적으로 증명된 것을 대상으로 함
- 객관성 : 인간의 이해관계, 가치판단의 편견 등을 최소화할 수 있도록 일정한 규칙이나 절차에 의해 객관적임이 입증된 정도를 말함
- 간주관성(상호주관성 ; 相互主觀性) : 과학적 지식은 다른 연구자들에게도 연구과정과 결과가 이해되어야 함
- 체계성 : 내용의 전개과정이나 조사과정이 일정한 틀, 순서, 원칙에 입각하여 진행되어야 함
- 변화가능성 : 기존의 신념이나 연구결과는 언제든지 비판되고 수정될 수 있음

② 귀납적 접근법
  ㉠ 경험의 세계에서 관찰된 많은 사실들이 모두 공통적인 유형으로 전개되는 것을 발견하고 이들의 유형을 객관적인 수준에서 증명하는 방법
  ㉡ 관찰된 자료를 통하여 현상 속에 내재하고 있는 일반적인 원리를 찾아내고 이를 실제 현상에서 검증해 봄으로써 확인하는 과정을 거침

2. 과학철학

(1) 연역주의

① 17세기 프랑스 철학자이자 수학자였던 데카르트에 의해 발전
② 일반적 공리나 일반적 전제로부터 논리적 추론을 통해 결론을 도출하는 연역적 사고에 근간을 둠
③ 이론으로부터 가설을 설정하고 가설의 내용을 현실세계에서 관찰한 다음, 관찰에서 얻은 자료가 어느 정도 가설에 부합되는가를 판단하여 가설의 채택여부를 결정짓는 방법

(2) 귀납주의

① 16세기 베이컨이 과학적 사고로서 경험을 중요시하는 귀납주의의 토대를 형성
② 특수한 사실을 전제로 하여 일반적인 진리 또는 원리로서 결론을 내리는 방법
③ 귀납주의는 경험의 세계에서 관찰된 많은 사실들이 공통적인 유형으로 전개되는 것을 발견하고 이들의 유형을 객관적인 수준에서 증명하는 것

실력UP 여러가지 과학철학

- **경험주의** : 18세기 영국의 철학자 흄은 경험 및 실증주의 과학철학을 형성하는 데 가장 큰 기여를 함. 명제로 이루어진 연역적 사고를 통해 얻을 수 있는 지식과 경험적 사실을 귀납적으로 추론하여 얻게 되는 지식을 비교하고 두 가지 추론양식을 조화롭게 적용함으로써 더욱 합리적인 지식을 얻을 수 있다고 주장
- **논리적 실증주의** : 경험주의와 논리주의에 기초. 과학의 통일성을 주장하며, 자연과학적 방법이 사회과학을 포함하는 모든 과학에 적용될 수 있어야 한다고 주장
- **논리적 경험주의** : 카넵(Carnap)은 실증주의처럼 유일한 관찰에 의해서 완전한 진리의 규명이 이루어진다는 입증이라는 개념 대신에 경험을 바탕으로 구축된 일반적인 문장들이 추가적인 관찰과 연속적인 경험적 증명에 의하여 점차 진리로 확인되어 간다는 확증이라는 개념을 사용할 것을 주장

02절 조사연구요소

1. 개념(concept)

SEMI-NOTE

연역법과 귀납법의 관계
실제의 연구과정에 있어서 연역법과 귀납법은 상호 대립적인 관계가 아니라 상호 보완적인 관계에 있는 과학적 접근방법임

반증주의
- 포퍼(Popper)에 의해 주장된 것으로 논리적 경험주의의 문제점을 극복하기 위한 대안으로 제시됨
- 포퍼는 과학이란 이론에서 출발한다고 보고 진리란 증거를 통하여 확실한 틀을 다지는 입증이나 점차적으로 만들어 가는 확증이 아니라, 과학의 발전은 기존의 이론과 상충되는 현상을 관찰하는 데서 출발하는 반증임을 주장

SEMI-NOTE

개념의 구비조건
- **한정성** : 개념의 명확성이라고 하며 어느 개념이라도 그것의 사실 또는 현상을 명확하고 한정적으로 그 특징을 나타내야 함
- **통일성** : 하나의 사실이나 현상을 놓고 사용자마다 각기 다른 개념으로 나타난다면 의사전달에 많은 불편이 생기므로 개념의 통일성이 실현되어야 함
- **추상화 정도** : 개념은 그것이 나타나는 범위를 적절히 정할 수 있어야 함
- **체계적 의미의 고려** : 체계적 의미란 개념이 그것이 부분으로 대표되어 있는 명제 및 이론에 있어서 구체화되어 있는 정도를 말하는 것으로 개념은 이론과 명제에서 분리되어 취급되어서는 안 됨

조작적 정의
- **의의** : 어떤 개념·변수를 가시적으로 측정하기 위하여 그 측정하고자 하는 개념·변수가 갖는 특성을 빠짐없이 대표할 수 있는 경험적 지표를 풀어서 정의하는 방법을 말함
- **기준** : 조작적 정의의 기준은 한정성, 통일성, 구문적 한정성 등
- **중요성** : 조작적 정의는 사회과학 분야에서 관찰이 불가능한 개념을 다루는 경우에 중요한 문제로 대두되며, 조작적 정의는 실증적 연구의 가능성과 측정상 오류에 결정적 역할을 하므로 중요
- **필요성** : 조작적 정의가 필요한 이유는 개념의 정확한 전달을 위한 것과 행동지침이 되는 용어로서의 재생가능성 때문
- **조작적 정의의 한계** : 개념 내용의 완전한 반영 곤란, 경험적 지표의 타당성 문제, 개념의 조작화 과정을 밝혀두지 않는 경우의 한계, 경험적 조작이 불가능한 개념이나 현상의 존재 등

---

(1) 개념의 의의
① 개념은 일정하게 관찰된 사실들에 대한 추상적 표현을 말하며 연구문제가 선정되면 연구문제에 포함된 추상적인 개념을 구체화하게 되는데 이 과정을 개념화라고 부름
② 구성개념을 연구자가 특별히 과학적 연구목적을 위하여 의도적으로 개발하였거나 채택한 개념으로 정의(킬링거(Kerlinger))

(2) 재개념화
① 의의
  ㉠ 사회조사에서 중심개념을 찾아내어 그 중심요소의 제 요소를 분석·설명하고 유사개념, 상·하위개념을 구하여 그 내용을 구체적으로 정밀하게 재규정하는 것을 말함
  ㉡ 어떤 용어에 대한 개념화 과정에서 중심개념에서 파생되는 개념을 구체화하면서 개념을 명확히 하는 방법
② 재개념화의 한계 : 인간의 주관적·심리적 현상에 대하여는 재개념화의 방법으로 용어의 정확성과 명확성을 확보하는 데 한계가 있으며, 재개념화에 따른 용어의 지나친 정밀성과 명확성의 추구는 원래 개념이 가지고 있는 이론적 유의성이 상실될 우려가 있음

2. 정의(definition)

(1) 정의의 개념과 중요성
① 개념은 실질적으로 용어·기호로 나타내는데 이때 그 용어에 의미를 부여하는 과정을 정의라고 함
② 어떤 용어를 다른 용어로 대치시킨 것 또는 한 용어를 다른 일련의 동의어로 그 내용을 밝힌 것을 말함
③ 정의는 정확한 의사전달을 하는 데 중요하며, 개념의 명백한 규정에 의해 연구의 방향, 범위 결정에 도움을 줌

(2) 정의의 종류
① 실질적 정의와 명목적 정의

실질적 정의	• 한 용어가 갖는 그 어의상의 뜻을 전제로 그 용어가 대표하고 있는 개념 또는 실제현상의 본질적 성격, 속성을 그대로 나타내는 정의를 실질적 정의라고 함 • 의미분석(분석적 정의) : 어떤 용어의 용례를 밝히는 것으로서, 정의되고 있는 용어의 의미를 이미 그 뜻을 알고 있는 다른 용어를 통하여 특정지으려는 것 • 경험적 분석 : 어떤 용어의 경험적 지시물을 밝히는 것으로서 경험적 법칙의 성격을 띠기 때문에 그 타당도를 확인하려면 경험적 증거가 필요함

명목적 정의	어떤 개념을 나타내는 용어에 대하여 그 개념이 전제로 하는 본래의 실질적인 내용·속성의 문제를 고려하지 않고, 연구자가 일정한 조건을 약정하고 그에 따라 용어의 뜻을 규정하는 정의를 말함

② 개념적 정의와 조작적 정의

개념적 정의	• 어떤 개념을 다른 개념을 사용하여 묘사하는 것 • 부정적 개념보다 긍정적 개념을 선호
조작적 정의	• 가능한 한 관찰가능한 조작을 명확하게 표현한 용어로 구성 • 이론적 수준과 경험적 수준의 차이를 메워 주는 것 • 의미의 정확한 전달 및 재생가능성의 기능을 함

3. 변수(variable)

(1) 의의 및 속성

① 의의 : 연구대상의 경험적 속성을 나타내며, 그 속성에 계량적인 수치를 부여할 수 있는 개념 또는 경험적 측정이 가능한 개념
② 속성 : 일정한 경험적 현실의 전제, 현상의 특수한 속성의 지시, 속성의 강도에 따른 계량화 가능, 속성(가치)의 연속성 등

변수선정의 기준
- 전체성의 원칙
- 기속의 원칙
- 중요한 변수의 우선 선택의 원칙
- 가설적으로 적절한 변수의 선정 원칙
- 변수에 대한 조사가능성 고려 원칙
- 계량적인 수적 독립성 고려 원칙

(2) 종류

① 기능을 중심으로 한 분류

독립변수	• 원인변수로서 일정하게 전제된 원인을 가져오는 변수 • 연구자에 의하여 조작되는 변수(실험설계)
매개변수	종속변수에 대해 일정한 영향을 주는 변수로서 독립변수와는 달리 주로 내면적·비가시적 역할을 하는 변수
종속변수	• 결과변수로서 독립변수의 원인을 받아 일정하게 전제된 결과를 나타내는 기능을 하는 변수 • 독립변수의 변이에 따라 변할 것으로 예측되는 변수(실험설계)
선행변수	인과관계에서 독립변수에 앞서면서 독립변수에 대해 유효한 영향력을 행사하는 변수
조절변수	독립변수가 종속변수에 미치는 정도를 조절하는 변수
외생변수	관계가 없는 독립변수와 종속변수를 인과관계가 있는 것처럼 만드는 변수
통제변수	독립변수와 종속변수의 정확한 인과관계를 알기 위하여 연구자가 통제하는 변수

매개변수

기능을 중심으로 한 변수
- **구성변수** : 포괄적 개념을 구성하는 하위변수
- **억제변수** : 관계가 있는 변수들을 외견상 관계가 없는 것처럼 보이게 만드는 변수
- **왜곡변수** : 두 변수 X, Y의 사실상의 관계를 정반대의 관계로 나타나게 하는 외생변수

② 속성에 따른 분류

이산변수	명목척도, 서열척도로 측정되는 변수
연속변수	등간척도, 비율척도로 측정되는 변수
더미변수	명목척도로 측정된 한 개의 독립변수를, 독립변수가 취할 수 있는 값의 수보다 한 개가 적은 더미변수들로 변환하여 사용

SEMI-NOTE

이론과 관계되는 개념
- 명제 : 세계에 대한 하나의 진술, 경험적 근거가 확인된 하나의 가설
- 법칙 : 보다 넓은 범위로, 보다 높은 수준으로 확증을 얻은 명제
- 가설 : 확인 또는 검증되지 않은 두 개 이상의 변수 간의 논술로서 경험적으로 입증 가능한 명제
- 정리 : 명제와 동의어로 사용되나 수학이나 윤리학에서 사용

이론의 평가기준
- 이론의 정확성
- 이론의 일반성
- 이론의 간명성
- 이론의 인과성

가설의 종류
- 연구의 목적에 따른 분류

식별 가설	현상의 정확한 기술, 즉 사실을 밝히는 것에 관한 가설
설명적 가설	인과관계 규명을 위한 가설

- 통계적 검증단계에서의 분류

연구 가설	연구문제에 대한 잠정적 해답으로서 연구자가 제시한 가설
영가설 (귀무 가설)	연구가설과 논리적으로 반대의 입장을 취하는 가설
대립 가설	영가설이 거짓일 경우 채택하기 위해 설정하는 가설

- 변수의 수에 따른 분류 : 1변수 가설, 2변수 가설, 다변수 가설

4. 사실(fact)

(1) 사실의 의의
① 사실이란 현상 자체와는 다르며, 현상을 증명하여 주는 것으로 우리의 감각에 의해서 받아들여진 것을 의미
② 사실은 논리적 결합이므로 사실을 객관적으로 이해하기 위해서는 개념에 대한 정확한 규정이 필요함. 사실은 현상을 의미하는 것이 아니고, 그 현상에서 감각기관이 받아들이는 의미

(2) 사실의 역할
① 사실은 이론을 형성
② 사실은 이론을 재규정하거나 기존이론을 명백히 해 줌
③ 사실은 현존하는 이론을 거부하거나 재정립하게 해 줌

5. 이론(theory)

(1) 이론의 의의
① 이론은 사실과 사실 간의 관계에 관한 논리적 연관도를 말하는 것
② 이론은 체계적으로 상호연결된 일련의 명제
③ 함축이며 연역가능성이 있는 관계에 의해 구조화된 일련의 가설
④ 경험적 통일성을 가지고 논리적으로 상호연결된 일련의 관계
⑤ 관찰된 데이터에서 변수들 간의 관계에 대한 확률적 진술

(2) 이론의 역할
① 과학의 주요방향을 결정
② 현상의 개념화 및 분류
③ 요약기능
④ 사실의 예측 및 설명
⑤ 지식의 확장
⑥ 지식의 결함 지적

6. 가설(hypothesis)

(1) 의의
① 두 개 이상의 변수·현상 간의 특별한 관계를 검증한 형태로 서술하여 변수들 간의 관계를 예측하려는 진술 또는 문장
② 구체적이고, 현상과 관련성을 가지며, 아직 진실여부가 확인되지 않은 사실(임시적)

(2) 특성

특성	내용
문제해결성	조사문제를 해결할 수 있어야 함
상호연관성	2가지 이상의 변수 간의 관계를 나타낼 수 있어야 함
검증가능성	실제적이고 검증이 가능하여야 함
명확성	명확하고 간결하게 진술되어야 함
추계성	확률적으로 표현되어있어야 함
구체성	변수간의 관계를 구체적으로 나타내야 함

(3) 형식

① 조건형 : 만약 A이면 B이다(A는 가설의 선행조건, B는 가설의 결과조건)
② 비교형 : 또한 ~할수록 ~하다

(4) 가설의 평가기준

① 경험적 검증가능성, 입증의 명백성, 가설 자체의 개연성
② 논리적 간결성, 계량화 가능성
③ 타 가설이나 이론과의 높은 관련성

7. 모형(model)

(1) 모형의 의의 및 특징

① 어떤 이론이나 현상들을 가능한 한 그대로 모방하여 만들어진 유질동형의 형성물
② 실현상에 대한 단순화에 불과할 뿐 이론은 아님
③ 모형은 은유·유추와 같은 성격을 갖기도 함
④ 외시적·외연적·한정적인 특징을 가짐

(2) 모형의 종류 및 요건과 설정과정

① 모형의 종류

물질적 모형	어떤 현상에 대한 유사체로서 비언어적·비상징적 모형
어의적 모형	어떤 현상에 대한 상징적 모형
형식적 모형 (유질동형 모형)	이론의 모형으로서 모형이 대표하는 이론을 어떤 상징들로 나타낸 것
해석적 모형	하나의 형식이론을 위한 해석을 제공하는 모형

② 모형의 요건 및 모형의 설정과정
  ㉠ 모형의 요건 : 타당성, 단순성, 일반성, 측정가능성, 내적 논리성 등
  ㉡ 모형의 설정과정 : 문제설정, 모형 시안작성, 모의실험과 적합성 검증, 모형의 적용 등

8. 분석단위

SEMI-NOTE

모형의 한계
- 모형사용의 목적을 분명히 알고 모형을 설정·사용해야 함
- 모형은 조사연구의 편의적 수단에 불과하고 실제현상에 대한 단순하고도 한정되며, 인위적인 방법에 불과
- 어떤 분야에 관심을 가지고 이에 관한 이론을 형성하기 위하여 타 분야에서 이미 발전시켜 놓은 것을 모형으로 이용한다면, 형성하려는 이론과 모형을 동일 구조적인 것을 전제로 함
- 모형 자체의 형식에 너무 집착하여 다음 단계의 폐단을 가져 와서는 안 됨

모형의 기능
- 자료의 조직화
- 인식의 도구 역할
- 의사소통수단의 역할
- 이론형성에 기여

| SEMI-NOTE |

분석단위의 요건
- 적합성
- 명료성
- 측정 가능성
- 비교 가능성

분석단위의 분류

개인	가장 일반적인 분석단위로 다른 분석단위와 비교에 많이 사용됨
집단	개인이 모인 집합
특정 조직	특정 목표 달도를 위하여 조직된 집단의 종류

조사문제의 형성
- **주제선정** : 문제를 인식하고 특정현상이 존재하는지 확인하는 과정
- **문제형성** : 주제와 관련하여 연구대상의 문제를 보다 구체적·체계적으로 표현하여 가설로 발전할 수 있도록 체계화하는 과정

(1) 분석단위의 의의

① 분석단위는 분석수준이라고도 부르며, 연구과정의 한 요소로서 연구의 대상이 되는 요소를 말함
② 분석의 단위는 표본추출의 대상이 되는 모집단의 최소단위이며 개인, 집단, 혹은 특정조직이 될 수도 있음
③ 분석단위는 연구의 대상이 되는 요소를 말함
④ 분석단위는 여러 개가 결합되어 사용될 수 있음
⑤ 분석단위를 변환할 때 생태학적 오류가 발생함

(2) 오류 ★ 빈출개념

생태학적 오류	• 집단의 자료를 바탕으로 개인의 특성을 추리할 때, 저지를 수 있는 오류 • 집단을 단위로 조사한 결과를 토대로 하여 개인의 특성을 설명하고자 하기도 하고, 반대로 개인을 분석한 결과를 바탕으로 집단의 성격을 규명하려 하기도 하는데 이러한 경우에 생태학적 오류가 발생
개인주의적 오류	• 개인의 특성에서 집단이나 사회의 성격을 규명하고자 할 때 발생 • 분석단위의 선택에 따른 오류로 분류되기는 하지만 조사의 시기, 절차, 방법 등 다양한 요인에 의해 영향을 받음
환원주의 오류	환원론은 광범위한 사회현상을 이해하기 위하여 개념이나 변수들을 지나치게 제한하여 사용하는 것을 의미함. 즉, 넓은 범위의 인간의 사회적 행위를 지나치게 한정된 변수로 귀착시키려는 오류
과도한 일반화의 오류	• 루빈과 바비가 제시한 일상적 경험을 통해 개인이 얻는 개인적 탐구의 오류가능성 중 하나 • 소수의 사례를 가지고 일반적인 사실로 받아들일 때 발생하는 오류

03절 사회복지조사과정

1. 조사문제 설정

(1) 의의

① 조사의 주제, 목적, 이론적 배경, 중요성 등을 파악하고 체계적으로 정립하는 과정
② 연구자가 알고자하는 의문으로부터 시작

(2) 특징

① 기존의 관련 자료나 문헌조사, 전문가의 의견, 탐색 예비조사 등을 참고할 수 있음
② 창의적이고, 독창적이며, 현실적이어야 함
③ 경험적 차원에서 검증이 가능해야하며, 구체적이어야 함

2. 가설설정

(1) 의의

조사문제를 조사가능하고 실증적으로 검증이 가능하도록 구체화하는 과정

(2) 역할

① 조사대상·자료수집·검증방법 선정에 있어 구체적인 방향 제시
② 연구목적·조사문제와 일관성을 유지하면서 세부적·경험적·현실적으로 연구·측정이 가능해야 함, 문제에 대한 구체적 해답을 제공해야 함

3. 조사설계

(1) 의의

① 조사연구를 효과적·효율적·객관적으로 수행하기 위한 논리적 전략
② 가설검증을 위해 자료를 수집·분석하는 전반적인 과정을 계획하고 통제하기 위한 전략
③ 외생변수의 영향력과 오차를 줄이기 위한 전략

조사설계의 내용
- 구체적인 자료수집방법
- 모집단과 표집방법
- 자료분석 절차와 방법
- 주요 변수의 개념 정의와 측정방법

(2) 방식

연역적 논리 (이론의 구체적 관찰을 통한 검토)	귀납적 논리 (자료의 단계적 추상을 통한 이론 형성)
• 기존 이론이나 일반적인 원리를 이용하여 새로운 가설을 도출하고 실증적으로 검증 • 삼단논법 등 논리전개방식을 통해 경험적 사실과 일치하는 과학적 법칙 발견(가설 검증 등)	• 경험의 세계에서 관찰된 많은 사실들이 모두 공통적인 유형으로 전재되는 것을 발견하고, 그 유형으로 전개되는 것을 발견하고, 그 유형을 객관적인 수준에서 증명 • 관찰된 자료를 통하여 현상 속에 내재하고 있는 일반적인 원리를 찾아내고 이를 실제 현상에서 검증해 봄으로써 확인하는 과정을 거침 • 특수한 사실을 전제로 하여 일반적인 진리 또는 원리로서 결론을 내리는 방법 • 주로 탐색적 연구에서 사용됨

4. 자료수집

(1) 의의 및 방법

① 의의 : 조사를 통해 수집되는 자료로, 의미 있게 정리되면 정보가 됨
② 방법 : 관찰, 면접, 설문지 등 여러 가지 방법을 통해 수집됨

(2) 자료의 종류

1차 자료	• 목적을 달성하기 위해 조사자가 직접 수집하는 자료 • 설문지를 기초로 둠(설문조사, 전화조사, 관찰 등)

2차 자료	• 다른 주체에 의해 이미 수집된 자료 또는 수집한 기존의 모든 자료 • 조사대상과 상호작용 없이 자료를 수집

5. 자료분석(해석)

(1) 과정

수집된 자료의 편집과 코딩 과정이 끝나면 통계기법을 이용하여 이루어짐

(2) 특징

① 통계분석방법은 조사설계 때부터 수집할 자료의 성격과 일관성 있게 결정해야 함
② 자료분석이 끝나면 결과에 대해 의미 있는 해석이 이루어져야 함

6. 보고서 작성

(1) 의의

① 조사의 마무리 단계
② 조사과정을 통하여 얻어진 조사 내용을 보고하는 문서로 작성

(2) 특징

연구결과를 객관적으로 증명하고 경험적으로 일반화시키기 위해 일정한 형식으로 기술하여 타인에게 전달하기 위한 보고서

04절 사회조사의 형태

1. 조사의 목적(수준)에 따른 분류

(1) 탐색조사

① 탐색조사의 의의
   ㉠ 기초조사라고도 하며, 사회조사의 초기단계에서 조사에 대한 아이디어와 통찰력을 얻기 위한 조사
   ㉡ 연구문제의 발견, 변수의 규명, 가설의 도출을 위해서 실시하는 조사로써, 주로 본조사를 위한 예비적 조사로써 실시

② 탐색조사의 종류

문헌조사	• 문제를 규명하고 가설을 설정하기 위해서 기존에 발간되어 있는 문헌을 이용하는 방법 • 문헌조사는 2차 자료를 이용하는 방법으로 각종 학술지, 상업잡지, 통계자료집 등과 경영학, 사회학, 심리학, 인류학을 포괄하는 다양한 분야에서 출판되는 자료를 조사

탐색적 조사의 용도
- 다음에 실시할 체계적인 연구의 대상이나 환경에 친숙해질 수 있음
- 개념을 보다 분명하게 정의
- 다음 연구의 우선순위를 정할 수 있음
- 실제 현실상황에서 연구를 수행할 수 있는지에 관한 정보수집을 위해 활용

탐색조사의 목적
- 개념을 보다 분명히 하기 위함
- 다음 연구의 우선순위를 정하기 위해서 실시
- 상황에 따른 변수들 사이의 관계에 대한 통찰력 제고
- 최종적인 조사를 시행하는 데 필요한 관련된 정보 입수
- 조사를 시행하기 위한 절차와 행위를 구체화할 수 있음

전문가 의견조사 (경험조사)	• 주어진 문제에 대해 전문적인 지식과 경험을 가진 전문가들로부터 정보를 얻어내는 방법으로 주로 문헌조사에 대한 보완적인 수단으로 이용 • 이 방법은 경험조사 또는 파일럿 조사라고도 함
표적집단 면접	• 표적집단 면접법은 전문지식을 보유한 조사자가 소수의 응답자 집단을 대상으로 특정한 주제를 가지고 자유로운 토론을 벌여 필요한 정보를 획득하는 방법 • 사회조사에서 가장 많이 이용되는 탐색조사 방법 중의 하나
사례조사	• 현재 직면하고 있는 상황과 유사한 사례들을 찾아내어 깊이 분석하는 방법 • 실제 일어났던 사건의 기록이나 목격한 사실을 분석하는 경우도 있고 시뮬레이션에 의한 가상적인 현실을 만들어 분석하는 방법

(2) 기술적 조사

① 기술적 조사의 의의
  ㉠ 기술적 조사는 현상이나 모집단의 특성에 대한 분포·발생빈도 등의 특성 파악을 위하여 행하는 조사를 말함
  ㉡ 어떤 현상에 대한 탐구나 명백화가 주목적이지만, 설명적 조사를 위한 자료를 제공하거나 지침적 역할을 하기도 함

② 기술적 조사의 특징
  ㉠ 관련 상황에 대한 특성 파악과 특정상황의 발생빈도 조사
  ㉡ 관련변수들 사이의 상호관계의 정도 파악
  ㉢ 관련상황에 대한 예측

(3) 설명적 조사

① 설명적 조사의 의의
  ㉠ 기술적 조사연구의 결과 축적된 자료를 통해, 어떠한 사실 간의 인과관계를 파악하거나 규명결과를 토대로 미래를 예측하는 조사
  ㉡ 설명적 조사연구의 목적은 일반적 사실을 설명하는 것

② 설명적 조사의 특징(인과관계 검증)
  ㉠ 두 변수 간의 관계를 설명할 수 있는 제3의 변수가 존재하지 않는다는 사실을 확인해야 함. 이러할 경우 최소한 두 개의 비교집단이 필요
  ㉡ 두 집단이 통제변수에서는 유사하고, 독립변수에서만 차이가 나야 함

2. 조사의 시간에 따른 분류

(1) 횡단적 조사

① 횡단적 조사의 의의
  ㉠ 조사시점에서 사회를 절단하여, 그 절단면에서 볼 수 있는 여러 요인의 상호관계를 찾아내는 연구법
  ㉡ 한 번의 조사로 끝나는 표본조사가 대표적인 방법이며, 어떤 집단이나 조직체

인과관계 추론의 원칙(J. S. Mill)
• 원인은 결과보다 시간적으로 앞서야 함(시간적 선후관계)
• 원인과 결과는 공동 변화하여야 함(공동변화와 연관성)
• 결과는 원인변수에 의해서만 설명되어야 하며, 다른 변수에 의한 설명가능도는 배제되어야 함(비허위적 관계)

SEMI-NOTE

현지조사의 유형
- 탐색적 형태
- 가설검증 형태

횡단적 조사의 유형

현황 조사를 위한 설계	• 어떤 사건과 관련된 상태나 상황을 정확하게 파악하여 기술하는 것을 주목적으로 함 • 자료수집은 개인이나 조직에 질문서나 면접을 통해 자료를 수집하는 서베이나 각종 통계연감에서 자료를 수집하는 2차 자료연구를 통함
상관적 연구 설계	• 둘 또는 그 이상의 변수들 간의 관계를 상관계수의 계산을 통해 확인할 수 있음 • 변수 간의 인과관계를 증명할 수 없다는 점이 문제점

패널조사의 장·단점

장점	단점
• 조사대상자로부터 추가적인 자료획득이 쉬움 • 조사대상자의 태도 및 행동변화에 대한 정확한 분석이 가능 • 초기비용이 많이 들지만 장기적인 관점에서는 독립적인 여러 번의 조사보다 경제적임	• 패널의 대표성 확보가 어려움 • 패널 관리가 어려움 • 정보의 유연성이 적음 • 부정확한 자료의 제공이 우려

의 생활사를 여러 단계로 나누어 각 단계별로 속성을 조사하고 이를 발달단계에 따라 종적으로 묶어 하나의 생활사 전체를 묘사하는 조사도 여기에 속함
ⓒ 횡단적 조사에 기초하여 이루어지는 연구를 횡단적 연구라고 하며, 횡단적 연구를 위한 전체적인 조사설계를 횡단적 설계라고 함

② 현지조사
㉠ 현지조사의 의의 : 현지조사는 실제 사회구조 안에서 정치적·사회적·교육적인 제 변수간의 관계 및 그 상호작용을 찾는 것을 목적으로 하는 사후적인 과학적 연구방법
㉡ 현지조사의 특징
  • 서베이조사의 예비조사로 사용되며 서베이조사에 대한 실험적 연구로 사용
  • 서베이조사는 연구범위의 크기·대표성에 중점을 두는 데 반하여, 현지조사는 연구대상의 깊이, 즉 실제적 과정과 구조에 중점을 둠
㉢ 현지조사의 장·단점

장점	단점
• 가장 현실적인 연구이며 새로운 사실에 대한 교시적 성격을 가짐 • 실험적 연구보다 변수의 분산이 많이 고려 • 문제해결을 위해서 설계될 때 유용	• 계측의 정밀성이 결여됨 • 변수 간의 관계진술이 약함 • 실현 불가능성, 비율, 표본산출, 시간 등의 문제가 있음

> **실력up 서베이조사(survey research)**
> • 서베이조사란 작성된 질문에 답하게 함으로써 실증적 자료를 체계적으로 수집, 분석하는 방법. 조사자는 경험이 있는 것으로 생각되는 조사대상에 접근해서 경험에 관해서 면접을 실시, 획득된 반응결과가 가설을 검증하는 바탕이 됨
> • 서베이조사에서는 어떤 모집단에서 표본을 추출하여 그들의 사회적·심리적 변수들을 측정함으로써 이러한 변수들의 상태, 분포, 상호관련도를 조사하게 됨
> • 서베이조사를 통하여 변수들 간의 인과관계를 밝히기는 상당히 어려움. 서베이조사의 목적은 인과관계의 규명보다는 현상의 기술, 설명, 예측, 탐색에 있음

(2) 종단적 조사

① 종단적 조사의 의의
㉠ 몇 가지의 사회적 인자 사이의 인과관계를 알기 위하여 일정한 조사대상에 대하여 시간차를 두고 두 시점에서 조사하는 방법. 즉, 동일한 표본을 대상으로 일정한 시간 간격을 두고 반복적으로 측정하는 조사
㉡ 시간의 간격을 두고 한 번 이상 측정하기 때문에 시간의 변화에 따른 반응을 보는 것이 중요
② 패널조사
㉠ 패널조사의 의의
  • 패널이라고 불리는 특정조사 대상들을 선정해 놓고 반복적으로 조사를 실

시하는 조사방식
- 대상자들로부터 상당히 긴 시간 동안 지속적으로 연구자가 필요로 하는 정보를 획득하는 방법

ⓒ 패널조사의 유형

지속적 패널	정기적으로 패널 구성원들에게 정보를 얻을 수 있음
임시적 패널	특정한 목적을 위하여 매우 짧은 기간 동안에만 유지되는 패널
순수패널 (고정패널)	동일한 변수에 대해서 반복적으로 응답하는 전통적 개념의 패널로 구성원에게 한 가지 주제에 대해서만 일정한 시간간격을 두고 여러 차례 질문하는 방법으로 시계열분석이라고도 하며, 특정한 변수에 대하여 시간이 경과함에 따라 동일한 조사대상자가 어떻게 반응하는지를 측정하는 것
다목적 패널	필요에 따라 다른 변수에 대한 조사도 할 수 있는 방법으로 패널을 구성하고 있는 집단에서 조사목적에 맞도록 표본을 재추출하여 그들에게만 반복적으로 조사하는 것

③ 추세조사
  ㉠ 추세조사의 의의
    - 시간의 흐름에 따라 일반적인 대상집단의 변화를 관찰하는 연구
    - 추이연구는 시간의 흐름에 따라 어떤 변수가 변화하는가를 식별하는 데 목표를 둠
  ㉡ 추세연장기법에 의한 미래예측
    - 과거와 현재의 역사적 자료를 토대로 하여 미래의 사회적 변화를 투사, 즉 미래의 변화량과 변화율을 측정
    - 기본가정 : 지속성, 규칙성, 자료의 신뢰성과 타당성

3. 분석방법에 따른 분류

(1) 질적 연구

① 의의 : 인간의 상호주관적 이해를 바탕으로 인간의 행위를, 그 행위자가 부여하는 의미의 파악을 통해 이해하려는 주관적·해석적 사회과학의 연구방법으로 1960 ~ 1970년대에 활발히 개발됨
② 질적 연구과정 순서
  ㉠ 문제의 구성과 이론의 탐색
  ㉡ 자료의 수집과 분석

> 표집 → 관찰·정리 및 부호화 → 목록의 부호화 → 분석자료 메모와 추상화 → 질적 연구의 자료분석

  ㉢ 가설과 이론의 구축
  ㉣ 질적 연구의 보고서 작성

(2) 질적 연구와 양적 연구의 특징 비교

SEMI-NOTE

코호트조사(cohort study)
- 시간의 변화에 따른 특정 동류집단의 변화를 관찰하는 연구로서 일정기간 동안 어떤 한정된 부분 모집단 연구
- 특정경험을 같이 하는 사람들이 갖는 특성들에 대하여 두 번 이상의 다른 시기에 걸쳐서 비교·연구하는 방법

질적 연구의 종류
문화기술적 방법, 토대이론, 사례연구, 현상학적 연구, 해석학적 연구 등

질적 방법에 의한 미래예측
- 브레인스토밍 : 오스본이 창안한 것으로 문제해결을 고안하는 과정에서 창의도를 향상시키기 위한 방법으로 브레인스토밍을 구성하여 아이디어를 개발하고 이를 평가하여 문제해결이나 미래예측을 하는 방법
- 델파이기법 : 집단토론에서 나타나는 여러 가지 왜곡된 의사전달의 원천을 제거하기 위하여 개발한 것으로 익명성, 반복성, 통제된 확률, 응답의 통계처리 등이 특징
- 정책델파이기법 : 초기에는 익명도를 보장하고 주장이 표면화된 후 공개적 토론을 하는 미래예측기법으로 델파이기법의 한계를 보완하기 위해 고안된 것. 선택적 익명성, 참가자들의 선발은 전문성 자체보다 이해와 식견에 바탕을 두며, 양극화된 통계처리 등의 특징을 가짐

SEMI-NOTE

구분	질적 연구	양적 연구
입장	현상학적 입장	실증주의적 입장
학자	딜타이(Dilthey), 베버(Weber)	콩트(Comte), 밀, 로크(Locke)
특징	• 주관적 • 과정지향적 • 일반화할 수 없음 • 동태적 현상을 가정 • 단어의 형태로 자료수집 • 행위자 자신의 준거틀에 입각하여 인간의 행태를 이해하는 데 관심을 가짐	• 객관적 • 결과지향적 • 일반화가 가능 • 안정적 현상을 가정 • 사회현상 연구 시 대상의 속성에 숫자를 부여하여 자료수집 • 개인의 주관적 상태에 관심이 없음

4. 기타 유형

(1) 통계적 조사

① **통계조사의 의의** : 통계조사란 양적 기술방법을 사용하는 과학적 조사기법으로 전수조사와 표본조사가 있음

② **통계조사의 유형**

전수조사	표본조사
• 정밀도를 요할 경우 사용되는 것으로 조사대상 전부를 조사하는 것 • 표본조사에 대한 전문적인 지식이 없을 때 사용 • 모집단이 비교적 작은 경우에는 추정의 정도를 높이기 위해 사용 • 오차가 전혀 없는 또는 그것을 최소한도로 줄인 숫자가 필요할 때 사용 • 다면적으로 조사결과를 이용하려 할 때 사용 • 사후의 분류가 세분된 각 층에 대하여 이루어질 경우 그것이 각각 정확한 것을 요구할 때 사용 • 대표적인 예로 국세조사, 인구조사 등이 있음	• 여러 가지 표본추출방법을 사용하여 조사대상 전체 중 일부분을 추출하여 그 전체를 추정하는 조사 • 시간이 절약되고 비용이 절감 • 조사원을 소수로 할 수 있고, 조사원에 대한 훈련도 비교적 쉬움 • 현실적으로 전수조사가 필요 없거나 불가능할 때 이용 • 표본오차 이외의 오차는 통제가 가능 • 대부분 표본추출을 이용한 조사가 이루어지고 있음

(2) 사례조사

① 사례조사의 의의
   ㉠ 특정 조사대상을 문제와 관련된 가능한 한 모든 각도에서 종합적으로 파악하는 조사방법
   ㉡ 어떤 특정한 사례에 대하여 모든 가능한 방법과 기술을 이용하여 종합적 연구를 행함으로써 그 사상을 전체적으로 파악하고 실증적 방법에 의하여 전체와의 연관도를 포착하는 조사

② 사례조사의 장 · 단점

사례조사와 서베이조사의 비교

사례조사	서베이조사
• 조사대상을 질적으로 파악하고 기술함 • 소수 대상의 여러 가지 복합적인 요인에 대한 복합적 관찰 • 조사대상 개개의 특수성, 미묘한 대표성을 추구 • 조사대상의 내면적, 동태적 양상을 수직적으로 파고드는 조사 • 미시적	• 양적인 측면에서 착악하고 기술 • 많은 대상의 특정차원을 획일적으로 조사 • 조사집단의 공통분모적인 성질인 대표성을 추구 • 조사대상의 표면적 구조단면을 수평으로 전개하는 조사 • 거시적

장점	단점
• 생활사를 연구하는 데 유용 • 가설에 대한 신뢰도를 높임 • 조사대상에 대한 문제의 원인을 밝힘 • 기능적 관계를 규명하는 데 적합 • 조사대상의 특성을 제한 없이 포괄적으로 파악하여 인과관계를 파악함 • 연구대상의 동태적 분석이 가능 • 본조사를 위한 예비조사로 이용	• 학술적인 일반화가 어려움 • 다른 사례와 비교가 불가능 • 관찰할 변수의 폭과 깊이가 불분명 • 대표성이 분명하지 않음 • 자료의 신뢰도를 검증할 수 없음 • 시간과 비용이 많이 듦

(3) 실험적 조사

① 실험적 조사의 의의
 ㉠ 실험적 조사는 인과관계에 의한 가설을 테스트화 함으로써 조사를 진행시키는 방법
 ㉡ 실험적 조사는 그 목적을 인과관계의 규명 또는 자극 효과의 측정에 둠

② 실험의 종류
 ㉠ **실험실실험** : 실험자가 원하는 조건을 갖춘 상황을 정확하게 조성해 내어 변수를 조작하고 다른 변수를 통제하면서 변수 간의 효과를 관찰하는 방법
 ㉡ **현장실험** : 현실적인 사회상황 속에서 주의 깊게 실험조건을 통제하여, 하나 이상의 독립변수를 조작함으로써 그 효과를 보고자 하는 방법
 ㉢ **모의실험** : 컴퓨터와 프로그래밍 언어를 사용하여 이론을 수립하는 기법으로서 주어진 상황과 개별 상의 수치하에서 시간의 경과에 따른 사회체제의 형태를 분석하는 기법

③ 실험설계의 유형
 ㉠ **진실험설계** : 순수실험설계라고도 하며 실험설계의 세 가지 조건을 비교적 충실하게 갖추고 있는 설계
 ㉡ **준실험설계(유사실험설계)** : 무작위 배정에 의한 방법 대신에 매칭 등 다른 방법을 통하여 실험집단과 유사한 비교집단을 구성하려고 노력하는 설계유형

05절 측정과 척도

1. 측정

(1) 측정의 개념
① 측정이란 추상적·이론적 세계를 경험적 세계와 연결시켜 주는 수단이라고 볼 수 있음
② 측정은 이론을 구성하고 있는 개념이나 변수들을 현실세계에서 관찰이 가능한 자료와 연결시켜 주는 과정

SEMI-NOTE

준실험설계(유사실험설계)
• **비실험설계(원시실험설계)** : 인과적 추론의 세 가지 조건을 모두 갖추지 못한 설계. 즉, 진실험, 준실험을 제외한 인과관계의 추론방법
• **사후실험설계** : 사후실험설계란 독립변수의 조작 없이 변수들 간의 관계를 검증하고자 할 때 이용되는 설계유형

측정의 기능
• **일치·조화의 기능** : 경험적인 현실세계와 추상적인 개념의 세계를 조화·일치시키는 기능
• **객관화·표준화 기능** : 관찰을 객관적인 것이 되도록 하는 기능
• **계량화의 기능** : 사건이나 현상을 세분화하고, 현상을 세분시켜 통계적 분석에 활용할 수 있는 정보를 제공하는 기능
• **반복·의사소통의 기능** : 다른 사람에 의한 반복, 확인, 반증이 가능하도록 하는 기능

SEMI-NOTE

③ 스턴(Stern)의 정의 : 측정이란 특정법칙에 따라서 사건이나 사물에 숫자를 배분하는 것

(2) 측정의 수준

① 명목수준의 측정
  ㉠ 명목수준의 측정 : 측정대상의 속성을 단순히 분류하거나 확인할 목적으로 수치를 부여하는 것
  ㉡ 명목적 측정의 조건 : 총망라성, 상호배타성, 실질적 적절성, 분류체계의 일관성 등
  ㉢ 통계기법 : 최빈수, 도수, 상관관계계수

② 서열수준의 측정
  ㉠ 서열수준의 측정 : 측정대상을 그 속성에 따라서 서열이나 순위를 매길 수 있도록 수치를 부여하는 것
  ㉡ 서열수준의 척도 : 측정대상을 분류한 다음 범주 간에 서열, 대소관계의 구분이 가능하나 수치 자체가 어떤 절대적인 수나 양, 크기 등을 나타내지 않으므로 분류된 범주 간의 거리나 간격에 관해서는 정보를 제공할 수 없음
  ㉢ 강제순위법과 쌍대비교법

강제순위법	쌍대비교법
• 응답자들에게 특정속성에 대한 순위를 정하게 하는 방법 • 순위법은 비교적 응답이 쉽고 시간이 적게 드는 장점이 있음 • 비교하여야 할 대상이 많은 경우는 순위를 정하는 데 어려움을 느끼고 또한 시간이 걸림	• 두 개의 속성을 한 쌍으로 두 개 중 어느 한쪽을 선택하여 비교하게 하는 것 • 이 방법은 맛 테스트시 두 개의 제품을 소비자가 모르게 하고 어느 제품이 좋은 지를 선택하는 데 많이 이용됨

③ 등간격수준의 측정
  ㉠ 등간격수준의 측정 : 측정대상을 속성에 따라 서열화하고 서열 간의 간격이 동일하도록 수치를 부여하는 것
  ㉡ 측정치는 측정대상이 갖는 속성의 양적, 정도의 차이를 나타내주며, 해당 속성이 전혀 없는 상태인 절대적인 원점은 존재하지 않지만 임시적인 원점은 존재
  ㉢ 등간(격)척도의 조건 : 총망라성, 상호배타성, 대소관계, 부가성 등
  ㉣ 등간척도를 이용한 측정방법 : 어의차이척도법, 의미분별척도법, 스타펠척도

④ 비례수준의 측정
  ㉠ 비례수준의 측정은 측정대상의 속성에 대한 절대적 영, 자연적인 영을 가진 척도로 수치를 부여할 수 있어서 가감승제를 의미 있게 할 수 있는 척도
  ㉡ 비례수준의 측정의 조건 : 총망라성, 상호배타성, 대소관계, 부가성, 두 개 척도지수 간 동일 비율 등
  ㉢ 비율척도를 이용한 측정방법

측정의 수준과 척도
- 측정의 수준 : 측정대상 속성에 수치를 부여하는 작업은 반드시 일정한 규칙에 따라 행해져야 함
- 척도 : 척도란 측정하고자 하는 대상에 부여하는 숫자들의 체계를 의미. 연구자가 필요에 의해 자의적으로 만들기도 하고 다른 사람들이 만든 척도를 연구자의 목적에 맞게 활용하기도 하기 때문에 그 형태도 다양함

등간척도를 이용한 측정방법
- 어의차이척도법 : 척도의 양극점에 서로 상반되는 형용사나 표현을 제시하고 소비자의 생각을 측정하는 방법
- 의미분별척도법 : 의미분별척도법에 의해 수집된 자료를 분석하는 방법에는 평균치분석, 거리군집분석 및 요인평점분석이 있음
- 스타펠척도 : 어의차이척도법의 한 변형으로 양극단의 수식어 대신에 하나의 수식어만을 평가기준으로 측정하는 방법으로, 수직형으로 제시되는 것이 일반적임
- 리커트형 척도 : 어의차이척도법의 확장으로서 각 질문에 대한 동의 또는 정도를 표시하는 방법

종합고정척도법	• 응답자들에게 일정한 수를 주고 어떤 기준에 따라 대안들 중에 점수를 나누어 주게하는 방법 • 그러나 속성의 수가 많아지면 응답을 하는 데 어려움이 따르게 된다는 단점이 있음
비율분할법	대상들에 대한 속성을 평가할 때 한 속성의 보유정도에 따라 다른 속성들을 상대적으로 평가하도록 하는 방법

(3) 측정의 타당도

① 타당도의 의의
  ㉠ 타당도란 연구자가 측정하고자 하는 개념이나 속성을 정확히 측정했는지를 나타내 주는 개념
  ㉡ 검사점수가 검사의 사용목적에 얼마나 부합하느냐로 적합성과 관련된 문제
  ㉢ 타당도는 측정도구가 측정하고자 하는 개념이나 속성을 정확히 반영하고 있느냐 하는 것(개념적 정의와 조작적 정의에 의해 영향을 받음)

② 타당도 확보방법
  ㉠ 내용타당도
    • 측정항목이 연구자가 의도한 내용대로 실제로 측정하고 있는가 하는 문제
    • 측정도구가 측정대상이 가지고 있는 많은 속성 중의 일부를 대표성(적절성) 있게 포함하면 타당도가 있다고 봄
  ㉡ 기준타당도

예측적 타당도	동시적 타당도
• 어떤 조사가 무슨 행위가 일어날 것이라고 실제로 예측한 것과, 실제 대상자 또는 집단이 나타낸 행위 간의 관계를 측정하는 것 • 검사점수가 미래의 행위를 얼마나 잘 예측하느냐의 문제 • 장점 : 검사도구가 미래의 행위를 예언하여 주기 때문에 예측타당도가 높으면 채용, 선발, 배치 등의 목적을 위하여 검사를 사용할 수 있음 • 단점 : 검사의 타당도 계수를 구하기 위해서 오랜 시간을 기다려야 함	• 검사점수와 준거로 기존에 타당도를 입증받고 있는 검사로부터 얻은 점수와의 관계에 의하여 검정하는 타당도 • 새로운 검사를 제작하였을 때 새로 제작한 검사의 타당도를 검정하기 위하여 기존에 타당도를 보장받고 있는 검사와의 유사성 혹은 연관성에 의하여 타당도를 검정하는 방법 • 장점 : 계량화되어 타당도에 대한 객관적인 정보를 제공할 수 있으며, 타당도의 정도를 나타낼 수 있음 • 단점 : 기존에 타당도를 입증받고 있는 검사와의 관계에 의하여 동시적 타당성이 검정되므로 기존에 타당도를 입증받은 검사에 의존함

  ㉢ 구성타당도

판별타당도	서로 다른 개념들을 측정하였을 때 측정문항들 간에 상관관계가 낮아야 함
수렴타당도	동일한 개념을 측정하기 위하여 서로 다른 측정방법을 사용하여 측정하여 얻어진 측정치들 간에 높은 상관관계가 존재

SEMI-NOTE

타당도
• **내용타당도** : 설문지의 각 항목이 측정하고자 하는 개념이나 속성을 잘 대표하고 있는지에 관한 적절도를 말함
• **기준타당도** : 어느 개념이나 속성에 대한 측정값이 그와 관련된 개념이나 속성의 변화와 관련된 타당도를 말함
• **구성타당도** : 설문지의 내용들이 조사하고자 하는 개념(속성)을 제대로 측정하고 있는지에 관한 타당도 등이 있음

(4) 측정의 신뢰도

① 신뢰도의 의의
  ㉠ 신뢰도는 시간적 간격을 두고 동일한 조건 아래 있는 측정대상을 반복하여 측정하였을 때, 각 반복 측정치들 사이에 나타나는 일관성 정도를 의미함
  ㉡ 신뢰도는 측정에 있어서 신빙성, 안정성, 일관성, 예측성, 또는 정확도를 가져야 함

② 신뢰도의 측정방법

	재검사법	• 동일한 측정도구를 동일한 상황에서 동일한 대상에게 일정한 기간(보통 2주)을 두고 반복 측정하여 최초의 측정치와 재측정치를 비교하는 방법 • 장기간 변하지 않는 태도의 측정, 하나의 개념을 하나의 항목으로 측정할 때 이용될 수 있는 방법
	복수양식법	• 동일한 개념에 대해 2개 이상의 상이한 측정도구를 개발하고, 각각의 측정치 간의 일치 여부를 검증하는 방법(두 측정도구가 서로 동등하다는 가정이 필요) • 두 가지 이상의 측정도구를 통하여 얻은 측정값을 서로 비교하여 그 상관관계를 가지고 신뢰도를 추정
내적 일관성 분석	반분법	• 측정도구를 임의로 반으로 나누어 각각을 독립된 척도로 보고 이들의 측정결과를 비교하는 방법 • 동일한 개념에 대해 여러 개의 문항으로 측정을 하는 경우 무작위로 측정집단을 두 집단으로 나누고 이들 측정치 간의 상관관계를 분석하여 신뢰도를 측정
	크론바흐 알파계수법	• 재검사법과 반분법의 단점을 보완하는 방법으로, 신뢰도를 저해하는 항목을 찾아 척도에서 제외시켜 척도의 신뢰도를 높이는 방법 • 산출가능한 모든 신뢰도 계수를 구한 후 평균값으로 신뢰도를 구함

실력up 내적 일관성 분석

- 동일한 개념에 대해 여러 개의 항목으로 구성된 척도를 이용할 경우, 해당 문항을 가지고 할 수 있는 가능한 한 모든 반분신뢰도를 구하고 그 평균치를 산출하여 신뢰도를 측정하는 방법
- 동일한 개념을 측정하는 항목인 경우에 그 측정결과에 일관성이 있어야 한다는 논리에 따라 일관성이 없는 항목, 즉 신뢰도를 저해하는 항목을 찾아서 배제시킴
- 측정문항을 둘로 나누어 모든 가능한 2분할방법을 사용하여 상관관계를 계산하고 그 평균값을 측정도구의 신뢰도 값으로 사용하는 방식
- 크론바흐의 알파계수 : 0.6이 넘어야 신뢰도를 만족할 수 있음

③ 측정의 신뢰도 제고방안
  ㉠ 측정도구의 모호성 제거 : 측정도구를 구성하는 문항을 분명하게 작성
  ㉡ 다수의 측정항목 : 측정항목을 늘림. 즉, 문항 간 상관관계가 유사한 경우 항목의 수를 늘리면 측정도구의 신뢰도는 높아짐

SEMI-NOTE

신뢰도의 측정방법별 장단점
- 재검사법 : 측정도구 자체를 직접 비교함으로써 적용이 쉽지만, 측정과정이 매우 힘들거나 시간이 많이 걸리는 경우에는 재측정시 불성실한 응답으로 인하여 오류가 발생할 가능성이 있음
- 복수양식법 : 척도 간의 동등성의 확보가 어렵고, 이 방법에 의해 확보된 신뢰도가 낮을 경우 이것의 측정효과가 본래부터 신뢰도가 낮아서 그런 것인지 아니면, 두 개의 양식을 동등하게 하는 데 실패했기 때문인지 설명할 수 없음
- 반분법 : 항목을 나누는 방식에 따라서 신뢰도 계수의 측정치가 달라짐. 즉, 단일의 신뢰도 계수를 계산할 수 없음

크론바흐의 알파계수
크론바흐의 알파계수란 개별 측정항목과 다른 측정항목들 간의 상관관계를 말하는 것으로, 어떤 항목이 다른 항목들과의 상관관계가 낮은 경우, 상이한 개념으로 측정한 것으로 보아서 이를 제거함으로써 전체항목의 신뢰도를 높일 수 있음

신뢰도에 영향을 주는 요인(오차의 근원)
- 시간의 안정성 : 시간의 변화에 따라 검사점수가 달라짐
- 문항표준의 적부성 : 학습한 내용 중에서 골고루 출제될 때 신뢰도가 높음
- 문항의 동질성 : 검사문항이 동질적일 때 신뢰도가 높음
- 집단의 특징 : 동질집단의 신뢰도는 이질집단보다 높음

ⓒ 측정의 일관성 유지 : 측정자의 태도와 측정방식의 일관성이 유지되어야 함
ⓔ 표준화된 측정도구 이용 : 사전에 신뢰도가 검증된 표준화된 측정도구를 이용
ⓜ 측정자가 무관심하거나 잘 모르는 내용은 측정하지 않는 것이 좋음

④ 측정오류

구분	체계적 오류	비체계적 오류
의의	• 오류가 체계적으로 나타나는 경우로 측정의 결과가 한쪽으로 치우쳐 있는 측정오류 • 이러한 오차의 발생은 타당성(validity)과 관련된 것으로 문제의 개념을 측정도구가 실제로 측정하지 못함으로써 나타나는 오류 • 변수에 일정하게 체계적으로 영향을 주어 측정결과가 모두 높아지거나 모두 낮아지게 되는 편향된 경향을 보이는 오류를 말함	• 측정과정에서 우연적이며 일시적인 사정에 의해 불규칙적으로 나타나는 오류 • 우연히 발생하므로 그 근거를 알지 못하는 경우가 많음 • 비체계적 오류는 그 방향이 일정치 않고, 상쇄되는 경향도 있음 • 오류의 값이 인위적이거나 편향된 것이 아니라 무작위적으로 발생하는 오류
원인	• 인구통계학적, 사회경제적 특성으로 인한 오류 • 개인적 성향으로 인한 오류	• 측정자로 인한 오류 • 측정대상자로 인한 오류 • 측정 상황적 요인으로 인한 오류 • 측정도구로 인한 오류

> **실력UP 신뢰도와 타당도의 비교**
>
> • 타당도 있는 측정은 항상 신뢰도가 있음
> • 타당도가 없는 측정은 신뢰도가 있을 수도 있고 없을 수도 있음. 다시 말해, 타당도가 낮다고 해서 반드시 신뢰도가 낮다는 것은 아님
> • 신뢰도가 있는 측정은 타당도가 있을 수도 있고 없을 수도 있음
> • 신뢰도가 없는 측정은 타당도가 없음

2. 척도

(1) 척도의 개념

① **척도의 의의** : 척도란 논리적으로 또는 경험적으로 서로 연관되어 있는 여러 개의 문항 또는 지표로 이루어진 복합적 측정도구를 말함

② **척도의 필요성**
  ⓐ 하나의 문장이나 지표로 제대로 측정하기 어려운 복합적인 개념 측정
  ⓑ 여러 개의 지표를 하나의 점수로 나타냄으로써 자료의 중복성 감소
  ⓒ 척도의 단일 차원성 검증
  ⓓ 측정의 오류 감소 및 측정의 타당성과 신뢰성 제고

(2) 척도의 측정방법

① **명목척도** : 측정대상의 속성을 단순히 분류하거나 확인할 목적으로 수치를 부여

이상적인 척도의 조건
• 단순성 : 척도의 계산과 이해가 용이해야 한다는 것을 의미함
• 유용성 : 척도가 유용하다는 것은 이해하기 쉬워야 한다는 것을 의미함
• 신뢰성 : 어떤 상황을 달리해서 측정해서라도 항상 똑같은 결과가 나올 때 신뢰성이 있다고 함
• 타당성 : 조사자가 측정하고자 하던 것을 실제로 측정하였는가의 문제. 즉, 척도가 측정하고자 하는 것을 정확하게 측정하는가의 문제

SEMI-NOTE

거트만 척도 재생계수

$$재생계수 = 1 - \frac{응답의 오차수}{문항수 \times 응답자수}$$

리커트 척도의 특징
- 예비적 문항을 선정하여 응답 카테고리를 정한 후 내적 일관성의 여부에 따라 최종적 척도를 구성할 문항을 선정하는 이중단계를 거침
- 평가자를 쓰지 않고 응답자로 하여금 찬성이나 반대 어느쪽에든지 응답하도록 함
- 평가자가 없으므로 평가자의 주관이 배제될 가능성이 있음

보가더스 척도의 특징
- 각 척도를 하나의 사회적 거리라는 연속성의 순서에 따라 배열
- 각 점 간의 등간격 가정임
- 평점의 기준이 없음
- 척도의 평가를 위해 신뢰도는 재검사법 사용, 타당도는 집단비교법을 활용

하는 것
② 서열척도
　㉠ 거트만 척도(Guttman Scale)
　　• 의의 : 척도를 구성하는 과정에서 문항들의 단일차원성이 경험적으로 검증되도록 설계된 척도(단일차원적이고 누적적인데 이는 척도를 구성하는 여러 문항과 응답자가 갖는 총평점의 관계가 누적되고 있기 때문)
　　• 척도구성 절차

> 척도 구성항목의 선정 → 응답자의 응답을 스캘로그램 용지에 기입 → 재생계수를 구함 → 구성항목을 조정하여 척도 구성

　　• 기준과 방법

거트만 척도에서 고려하여야 할 기준	검증방법
• 단일차원성 혹은 척도의 일관성 • 지나치게 한 방향으로 치우치는 경향 • 오차 분포의 집중성향 • 일정한 수의 척도문항수 등	• 재생계수를 통하여 파악 • 재생계수가 1일 때 완벽한 척도구성 가능성을 가짐 • 보통 재생계수가 최소한 0.90 이상은 되어야 바람직 • 재생계수가 클수록 척도구성 가능성이 큼

　㉡ 리커트 척도(Likert Scale)
　　• 의의 : 여러 개의 문항으로 응답자의 태도를 측정하고 해당 항목에 대한 측정치를 합산하여 평가대상자의 태도점수를 얻어 내는 척도
　　• 척도구성 절차

> 의견의 수집 → 반응 카테고리의 작성 → 응답자에의 적용 → 점수 환산 → 문항 분석 → 각인의 총점 산출

　　• 리커트 척도의 장 · 단점

장점	단점
• 평가자들의 주관을 배제할 수 있음 • 서스톤 척도의 경우 리커트 척도와 동일한 신뢰도를 얻기 위해 50개의 문항이 필요하나, 리커트 척도는 20 ~ 25개의 문항이면 충분함	중간 정도의 응답에는 민감하지 못할 수도 있음

　㉢ 보가더스 척도(Bogardus Scale)
　　• 의의 : 사회 제 집단 간의 거리, 즉 사회관계에 있어서 인간 상호 간에 느끼는 이해와 친근 정도를 측정하는 데 사용되는 척도(사회관계에 있어서 일정한 대상에 대하여 느끼는 친밀감, 무관심, 혐오감 등을 측정하는 척도로 사회적 거리척도라고 함)
　　• 보가더스 척도의 장 · 단점

장점	단점
• 적용범위가 비교적 넓음 • 예비조사나 단기간 내에 조사를 마치고자 하는 경우에 이용	• 척도점 간의 거리가 같다고 가정 • 신뢰도 측정에는 재조사법밖에 사용할 수 없음 • 각 점을 반드시 앞의 점보다 뒤에 위치하고 있다고 가정

③ 등간격수준의 측정
   ㉠ 서스톤 척도(Thurstone Scale)
   - 의의 : 서스톤이 제시한 것으로 유사등간법이나 등현등간척도법이라고도 부르며 평위척도의 일종. 일련의 자극에 대하여 피험자의 주관적인 양적 판단에 의존하는 방법
   - 척도 구성 절차

   > 의견수집 → 평가자의 선정 → 평가자 등에 의한 의견의 평가분류 → 문항의 선정 → 척도치의 부여

실력UP 소시오메트리 척도

- 의의 : J. L. Moreno가 발전시킨 인간관계의 측정방법으로 집단구성원 간의 친화와 반발을 조사하여 그 빈도와 강도에 따라 집단구조를 이해하는 척도
- 척도구성 절차

  > 목적규정 → 질문작성 → 실제적용 → 결과분석

실력UP 평정 척도

- 의의 : 평가자가 측정대상 또는 피조사자의 어떤 속성을 단일연속선상에 배열하기 위하여, 일정기준에 입각하여 대상의 속성에 일정수치를 속성의 강도에 따라 부여하여 만든 척도
- 평정 척도의 종류
  - 도표식 평정 척도
  - 수적 평정 척도
  - 카테고리 평정 척도

06절 실험조사설계연구·단일사례설계 및 표집

1. 실험조사설계

(1) 의의

① 실험을 통하여 자료를 수집하고 분석하는 연구

실험조사연구의 장·단점

장점	단점
• 명확한 인과관계의 규명 • 통제 • 종단적 분석 가능 • 연구방향 조정 가능 • 반복적 연구 가능	• 인위적인 환경 • 실험자 효과 • 표본의 크기 • 표본의 비대표성 • 과중한 비용 • 가치와 윤리의 문제 • 적용범위의 제한 • 적용가능성의 문제 • 과학성의 우려

② 실험조사란 인과관계에 대한 가설을 검증하기 위해 변수를 조작·통제하여 그 조작의 효과를 관찰하기 위한 방법을 말함
③ 실험조사는 기본적으로 실험집단과 통제집단 및 자극의 3가지 요소로 이루어짐

(2) 실험설계의 구성요소
① **종속변수의 비교** : 두 변수 사이에 공동변화 또는 상관관계가 존재하는지를 입증하기 위하여 필요한 작업(외생변수 통제)
② **실험변수의 조작** : 인과성의 관념 속에는 만약 X가 Y의 원인이라면 X의 변화를 유도할 때 Y의 변화가 뒤따른다는 뜻을 함축. 양자 간 관계는 비대칭적인 것으로 가정(시간의 선행성 입증)
③ **무작위배정** : 제3의 변수에 의한 설명의 가능성을 줄이고 내적 타당성을 확보하기 위한 통제의 절차는 기본적으로 실험집단과 통제집단 구성원의 동질성을 확보해야 함. 동질성을 확보하기 위한 통제의 절차가 바로 무작위배정, 짝짓기로 구분

(3) 외생변수(제3의 변수)의 통제방법
① **난선화** : 조사대상이 양집단에 뽑힐 똑같은 확률을 부여함으로써 변수를 통제하는 것을 말함. 이 방법에서는 조사자의 주관, 선입관, 판단이 개입되어서는 안 되며, 무작위표출과는 엄격히 구분되는 것
② **짝짓기** : 짝짓기는 정밀통제와 빈도분포통제의 두 방법이 있음

2. 인과관계

(1) 개념
① **원인** : 어떤 현상을 일으키거나 변화시키는 요인 또는 어떤 현상이 일어나기 위해 반드시 존재해야 하는 선행요인을 의미
② **결과** : 원인의 작용에 의해서 일어나게 된 하나의 사건이나 사물의 상태
③ **인과관계** : 원인과 결과 간의 관계를 밝혀서 그 결과로 발생하는 현상

(2) 어떤 현상을 발생시킬 조건
① **필요조건** : 하나의 사상이 발생하는 데 없어서는 안될 원인적 조건
② **충분조건** : 어떤 조건이 발생하면 항상 하나의 사상이 발생하는 경우의 조건
③ **필요충분조건** : 필요조건과 충분조건을 동시에 만족시키는 조건
④ **기여조건** : 어떤 현상이 일어날 수 있는 가능성을 증가시키는 조건
⑤ **부수조건** : 어떤 조건하에서 하나의 변수가 주어진 현상에 기여조건이 되는 경우의 조건
⑥ **대체조건** : 기여조건이 많은 경우 다른 기여조건이 어떤 기여조건에 대한 대체조건이 됨

SEMI-NOTE

정밀통제
- 변수에 관한 것을 하나하나 조사하여 양 비교집단으로 나누는 것을 말함
- 이 방법은 변수의 수가 많을 때 혹은 짝이 없을 경우 사용이 불가능하며, 어떤 변수가 중요한 것인지 결정하기가 곤란할 때 사용하기가 곤란한 점이 있음
- 또한 정밀한 짝짓기를 실시할 때 적절한 짝을 구하기 위해 많은 사례를 상실하는 경우가 많음

빈도분포통제
- 하나의 변수가 모든 변수를 대표한다고 보고 한 변수의 전반적인 빈도분포에 의하여 배합하는 방법
- 짝짓기가 용이할 뿐만 아니라 연구자는 많은 수의 사례를 상실하지 않을 수 있음
- 정확성이 떨어지는 면이 약점

> **실력up** 인과관계 추론의 조건(J. S. Mill의 원칙)
>
> - **시간적 선후관계** : 원인이 되는 사건이나 현상은 시간적으로 결과보다 먼저 발생해야 함 (시간적 선행성의 원칙). 그런데 시간적 선후를 결정하기가 어려운 경우가 많음
> - **공동변화의 원칙** : 공동변화·연관성, 즉 원인이 되는 현상이 변화하면 결과적인 현상도 항상 같이 변화해야 함. 독립변수와 종속변수 중 어느 하나가 고정되어 있으면 두 변수 간의 인과관계는 성립될 수 없음
> - **비허위적 관계** : 결과변수의 변화가 제3변수에 의해 설명될 가능성이 없어야 함. 다른 변수의 영향이나 효과가 모두 제거되어도 추정된 원인변수와 결과의 변수가 계속된다면 그 관계는 비허위적 관계임

(3) 인과관계의 추론에 있어서 결과의 타당성을 평가하는 방법

① **통계적 가설 검증** : 독립·종속변수 간에 통계적으로 유의미한 상관관계가 나타나고 그 강도가 일정수준 이상 나타나는지를 검증
② **내적 타당성** : 독립·종속변수 간에 다른 변수의 영향이 개입되지 않았는지를 검증
③ **측정의 타당성** : 해당 변수가 연구하고자 하는 개념을 잘 대표하고 있는지를 검증하는 것으로, 즉 변수값이 해당 개념을 적절히 대표하고 있는 조작적 정의에 의해 측정되었는가를 말함
④ **외적 타당성** : 연구대상이 되는 모집단으로 일반화가 되는지의 여부를 말함. 상황·시간·공간의 범위를 확대하여도 독립·종속변수의 관계가 성립되는지의 여부를 검증하는 것

(4) 조사의 타당성

구분	내적 타당성	외적 타당성
의의	추정된 원인과 그 결과 사이에 존재하는 인과적 추론의 정확성을 의미하며, 그 전제로서 통계적 결론의 타당성이 필요함. 내적 타당성 추론의 조건은 시간적 선행성, 공동변화, 경쟁가설의 배제원칙 등	실험을 통하여 관찰한 결과를 여타의 경우에도 일반화할 수 있느냐의 문제. 즉, 특정정책에 관하여 특정집단을 대상으로 특정시기에 특정상황에서 연구한 결과로 다른 집단·시기·상황에 일반화시킬 수 있는 범위를 말함
위협·저해 요인	• 성숙요인 • 역사요인 • 선발·선정요인 • 상실요인 • 통계적 회귀요인 • 검사요인 • 측정수단요인 • 단일위협 요인들의 상호작용	• 상황적 처리의 일반성 문제 • 실험적 처리의 상호작용의 문제 • 다수적 실험처리에 의한 간섭 • 생태적 대표성 • 변수의 대표성 • 호손 효과 • 플라시보 효과

SEMI-NOTE

허위변수
두 변수들 간에 전혀 관계가 없는데도 이들 두 변수 간에 어떤 상관관계가 있는 것처럼 두 변수 모두에 영향을 미치는 숨어 있는 변수

혼란변수
뒤에 숨어 있는 변수로 독립·종속변수의 변화에 부분적으로 영향을 미치는 변수

외적 타당성과 관련된 문제
- 대상집단의 범위(다른 모집단에 일반화 가능)
- 시기(정책효과에 대한 시대적 배경의 영향)
- 상황과 환경(시범적 운영시와 실제 운영시에 동일한 효과가 발생) 등

호손효과
자신이 실험대상이 되고 있음을 인식하여 실험변수에 대한 반응이 달라질 수 있음

확보 방안	• 무작위배정 · 난선화(외재적) • 짝짓기(외재적)	• 대표성을 높이기 위하여 무작위추출 법을 활용하여 대상집단을 추출 • 표출에서 계획적으로 이질적인 요소를 포함시키는 방법 • 대표적 사례만을 표본으로 선정하여 조사하는 방법

3. 실험설계의 종류

(1) 진실험설계(순수실험설계)

① 의의 : 실험설계의 3가지 조건을 비교적 충실하게 갖추고 있는 설계, 즉 엄격한 외생변수의 통제하에서 독립변수를 조작하여 인과관계를 밝힐 수 있는 설계
② 진실험설계의 종류
  ㉠ 통제집단 사후측정설계
    • 의의 : 무작위배정에 의해서 동질적인 실험집단과 통제집단을 구성한 다음 실험집단에 대해서는 실험변수를 처리하고, 통제집단에 대해서는 실험변수를 처리하지 않는 설계로서 실험변수의 효과는 실험집단의 관찰값과 통제집단의 관찰값의 차이
    • 장단점

장점	단점
사전측정을 하지 않아 시험효과 및 상호작용 개입방지, 시간과 비용의 절약 등	난선화의 선정으로 두 집단 모두 외생변수의 영향을 동일하다고 가정하나, 사전측정을 하지 않아 최초의 상태가 동질적인지 정확히 알지 못함

  ㉡ 통제집단 사전사후측정설계
    • 의의 : 난선화를 통해 선정된 두 집단에 대하여 실험집단에는 실험변수의 조작을 가하고, 통제집단에는 독립변수의 조작을 가하지 않는 방법으로 사전측정이 설계에 통합되어 있음
    • 장단점

장점	단점
사전측정이 포함되므로 두 집단의 동질성이 검증될 수 있음	검사요인을 통제할 수 없고 검사 또한 사전측정과 처리의 상호작용 효과가 발생

  ㉢ 솔로몬의 4집단설계
    • 의의 : 가장 강력한 실험설계 유형으로 무작위로 할당된 4개 집단. 통제집단 사후측정설계와 통제집단 사전사후측정설계를 결합한 가장 이상적인 설계
    • 장단점

SEMI-NOTE

진실험설계의 장점
• 외생변수의 철저한 통제
• 대상의 무작위화
• 1개 이상의 독립변수의 조작가능성
• 변수의 명확한 조작화와 그 강조의 정밀한 변화 가능
• 재현가능성
• 명확한 인과관계의 검증 등

진실험설계의 단점
• 인위성
• 적은 수의 표본
• 윤리적인 문제로 실험이 불가능한 경우도 있음
• 독립변수의 강도가 실제 세계에서만큼 크게 작용하지 못함

요인설계
독립변수가 2개 이상일 때 적용되는 설계로 일반화 정도가 높으나 복잡하고 시간인력·비용이 많이 듦

장점	단점
각 외생변수별로 효과의 분리 가능, 철저한 외생변수 통제 등	실험·통제집단의 선정 및 관리가 어렵고 비경제적

(2) 유사실험설계

① 의의 : 무작위배정에 의하여 실험집단과 통제집단의 동등화를 꾀할 수 없을 때 사용하는 것으로, 무작위배정에 의한 방법 대신에 다른 방법을 통하여 실험집단과 유사한 비교집단을 구성하려는 설계
② 유사실험설계의 종류

단순시계열설계	통제집단이 없고 실험집단만 존재하는 실험 설계
복수시계열설계	단순시계열설계에 통제집단이 추가된 실험설계
비동일통제집단설계	통제집단 사전사후측정설계에서 조작을 가한 실험설계

(3) 비실험설계(전실험설계)

① 의의 : 인과적 추론의 3가지 조건을 모두 갖추지 못한 설계, 즉 진실험, 준실험을 제외한 인과관계의 추론방법. 가설의 검증보다는 문제의 도출을 위하여 순수한 실험설계 전에 시험적으로 실시하는 탐색조사의 성격을 띠게 됨
② 비실험설계의 종류

1회 사례연구	1회의 실험 후 실험영향이 미쳤을 것이라고 생각되는 특성을 한 번만 관찰하는 설계
단일집단 사후측정설계	실험변수에 노출된 하나의 집단에 대해 사후적으로 결과변수를 측정하는 것으로, 사전측정이 없어 실험의 순수한 효과를 측정했다고 볼 수 없음
단일집단 사전사후측정설계	실험변수를 조작하기 전에 결과변수에 대한 측정을 하고, 실험변수를 조작한 후에 결과변수의 수준을 측정하여 두 결과 간의 차이로 실험변수의 효과를 측정하는 설계로 외생변수의 통제가 불가능함
정태적 집단비교설계	실험대상을 실험변수를 조작하는 집단과 그렇지 않은 집단으로 구분하여 사후측정결과의 차이로 실험변수조작의 효과를 측정하는 설계

4. 단일사례설계의 의의와 개념

(1) 의의

① 변수 간의 관계규명을 위한 것이라기보다는, 사회사업가의 의도적인 개입이 표적행동에 바라는 대로의 효과를 나타내었는가를 평가하기 위해 적용하는 설계
② 단일사례연구설계는 개인 및 가족, 소집단 등을 대상으로 문제를 해결하기 위한 개입의 효과를 과학적으로 입증하는 것

SEMI-NOTE

유사실험설계
준실험설계, 반실험설계, 의사실험설계라고도 함

단일사례설계의 특성
- 사례가 하나
- 단일사례연구의 1차적인 목적은 가설의 검증에 있는 것이 아니라, 어떤 표적행동에 대한 개입의 효과를 관찰하여 분석하는 것
- 단일사례연구는 경향과 변화를 알 수 있도록 시계열적으로 반복적인 관찰을 함
- 개입 전과 후의 상태를 비교
- 개입 도중에 자료를 검토하여 개입의 효과를 판단할 수 있으므로, 개입의 효과가 없는 것으로 판단되면 새로운 개입방법을 수립하거나 개입방법을 수정함으로써 효과적인 개입을 할 수 있는 길을 열어 줌

SEMI-NOTE

(2) 개념

기준선(기초선)	실천가·조사연구가 등이 개입활동을 실시하기 전에 표적행동의 상태를 관찰하는 기간을 말하며 개입 전의 국면. 일반적으로 'A'로 표시
개입 국면	표적행동에 대한 개입활동이 이루어지는 기간으로 'B'로 표시
표적행동	개입을 통해 변화시키려는 행동

실력up 단일사례연구와 집단연구설계의 비교

구분	단일사례연구설계	집단연구설계
연구대상	개인, 가족, 소집단	모집단으로부터 무작위 표본추출
연구목적	표적행동에 대한 개입의 효과 규명	가설의 검증
실험처리	하나의 사례를 반복 측정함으로써 실험집단과 통제집단과 같은 집단비교의 효과를 가짐	실험집단과 통제집단으로 나누어 사전사후검사값을 비교하여 실험처리의 효과를 평가

5. 단일사례연구설계의 유형

(1) 기본설계(AB설계)

① 개입 전과 개입 후에 측정하는 평가설계로, 가장 간단한 단일설계로 하나의 기초선단계와 개입단계로 구성
② 세 개 이상의 관찰점, 측정점이 필요하며, 반복적으로 관찰하지만 외생변수에 대한 통제가 없어, 개입이 표적행동의 변화에 미치는 효과의 신뢰도가 낮음

(2) ABA설계

① 개입의 영향을 테스트하기 위해 일정기간 이후에 개입을 중단하는 평가설계
② AB설계에 개입 이후 또 하나의 기초선 A를 추가한 설계

(3) 반전설계(ABAB설계)

① 기초선이 측정된 후에 특정기간 동안 개입을 하고 그 후 잠시 동안 멈춘 후에 다시 개입을 하는 평가설계
② AB설계에 또 하나의 AB를 추가한 설계로 철회설계라고도 함
③ ABA설계의 외생변수 요인을 통제할 수 있고, 개입의 효과를 가장 높이 확신할 수 있기 때문에 실천현장에서 유용한 설계

(4) BAB설계(선개입설계)

① 곧바로 개입으로 시작해서 기초선 수립을 위해 개입을 중지했다가 개입을 다시 시작함. 즉, 처음에는 기초선 기간을 설정하지 않고 바로 개입단계로 들어감
② 반복된 개입을 통해서 개입의 효과를 가져올 수 있고 바로 개입단계에 들어감으

개입평가의 기준
- 변화의 파동
- 변화의 경향
- 변화의 수준

개입의 유의성 분석
- 시각적 유의성
- 통계적 유의성
- 실질적 유의성

자료관찰 및 기록방법
- 정도기록
- 빈도기록
- 시간간격기록
- 지속시간기록
- 간헐검검기록
- 영구적 생산물기록

로써 조속한 개입이 용이

(5) ABCD설계(복수요소설계)
① 일련의 종류가 다른 개입들의 영향을 평가하기 위해 사용되는 것으로 다수요소 설계라고도 함
② 하나의 기초선 자료에 대하여 여러 개의 각기 다른 방법을 개입하는 방법
③ 융통성이 있고, 클라이언트에게 도움되지 않는 개입을 수정하거나 실제로 표적문제에 변화를 가져오는지 설명하고자 할 때 유용

(6) 복수기초선설계
① 개입중단의 문제점을 개선하면서 AB설계를 여러 문제, 여러 상황, 여러 사람에게 적용하여 같은 효과를 얻음으로써 개입의 인과적 효과의 확신을 높이는 것
② 적용대상에 따라 문제·상황·대상자 간 복수기초선설계로 구분할 수 있음

6. 표집의 개념

(1) 개념
① 정의 : 모집단에서 모집단을 대표할 표본을 선정하는 과정
② 주요 용어
  ㉠ 모집단 : 모집단은 실제연구를 위해 추출할 때 사용되는 집단을 의미
  ㉡ 표집단위 : 표집단위는 표집추출단계에서 표집으로 추출될 수 있는 표집대상. 표집단위는 개인일 수도 있고, 집합체일 수도 있음
  ㉢ 프레임 : 프레임은 표집단위를 목록화한 것을 말함. 또는 모집단을 구성하는 단위의 목록. 프레임은 목록 또는 표본추출단위와 같이 혼용하여 쓰이기도 하므로 조사모집단을 의미하기도 함
  ㉣ 표집간격 : 표집간격은 모집단으로부터 표본을 추출할 때 추출되는 간격을 의미. 표집간격은 모집단의 전체항목수를 표본의 크기로 나누어 준 수치로 표집구간이라고도 함
  ㉤ 모수치와 통계치 : 모수치는 모집단에 존재하고 있는 수량적인 값을 의미하고, 표본에서 나온 수량적인 값을 통계치라고 함

(2) 표본추출방법의 결정
① 모집단과 표본프레임이 결정되면 그 다음으로 표본추출방법을 결정해야 함
② 표본추출방법은 크게 확률표본추출방법과 비확률표본추출방법으로 나눌 수 있음
③ 확률표본추출방법은 모집단을 구성하는 대상의 명단이 표본프레임을 이용하여 표본을 추출함으로써 표본으로 추출될 확률을 미리 알 수 있는 추출방법
④ 비확률표본추출방법은 표본프레임이 없어 모집단 내의 대상들이 선택될 확률을 모르는 상태에서 표본이 선정되는 방법

표집오차
모집단으로부터 선정된 표본집단을 기초로 표본을 추출할 때 이 표본집단이 모집단을 정확하게 반영해 주지 못해서 발생하는 오류. 일반적으로 표집의 크기가 클수록, 표본의 분산이 작을수록, 표집오차는 작아지므로 표본에 근거한 모집단의 추정이 보다 정확하게 됨

비표집오차
표본추출과정에서 유발되는 오차가 아니라, 자료를 수집하는 과정에서 발생되는 오류인 측정오차. 조사자나 응답자가 질문항목을 이해하지 못하거나 인터뷰 과정에서 발생하는 오류. 자료집계나 자료를 분석하는 과정에서 발생하는 오류. 선정된 표본 중에서 접촉이 되지 않거나 응답거부자들이 응답자들과 특성에 차이가 있는 경우 등에서 발생됨

SEMI-NOTE

표본의 크기 결정
- 표본에서 가장 중요한 문제는 표본에서 나온 결과들이 모집단의 속성을 얼마만큼 정확하게 반영해 주느냐 하는 대표성의 문제
- 표본의 대표성을 기준으로 하면 표본의 수가 많을수록 대표성이 높아짐
- 표본조사를 하는 목적이 시간과 비용을 줄이기 위한 것이기 때문에 표본의 대표성을 유지하기 위한 최소의 표본의 수는 얼마가 될 것이냐에 관심을 가지게 되는 것을 말함(표본의 적정성)
- 표본의 크기는 모집단의 크기와 특성, 연구목적, 동질성 여부에 좌우됨. 모집단의 크기가 작을 경우는 전수조사를 하는 것이 좋을 것이고, 모집단이 동질성을 가진 개체로 구성되어 있으면 표본으로 하더라도 대표성을 유지하는 데 큰 어려움이 없음

표본의 배분법
- 균등배분법 : 추출하고자 하는 표본을 각 층에 동일하게 배분하는 방법
- 비례배분법 : 각 층의 크기에 비례하여 표본을 각 층에 배분하는 방법
- 최적배분법 : 각 층에서 표본을 추출하는 단위당 비용과 총비용을 고려하고 추정치의 분산을 최소로 하도록 하는 방법
- 네이만배분법 : 각 층에서 추출하는 표본단위당 추출비용이 모두 동일하다는 가정하에서 주어진 총비용을 조건으로 하고 추정치의 분산을 최소화하는 배분법을 찾는 방법으로 최적배분의 특수한 경우
- 데밍배분법 : 총비용이 일정하게 주어지고 조사단위당 조사비용이 층에 따라 크게 다를 경우에 분산이 최소가 되도록 표본크기를 결정하는 방법

7. 표집방법 ★ 빈출개념

(1) 확률표본추출방법

① 단순무작위표본추출방법
  ㉠ 의의 : 단순무작위표본추출법은 일정한 크기의 모든 표본이 알려진 동일한 기회를 갖고 선정되도록 무작위로 추출하는 방법
  ㉡ 장단점

장점	단점
• 이론적으로 추출된 표본이 모집단을 잘 대표함 • 모집단에 대한 자세한 지식이 불필요함 • 표본추출 자료의 분류와 오차의 계산이 용이	• 동일한 크기의 표본인 경우에 층화표본추출보다 오차가 큼. 층화표본추출에서의 각 층은 주요특성에 있어서 단순임의추출보다 상대적으로 동질적이기 때문 • 조사자가 모집단에 대하여 가지고 있는 지식을 활용할 수 없음 • 모집단에서 그 수가 적은 경우 표본으로 추출될 가능성이 적으며 따라서 표본의 규모가 커야 하는 문제점이 있음

② 계통적(체계적) 표본추출방법
  ㉠ 의의 : 계통적 표본추출방법이란 추출단위에 일련번호를 부여하고 이를 등간격으로 나눈 후, 첫 구간에서 하나의 번호를 랜덤으로 선정한 다음, 등간격으로 떨어져 있는 번호들을 계속하여 추출해 나가는 방법을 말하며, 이 방법에 의해 추출된 표본을 계통표본이라 함
  ㉡ 장단점

장점	단점
• 표본추출이 용이하고 표본추출의 조사가 쉬움 • 단순임의추출법보다 오히려 모집단을 대표할 가능성이 큼	• 모집단의 배열이 일정한 주기성이나 특정 편향성을 보일 경우 편견이 개입되어 대표성에 문제가 됨 • 모집단의 구성배열에 지나치게 신경을 쓰다 보면 층화표본추출법과 같이 오차의 개입이 높아지는 경향이 있음

③ 층화표본추출방법
  ㉠ 의의 : 모집단이 특성에 따라 층화된 곳에서 각 층마다 표본을 랜덤하게 추출하는 방법을 층화랜덤추출법이라 하고, 거기에서 얻어진 표본을 층화랜덤표본이라 함

ⓒ 장단점

장점	단점
• 집단 간의 이질성이 존재하는 경우, 무작위추출법보다 추출된 표본이 모집단의 특성을 잘 반영함 • 단순임의표본추출법과 같이 표본의 무작위성이 확보되면서 불필요한 분산을 줄임 • 층화된 부분집단의 특성을 잘 알고 이를 비교할 수 있음	• 모집단의 각 부분층을 정확히 알고 있지 않으면 안 됨 • 표본추출과정에서 비용이나 시간이 많이 들 수 있음

④ 집락표본추출법

ⓐ 의의 : 모집단을 소집단들로 나누고 일정수의 소집단을 무작위적으로 표본추출한 다음 추출된 소집단 내의 구성원들을 모두 조사하는 방법

ⓒ 장단점

장점	단점
• 집락을 잘 규정하면 비용이 절감됨 • 집락의 특성을 평가하고 모집단의 특성과 비교할 수 있음 • 선정된 각 집락은 다른 조사의 표본으로도 사용될 수 있음	• 집락이 동질적이라면 오차의 개입가능성이 높음 • 단순임의추출법보다 집락을 과대 또는 과소 평가해서 표본오차를 계산하기가 어려움

(2) 비확률표본추출방법

① 편의표본추출법

ⓐ 의의 : 편의표본추출법은 가장 간단한 형태의 표본추출방법으로서 임의로 표본을 선정하는 방법

ⓒ 장단점

장점	단점
• 비용이 거의 들지 않음 • 절차가 간단함 • 다른 표집방법에 비해 표본추출과정이 용이	• 추출된 표본이 모집단을 대표하지 못하는 단점이 있음. 따라서 정확한 자료의 입주보다는 저렴하고 신속하게 어느 정도 정확한 정보를 얻고자 할 경우에 주로 이용되므로, 기술조사나 연속조사를 위한 표본추출방법으로는 부적합 • 일반화에 어려움이 있음

② 판단표본추출법

ⓐ 의의 : 모집단의 의견을 반영할 수 있을 것으로 판단되는 특정집단(전문가집단)을 표본으로 선정하는 방법으로 유의표본추출법이라고도 함

ⓒ 장단점

장점	단점
• 적은 비용으로 관리할 수 있음 • 모집단에 대한 어느 정도의 지식이 있기 때문에 표본추출이 용이하고 정확도가 큼 • 전체 표본의 크기가 작을 경우 유용함 • 연구의 초기단계에서 질문의 적용 타당성과 조사도구의 유용성을 검증하기 위해 이용할 수 있음	• 표본의 대표성을 확인할 수 있는 방법이 없음 • 분산이나 편견에서 오는 오류를 측정하거나 통제하기 어려움 • 모집단에 대한 충분한 지식이 있어야 함

③ 할당표본추출법
  ㉠ 의의 : 미리 정해진 기준에 따라 전체 표본을 여러 집단으로 구분하고 각 집단별로 대상을 추출하는 방법
  ㉡ 장단점

장점	단점
• 같은 크기의 무작위 표본추출법보다 적은 비용으로 표본을 추출할 수 있음 • 각 계층을 적절하게 대표하게 하는 효과가 있음	• 무작위추출로 인해 결과의 일반화에 문제가 있음 • 분류를 하는 데 있어 연구자의 편견 개입으로 인해 분류오차가 개입할 가능성이 높음

03장 사회복지실천론

01절 사회복지실천 일반

02절 사회복지실천현장과 사회복지사의 역할

03절 사회복지이론

04절 사회복지실천의 과정

05절 사례관리

03장 사회복지실천론

01절 사회복지실천 일반

1. 개념과 목적

(1) 개념
① **기본적 개념** : 인간의 삶의 질 향상을 위해 개인, 가족, 집단, 지역사회(클라이언트)를 대상으로 사회복지실천 이념을 전문적으로 실행하는 활동
② **미국 사회복지사협회(NASW)의 정의** : 개인·집단·지역사회가 그들의 사회적 기능을 증진·회복하도록 원조하고, 그들의 목적에 알맞은 사회적 조건들을 창출하도록 원조하는 전문적인 활동
③ **핀커스와 미나한(Pincus&Minahan)의 정의** : 사람과 자원체계 간의 연결과 상호관계를 통한 활동

(2) 목적
① 미국 사회복지사협회(NASW)
  ㉠ 삶의 질의 향상
  ㉡ 사회적 기능의 향상
② 핀커스와 미나한(Pincus&Minahan)
  ㉠ 개인의 문제해결 능력 및 대처능력 고양
  ㉡ 자원과 서비스를 제공해주는 체계와 개인의 연결
  ㉢ 체계의 운영능력 향상
  ㉣ 사회정책의 개발 및 향상

(3) 분류
① 개입방법에 따른 분류

직접적 실천	간접적 실천
• 개인에게 있어 가장 친밀한 상호작용에 사회복지사가 직접적으로 개입, 활동 • 개인, 가족, 소집단의 사회적 문제와 욕구를 스스로 해결하도록 도움으로써 사회기능 향상을 위함 • 직접상담, 위기 개입, 치료, 집단활동 등의 심리사회적 서비스와 현물, 현금 등의 물질적 서비스 제공	• 사회구성원 개개인의 사회적 기능을 향상시키기 위한 사회환경 개선 및 변화 중시 • 조직·지역사회·전체사회 내의 문제와 욕구 해결을 위해 필요한 자원의 개발, 동원, 변화를 통하여 구성원들의 복지 향상

② 실천수준에 따른 분류

SEMI-NOTE

사회복지실천의 목표
• 클라이언트에게 있어 가장 시급한 목표
• 단기간에 달성할 수 있어 성취감을 느낄 수 있는 것
• 클라이언트에게 다른 목표에 도전할 수 있는 동기를 부여하는 것
• 사회복지사의 능력과 기관의 기능상 무리 없이 달성할 수 있는 것

중간적 접근
• 집단·조직의 복지체계를 대상으로 함
• 지역사회조직사업, 지역사회복지 등의 형태로 존재

거시적 접근	미시적 접근
• 지역사회 · 전체사회의 복지체계를 대상으로 함 • 사회복지정책, 사회복지행정, 지역사회복지 등의 형태	• 개인 · 가족의 복지체계를 대상으로 함 • 개별사회사업, 집단사회사업, 가족복지사업 등의 형태

실력UP 사회복지실천의 이념

- **박애사상(인도주의)** : 최초의 사회복지실천이념으로 자선조직협회의 철학이기도 함
- **민주주의** : 민주주의의 등장으로 클라이언트에 대한 선택적 봉사철학이 강화됨
- **개인주의** : 클라이언트의 개인적 특성, 즉 개별화를 중시하는 데 기여함
- **다원주의(사회진화론)** : 다양화라는 시각에서 역량강화, 권한부여에 대해 논의하게 됨

2. 가치와 윤리

(1) 가치

① 개념
  ㉠ 개인적인 판단에 따른 신념 또는 믿음
  ㉡ 지식, 기술과 더불어 사회복지실천의 3대 중심축

② 분류

펌프리(Pumphrey)	프리드랜더(Friedlander)	레비(Levy)
• 궁극적 가치 • 수단(도구)적 가치 • 차등적 가치	• 개인 존중의 원리 • 자발성 존중의 원리 • 기회균등의 원리 • 사회연대의 원리	• 사람우선 가치 • 결과우선 가치 • 수단우선 가치

(2) 윤리 ★빈출개념

① 개념 : 옳고 그름을 판단하는 기준, 원칙, 가치와 일치되는 행동지침
② 로웬버그와 돌고프의 윤리원칙
  ㉠ 윤리원칙 1 : 생명 보호의 원칙
  ㉡ 윤리원칙 2 : 평등 및 불평등의 원칙
  ㉢ 윤리원칙 3 : 자율과 자유의 원칙
  ㉣ 윤리원칙 4 : 최소한의 불이익의 원칙
  ㉤ 윤리원칙 5 : 삶의 질의 원칙
  ㉥ 윤리원칙 6 : 사생활 보호와 비밀보장의 원칙
  ㉦ 윤리원칙 7 : 진실성과 개방의 원칙
③ 리머의 윤리적 의사결정 지침
  ㉠ 윤리지침 1 : 인간활동에 필수적 전제조건은 위해를 막기 위한 규칙보다 우선
  ㉡ 윤리지침 2 : 자기결정권은 타인의 결정권보다 우선
  ㉢ 윤리지침 3 : 자기결정권은 기본적 안녕과 복지보다 우선

SEMI-NOTE

대표적인 가치갈등
- 자기결정권과 전문가 온정주의
- 비밀보장과 전문가의 의무상 이유로 인한 비밀누설
- 법적 의무와 이성적으로 판단되는 더 큰 선행
- 기관정책에 대한 책임과 자유재량에 의한 판단
- 클라이언트의 자기결정권과 개인적 가치에 따라 이루어지는 판단
- 개인의 권리와 가족체계의 복지

윤리적 갈등
- 비밀의 보장
- 진실성 고수와 알권리
- 제한된 자원의 공정한 분배
- 상충되는 의무와 기대
- 전문적 관계의 유지
- 전문적 동료관계
- 클라이언트의 이익과 사회복지사의 이익 상충
- 규칙과 정책 준수

SEMI-NOTE

ⓔ 윤리지침 4 : 준수해야 할 의무는 개인의 권리보다 우선
ⓜ 윤리지침 5 : 개인의 안녕과 복지는 단체의 협정보다 우선
ⓑ 윤리지침 6 : 공공재화를 제공하는 의무는 개인의 재산관리보다 우선

(3) 한국 사회복지사 윤리강령

① 전문

> 사회복지사는 인본주의·평등주의 사상에 기초하여, 모든 인간의 존엄성과 가치를 존중하고 천부의 자유권과 생존권의 보장활동에 헌신한다. 특히 사회적·경제적 약자들의 편에 서서 사회정의와 평등·자유와 민주주의 가치를 실현하는 데 앞장선다. 또한 도움을 필요로 하는 사람들의 사회적 지위와 기능을 향상시키기 위해 저들과 함께 일하며, 사회제도 개선과 관련된 제반 활동에 주도적으로 참여한다. 사회복지사는 개인의 주체성과 자기결정권을 보장하는 데 최선을 다하고, 어떠한 여건에서도 개인이 부당하게 희생되는 일이 없도록 한다. 이러한 사명을 실천하기 위하여 전문적 지식과 기술을 개발하고, 사회적 가치를 실현하는 전문가로서의 능력과 품위를 유지하기 위해 노력한다. 이에 우리는 클라이언트·동료·기관, 그리고 지역사회 및 전체사회와 관련된 사회복지사의 행위와 활동을 판단·평가하며 인도하는 윤리기준을 다음과 같이 선언하고 이를 준수할 것을 다짐한다.

② 윤리기준
 ㉠ 사회복지사의 기본적 윤리기준
  • 전문가로서의 자세
  • 전문성 개발을 위한 노력
  • 경제적 이득에 대한 태도
 ㉡ 사회복지사의 클라이언트에 대한 윤리기준
  • 클라이언트와의 관계
  • 동료의 클라이언트와의 관계
 ㉢ 사회복지사의 동료에 대한 윤리기준
  • 동료
  • 슈퍼바이저
 ㉣ 사회복지사의 사회에 대한 윤리기준
 ㉤ 사회복지사의 기관에 대한 윤리기준
 ㉥ 사회복지윤리위원회의 구성과 운영

02절 사회복지실천현장과 사회복지사의 역할

1. 사회복지실천현장

(1) 의의

① 사회복지서비스를 직·간접적으로 제공하는 장

연혁
• 윤리강령 초안계정 결의(1973.02)
• 사회복지사윤리강령 제정(1982.01)
• 제1차 사회복지사 윤리강령 개정 (1988.03)
• 제2차 사회복지사 윤리강령 개정 (1992.10)
• 제3차 사회복지사 윤리강령 개정 (2001.12)

사회복지사 윤리강령의 특징
사회복지사 윤리강령은 사회복지사의 행동기준과 원칙을 제시함. 그러나 법적 제재나 법적 구속력은 없음

사회복지실천현장의 발전과정
• 19세기 말 : 자선조직협회를 시작으로 원조활동을 조직했고 개별사회사업 중심의 서비스를 제공. 인보관운동은 집단적 또는 지역사회 내에서 조직적으로 활동하면서 지역사회의 다양한 문제들을 해결하는 역할을 함
• 1930~1960년대 : 미국 정부의 탈빈곤화 정책과 프로그램 영향으로 공공복지기관과 시설이 급격히 증가
• 1960년대 이후 : 미국에서 사회서비스가 양적으로 확대되고 대인서비스를 중심으로 한 사회복지영역이 세분됨
• 1970년대 이후 : 지역사회보호의 중요성과 클라이언트 중심의 개별화된 접근을 강조하면서 다양한 서비스를 한 장소에서 제공하는 통합적 서비스 현장이 지역사회를 중심으로 증가함

② 실천현장은 물리적인 장소의 개념 이상으로 점차 세분화되고 있음
③ 전문성을 높이기 위해서는 사회복지현장의 특성을 이해할 필요가 있음

(2) 분류

기관의 운영 목적에 따른 분류	1차현장
	2차현장
기관의 설립주체나 재원의 조달방식에 따른 분류	공공기관
	민관기관
서비스의 제공방식에 따른 분류	행정기관
	서비스기관
제공하는 서비스 내용에 따른 분류	생활시설
	이용시설

2. 사회복지사의 역할

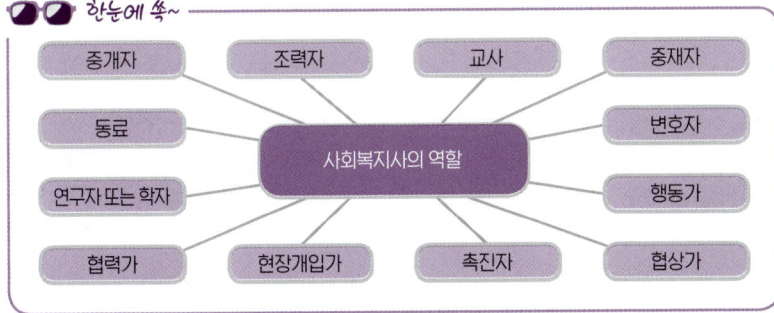

03절 사회복지이론

1. 사회체계이론과 생태체계이론

(1) 사회체계이론

① 의의 : 사회체계이론에서는 인간행동에 영향을 미치는 다양한 체계 수준, 즉 개인, 가족과 조직을 포함한 소집단 그리고 지역사회와 같은 보다 복잡하고 넓은 사회체계에 관심을 둠
② 체계의 개념
  ㉠ 체계란 상호의존적이고 상호작용하는 부분들로 구성된 전체, 즉 부분들 간에 관계를 맺고 있는 일련의 단위들로 정의됨
  ㉡ 사회체계란 우리가 살고 있는 사회적 환경 안에 존재하는 다양한 형태의 인간

공동체에 적용할 수 있는 사회조직의 모형이라고 할 수 있음
③ 체계의 구조적 특성

개방체계	다른 체계와 에너지, 정보, 자원 등을 상호교류하는 체계
폐쇄체계	다른 외부체계들과 상호교류가 없거나 혹은 교류할 수 없는 체계
경계	• 외부환경으로부터 대상체계를 구분해 주는 일종의 테두리 • 전체체계와 부분체계, 상위체계와 하위체계를 구분하는 것도 경계에 의해서 이루어 짐
공유영역	두 개의 체계가 함께 공존하는 곳으로 체계 간의 교류가 일어나는 곳

④ 체계의 진화적 특성

균형	주로 폐쇄체계에서 나타나는데 이는 체계가 고정된 구조를 가지고 주위 환경과 수직적인 상호작용을 하기보다는 수평적인 상호작용을 하면서 거의 교류를 하지 않는 상태
항상성	균형보다 일정한 수준의 개방체계를 전제로 하며, 환경과 지속적으로 상호작용하면서 정적인 균형보다 역동적인 균형을 이루고 있는 상태
안정상태	환경과의 교류뿐만 아니라 환경에 적응하기 위해 체계의 구조를 변화시키는 상태로서 개방체계에 존재하며, 체계가 건강한 상태 혹은 안녕상태를 의미
엔트로피	체계구성 요소들 간의 상호작용이 감소함에 따라 유용한 에너지가 감소하는 상태
넥엔트로피	체계 내에 질서, 형태, 분화가 있는 상태
시너지	체계 내에 유용한 에너지가 증가하는 것을 말하는데 이는 체계구성 요소들 사이에 상호작용이 증가하면서 나타 남

(2) 생태체계이론

① 의의
  ㉠ 생태학은 유기체와 환경 간에 적응적 적합성과 유기체의 역동적 균형이 유지되는 방법을 연구하는 학문
  ㉡ 생태학이론은 환경과 상호작용하고 다른 사람과 관계를 맺는 인간의 능력은 타고난 것이라는데 기반을 둠

② 생태체계이론의 개념

적합성	인간의 적응요구와 환경자원이 부합되는 정도
적응	인간과 환경 사이의 활발한 상호교환을 포함하는 인간 – 환경이라는 하나의 단위 안에서 이루어지는 과정
스트레스	개인이 지각한 요구와 이러한 요구를 충족시킬 수 있는 자원을 활용할 수 있는 능력 사이의 불균형에서 발생
대처기술	스트레스를 경험할 때 자연적으로 발생하게 되는 것으로 이는 정서적 고통을 통제하기 위해서 개인이 수행하는 행동
유능성	사람들의 생활문제를 완화시키는 또 다른 적응전략

SEMI-NOTE

경계의 역할
• 경계는 체계와 체계 사이에 이루어지는 상호교류의 특징을 구분해 주기 때문에 체계의 독특성 혹은 정체성을 유지하는 기능을 함
• 경계를 통해서 에너지, 정보, 자원 등이 체계 내에서 밖으로 나가거나 혹은 외부로부터 안으로 들어오는데 이때 경계는 마치 삼투압과 같이 에너지, 정보, 자원의 흐름과 피드백을 조절하고 통제하는 역할을 수행

체계의 행동적 특성
• 투입 : 환경으로부터 에너지와 정보를 받아들이는 것
• 전환 : 투입을 산출로 변화시키기 위해 체계가 갖고 있는 구조적 배열
• 산출 : 투입된 자원을 전환과정을 통해 내놓은 결과물
• 피드백 : 체계의 작동을 점검하고, 적응적 행동이 필요한지를 판단하여 이를 수정 하는 능력

실력UP 브론펜브레너의 생태적 체계

미시체계	개인으로부터 가장 가까운 환경으로 개인에게 영향을 주고받음
중간체계	미시체계간의 연결망으로 미시체계 간 상호작용으로 구성
외부체계	개인이 직접적으로 참여하지 않지만 영향을 미치는 환경
거시체계	강력한 영향력을 미치는 환경
시간체계	개인 생애에 걸쳐 일어나는 변화

2. 관계론

(1) 개념과 목적

① 개념 : 사회복지사와 클라이언트 간에 특별히 자발적인 클라이언트를 돕는 과정을 촉진하는 일종의 매개물
② 목적 : 사회복지실천과정의 전 목표의 일부로서 심리사회적 욕구와 문제를 가진 클라이언트를 원조하는 것

(2) 7대 원칙(Biestek의 이론) ★ 빈출개념

개별화	개인으로 처우받고 싶은 욕구	• 클라이언트의 독특한 자질과 그가 놓여진 특수한 환경을 이해하는 것 • 보다 나은 적응을 할 수 있도록 각 개인을 도와줌에 있어서 상이한 원리나 방법을 활용하는 것
의도적 감정표현	감정을 표현하고 싶은 욕구	의도적 감정표현은 클라이언트의 감정, 특히 부정적 감정을 자유로이 표현하고자 하는 욕구에 대한 인식
통제된 정서적 관여	문제에 대한 공감을 얻고 싶은 욕구	• 민감성 : 사회복지사가 클라이언트의 감정을 관찰하고 경청하여 파악하는 것을 의미 • 이해 : 클라이언트의 문제에 대해 클라이언트 자신이 갖는 감정의 의미를 사회복지사가 이해하는 것 • 반응 : 사회복지실천 기능습득에서 가장 어려운 부분으로 클라이언트 문제와 관련된 감정을 파악하고 감정의 의미를 이해해야 하며 사회복지사가 감정에 대응하는 반응
수용	가치 있는 개인으로 인정받고 싶은 욕구	클라이언트의 현실을 있는 그대로 받아들이는 것으로 사회복지사의 기본적 태도로 가장 중요시되고 있으며, 수용의 목적은 치료적인 것
비심판적 태도	심판받지 않으려는 태도	케이스워크 기능이 문제 또는 욕구발생의 원인에 대해서 클라이언트가 유죄인가 무죄인가 또는 클라이언트에게 어느 정도 책임이 있는가 등을 말하는 것을 배제하는 것

관계의 본질

수용적, 정서적, 역동적, 목적적, 시간제한적, 권위적, 진실성과 일치성

자기결정의 원칙	자신이 선택과 결정을 내리고 싶은 욕구	사회복지실천에서 클라이언트가 자신의 선택과 결정을 할 수 있는 자유와 권리 그리고 욕구를 실제로 인식하는 것
비밀보장의 원칙	자신의 비밀을 간직하려는 욕구	모든 클라이언트의 기본적 권리에 기초하고, 사회복지사의 윤리적 의무이며, 사회복지서비스를 제공하기 위한 기본요건이며 절대적인 것은 아님

3. 면접 ★ 빈출개념

(1) 개념

① 사회복지실천에서 가장 중요한 수단이며 기법
② 사회복지사와 클라이언트 간의 관계형성은 이러한 면접과정을 통해서 구체화될 수 있으며, 라포 형성이 중요
③ 면접은 사회복지사와 클라이언트 사이의 일련의 의사소통으로 사회복지개입의 주요한 도구
④ 언어적·비언어적 의사소통의 다양한 방식 중 하나인 면접은 특별한 의사소통방식이라 할 수 있음
⑤ 면접은 전문적 관계에 바탕을 두고 정보수집, 과업수행, 클라이언트의 문제나 욕구해결 등과 같은 목적을 수행하는 시간제한적 대화

면접의 특성
- 맥락이나 장을 가짐
- 목적과 방향이 있음
- 계약에 의함
- 면접에서는 관련자들 간의 특정한 역할관계가 규정됨

(2) 종류

정보수집면접 (사회조사)	클라이언트와 그의 상황에 대한 필요한 정보를 수집하거나 사회조사를 하기 위한 것
사정면접	서비스를 위한 평가와 적격성의 결정을 하기 위한 것
치료면접	클라이언트를 변화시키는 것이 목적

면접의 방법
관찰, 경청, 질문, 반영, 명료화, 직면, 해석, 대화, 응답, 감정이입, 의사표현

04절 사회복지실천의 과정

1. 접수 및 관계형성

(1) 접수의 의의

① 접수란 문제를 가진 사람이 전문가의 도움을 받고자 사회복지기관에 찾아 왔을 때 사회복지사가 그의 문제와 욕구를 확인하여 그것이 기관의 정책과 서비스에 부합되는지의 여부를 판단하는 과정을 뜻함
② 접수는 원조과정의 가장 초기에 이루어지며 기관에 따라 접수만을 전문적으로 담당하는 사회복지사를 인테이크 사회복지사라 함
③ 접수과정은 클라이언트의 문제와 욕구를 분명하게 확인하는 것이며, 문제확인

접수과정에서의 사회복지사의 역할
- 클라이언트의 문제 확인
- 원조관계 형성
- 파악한 문제를 해결할 수 없는 경우 의뢰
- 클라이언트의 저항과 양가감정을 해소
- 클라이언트의 동기화
- 진행과정에 대해 기본적인 사항의 결정 등

후에 클라이언트와 사회복지사는 원조의 목적을 분명히 하고, 클라이언트 욕구가 기관의 자원과 정책에 부합되는지의 여부를 판단해야 함

(2) 접수단계의 과제

① **문제의 확인** : 클라이언트가 놓여 있는 체계에 대한 심층적인 분석이 아니라 명백하게 드러나는 문제를 확인하는 것. 이는 클라이언트의 실제 문제가 무엇인지를 정확하게 파악하고 기관에서 그에 관한 서비스를 제공할 수 있는지를 평가하여야 함
② **의뢰** : 클라이언트의 문제와 욕구를 확인해 본 결과 그 기관에서 문제를 해결할 수 없을 때 다른 적합한 기관으로 클라이언트를 보내는 것을 말함. 의뢰시에는 반드시 클라이언트의 동의가 필요함
③ **관계형성** : 기관을 찾는 클라이언트들이 일반적으로 보이는 두려움과 양가감정을 해소하기 위해 사회복지사와 상호 긍정적인 친화관계(라포)를 형성하는 것
④ **클라이언트의 동기화** : 관계형성이 어려운 클라이언트들에 대해 변화시키려는 노력이 필요

2. 자료수집 및 사정

(1) 자료수집

① **의의** : 정보를 수집하는 것이고, 사정은 자료를 해석하고 자료로부터 추론하는 지적인 활동으로, 사정에 필요한 자료의 수집, 클라이언트의 문제 이해, 클라이언트 주임 자료, 생활력이 매우 중요함
② **자료수집 출처**
 ㉠ 클라이언트의 이야기
 ㉡ 클라이언트가 작성한 양식
 ㉢ 부수 정보(클라이언트의 동의 필요)
 ㉣ 심리검사
 ㉤ 클라이언트의 비언어적 행동
 ㉥ 중요한 사람과의 상호작용 및 가정방문
 ㉦ 직접 상호작용하면서 느끼는 사회복지사의 감정

(2) 사정(assessment)

① **의의**
 ㉠ 사정이란 클라이언트의 관심과 상황을 이해하고 이것을 기반으로 활동계획을 개발하기 위한 활동
 ㉡ 클라이언트의 문제가 무엇인지, 어떤 원인으로 발생했는지, 그 문제를 해결하거나 감소시키기 위하여 무엇이 변화되어야 하는지에 대한 방법을 알아가는 과정
 ㉢ 문제의 성격이나 원인에 대한 종합적인 해석이나 그 문제해결을 위한 계획수립과정 및 워커의 전문적 의견 등을 말함

SEMI-NOTE

관계형성
- **감정이입** : 사회복지사가 클라이언트의 주관적 경험과 감정을 정확하게 인지하는 능력이고, 클라이언트가 이것의 의미를 잘 포착하는 것을 의미함
- **긍정적 고려** : 모든 클라이언트는 가치 있는 존재이며, 외모나 행동, 환경에 관계없이 존엄하게 대우받아야 한다는 믿음을 의미
- **개인적 온화함** : 클라이언트들이 편안하고, 수용되며 이해되고 있다는 것을 사회복지사가 느끼도록 해 주는 것
- **진실성** : 진실성이란 가식이 없고 방어적이지 않으며 일치성 있고 자발적인 것으로 이해하는 것이 바람직

사정의 특성
- 사정은 지속적인 과정임
- 사정은 이중 초점을 가짐
- 사정은 클라이언트와 사회복지사의 상호과정임
- 사정에는 사고 전개과정이 있음
- 수직적 · 수평적 탐색 모두가 중요함
- 클라이언트를 이해하는 데 지식적 근거가 필요함
- 사정을 생활 상황 가운데서 욕구를 발견하고, 문제를 정의하며 그 의미와 유형을 설명함
- 사정은 개별적임
- 사정은 판단이 중요함
- 클라이언트를 완전히 이해한다는 것은 불가능함

② 사정의 내용
  ㉠ 욕구와 문제의 발견
  ㉡ 정보의 발견
  ㉢ 문제의 형성
③ 사정도구 ★ 빈출개념
  ㉠ **가계도** : 2~3세대에 걸친 가족관계를 도표로 제시함으로써 현재 제시된 문제의 근원을 찾는 것으로 항상 사회복지사와 클라이언트가 함께 작성하는 것
  ㉡ **생태도** : 클라이언트의 상황에서 의미있는 관계와 체계들을 그림으로 나타내어 특정문제와 이에 대한 개입을 계획하는 데 중요한 도구로 가계도와 마찬가지로 사회복지사와 클라이언트가 함께 그리는 것
  ㉢ **생활력 도표** : 여러 시기에 가족이 경험한 것을 조사하여 그 자료를 조직화한 것으로서, 도표를 보면서 현재 문제나 기능수행의 어려움이 특정시기의 경험과 어떤 관계가 있는지 이해할 수 있음
  ㉣ **소시오그램** : 모레노가 중심이 되어 발전시킨 인간관계의 측정방법으로 집단 내에 있어서 구성원 간의 견인과 반발의 형태를 분석하고 그 강도와 빈도를 측정함으로써 집단 내에 있어서 클라이언트의 관계위치, 그리고 집단 그 자체의 구조 또는 상태를 발견하여 기술하고 평가하는 방법

3. 계획수립 및 계약

(1) 계획수립
① 목표는 반드시 클라이언트가 바라는 바와 연결되어야 함
② 목표는 달성 가능해야 함
③ 목표는 사회복지사의 지식과 기술에 상응하는 것이어야 함
④ 목표는 반드시 기관의 기능과 일치해야 함
⑤ 목표는 성장을 강조하는 긍정적 형태이어야 함
⑥ 목표는 사회복지사의 중요한 권리나 가치에 맞지 않는다면 동의하지 않아도 됨

(2) 목표설정의 지침
① 클라이언트가 기대하는 결과와 관련이 있어야 함
② 목표는 작더라도 성취 가능한 것이 유용
③ 목표가 기관의 기능에 맞지 않을 경우에는 다른 기관으로 의뢰해야 함. 이 경우 반드시 클라이언트의 동의를 얻어야 함
④ 목표는 구체적이며 측정 가능하도록 설정
⑤ 사회복지사의 능력 밖의 목표라면 자격이 있는 다른 전문가에게 의뢰해야 함
⑥ 긍정적인 표현양식을 갖춤
⑦ 사회복지사는 목표가 자신의 가치나 권리에 맞지 않는다면 동의하지 말아야 함

(3) 계약
① 의의

에간(Egan)의 목표 설정(SMART)
- Specific
- Measurable
- Attainable
- Realistic
- Time-bounded

계약의 형식
- 서면계약 : 가장 공식적인 형태로 목표, 누가, 무엇을, 언제 할 것인지를 명시
- 구두계약 : 서면계약과 근본적으로 유사하나 구두로 계약한다는 차이가 있음
- 암묵적 계약 : 암묵적으로 합의하는 것을 말함

⊙ 계약이란 목표설정이 끝나면 문제의 정의, 목표, 개입기법, 평가방법 등에 대해 사회복지사와 클라이언트가 동의를 하는 것
ⓒ 계약에서 사회복지사의 역할과 클라이언트의 역할은 중요하므로 명확히 밝혀야 함
ⓒ 계약에는 목표를 성취하기 위한 기법들과 개입을 상세히 기록하여야 함
ⓔ 계약에서 원조과정의 기간 그리고 세션의 길이와 빈도 등도 포함시켜야 함

② 계약단계의 필요기술
　⊙ 구체적인 목표 정하기
　ⓒ 평가계획 세우기
　ⓒ 효과적인 접근방법 개발하기
　ⓔ 단계적 행동방법 구상하기

4. 개입단계

(1) 직접적 개입방법

문제해결능력을 향상시키는 방법	행동변화를 위한 방법	자아인식 및 자긍심 향상을 위한 기법	대인관계 향상을 위한 방법
• 정보제공 • 조언 • 격려 • 재보증 • 보편화	• 강화와 처벌 • 행동연쇄 • 용암법 • 모델링 • 타임아웃 • 행동시현 • 행동계약 • 과제부여	• 자기대화 • 도전 • 자아존중감 향상 • 환기법	• 역할전환 • 빈 의자기법 • 가족조각 • 재구조화

이완훈련
클라이언트들이 중요한 근육 부위를 집중적으로 이완시킬 수 있도록 사회복지사가 원조하는 것

(2) 간접적 개입방법

프로그램 평가	프로그램은 원하는 개인적·사회적 변화를 달성하기 위한 계획된 활동절차이므로 프로그램 활용시 그 목적과 목표들을 성취하고 있는지의 여부와 어떻게 성취하고 있는지를 판단하기 위하여 시험하는 것
교육과 훈련	사회복지사는 교육과 훈련을 통해서 클라이언트에게 정보, 지식, 기술의 습득을 지도하고 원조함
계급옹호	클라이언트 옹호와는 대조되는 것으로 전체집단이나 계층의 사람을 대신하는 행동을 의미
사회행동	사회복지사가 사회복지의 목적 달성을 위하여 행하는 합법적이고 조직적인 여론 환기와 정치적 활동으로서 입법조치 및 사회운동의 과정을 의미

5. 종결 및 평가

(1) 종결

> SEMI-NOTE

종결시의 과업
- 종결시기 결정하기
- 분리과정 동안 경험하는 정서적 반응 해결하기
- 제공된 서비스와 목표달성 정도 평가하기
- 획득된 성과를 유지하고 계속 발전하도록 계획하기

사후관리
클라이언트가 획득한 성과를 유지하고 계속 발전하도록 관심을 갖고 확인하는 과정

사례관리의 등장배경
- 탈시설화
- 서비스 전달의 지방분권화
- 복잡하고 다양한 욕구를 지닌 클라이언트의 증가
- 클라이언트와 그 가족에게 부과되는 과도한 책임
- 비용 효과성에 대한 인식의 증가(서비스 비용 억제)
- 서비스의 단편성
- 사회적 지원과 사회적 지원망의 중요성에 대한 인식의 증가
- 클라이언트에게 통합적·체계적인 서비스를 제공하고자 하는 필요성
- 지역사회중심의 재가복지서비스 활성화의 영향 등

① 종결의 의의
  ㉠ 종결은 클라이언트의 전문적 관계가 종료되는 원조과정의 마지막 단계
  ㉡ 종결단계는 클라이언트가 개입단계에서 성취한 바를 유지하고 지속적으로 성장하는 데 큰 영향을 미침
② 종결의 유형
  ㉠ 시간제한적 종결 : 대부분의 사회복지실천기관이 한 사례에 대한 개입에 일정한 시간제한을 두고 있는 것
  ㉡ 목적달성으로 인한 종결 : 정해진 기간 내에 개입의 목표가 달성되었으므로 만족스러운 종결 유형
  ㉢ 시기상조의 일방적 종결 : 목적달성에 이르지 못한 채 시간이 다 되기 전에 종결하는 것

(2) 평가

① 결과평가
  ㉠ 사전·사후 비교평가 : 개입하기 전에 문제나 표적행동에 대한 기초선을 측정하고 개입 후에 다시 반복 측정하여 비교한 후 그 결과를 개입의 효과로 측정하는 것
  ㉡ 통제집단 전후비교 : 통제집단 전후비교는 실험집단과 통제집단의 차이를 전후 비교하여 그 차이를 변화로 측정하는 것
② 과정평가 : 과정평가란 원조과정에 대한 클라이언트의 인식을 의미. 즉, 원조과정이 클라이언트에게 유용하였는지 또는 손해를 보게 했는지에 대한 클라이언트의 평가
③ 사회복지사 평가 : 사회복지사에 대한 평가는 긍정적이거나 부정적인 원조과정에 영향을 받는 클라이언트 태도, 행동, 특질에 대한 피드백에서 보여 주는 평가

05절 사례관리

1. 사례관리의 일반

(1) 사례관리의 의의

① 클라이언트를 위한 모든 원조활동을 조정하는 절차를 의미. 그러므로 사례관리는 직접적 서비스의 제공보다는 서비스의 조정과 연계에 초점을 둠
② 복잡하고 다양한 클라이언트를 대상으로 함
③ 만성 질환자, 노인, 장애인 등을 주요대상으로 함
④ 서비스를 효율적인 방법으로 전달함으로써 서비스의 질을 높여 줌

(2) 사례관리의 목적

① 비용의 효과성 증대

② 지속적인 서비스 제공
③ 접근성과 책임성 증대
④ 클라이언트의 사회적 기능 향상
⑤ 일차집단의 보호능력 및 사회적 기능 향상

(3) 사례관리의 특성

① 다양하고 복합적인 욕구를 가진 클라이언트를 대상으로 함
② 보호의 연속성과 책임성을 보장함
③ 클라이언트에 대한 적극적인 접근을 주로 강조함
④ 다양한 사회복지실천기술을 통합한 접근방법
⑤ 사례관리자는 클라이언트의 욕구에 따라 다양한 역할을 할 수 있음
⑥ 사례관리는 지속적 · 통합적으로 개입해야 함
⑦ 사례관리자는 치료자, 중개자, 연결자, 조정자, 옹호자, 협상 제공자 등 다양한 역할을 할 수 있음
⑧ 재가중심보호, 정신보건, 직업재활, 노인복지서비스, 발달장애서비스 등에 대한 사례관리는 유용

2. 사례관리의 개입원칙과 과정

(1) 개입원칙

① 서비스의 특별화
② 서비스 제공의 포괄성
③ 클라이언트의 자율성 극대화
④ 서비스의 지속성
⑤ 서비스의 연계성

(2) 과정

① **기관에의 접근** : 클라이언트가 기관에 의뢰되었을 때 이야기를 들어 주고 가능한 빨리 약속하여 지체없이 기관을 잘 활용할 수 있도록 도와주어야 함
② **초기접수** : 초기접수단계는 클라이언트의 문제와 욕구를 잘 파악하고 기관의 서비스와 경제적 지원을 받을 자격이 되는지를 결정하는 단계
③ **사정** : 이 단계에서는 클라이언트의 문제를 좀더 구체적으로 파악하고 필요하다면 부수적인 정보도 추가로 수집함
④ **목표설정** : 목표설정은 사정에 기초하여 종합적인 서비스를 계획하여 이루어지게 함
⑤ **목록화하기** : 이 단계는 특정한 목표를 달성하기 위한 개입 서비스를 계획하고 이 계획을 실행하기 위해 필요한 자원을 찾는 것
⑥ **연결** : 이 단계는 개인을 모든 서비스체계와 연결하는 과정으로 클라이언트를 필요한 서비스에 의뢰하거나 공식적 · 비공식적 자원들을 연결 · 조정하여 계속적으로 이용할 수 있도록 함

SEMI-NOTE

사례관리자의 역할(Moxley)
- 직접적 개입 : 이행자, 상담자, 교육자, 안내자, 협조자, 진행자, 정보제공자, 지원자
- 간접적 개입 : 중개자, 연결자, 조정자, 옹호자, 협동가, 협의자

⑦ **점검과 재사정** : 이 단계는 실시하고 있는 서비스나 조정이 클라이언트가 지역사회에서 잘 적응하도록 유지하고 있는지를 점검하고 욕구를 재사정하는 단계

⑧ **결과평가** : 결과평가는 목표가 얼마나 달성되었는지를 결정하는 것에 초점을 둠

04장 사회복지실천기술론

01절 사회복지실천 모델

02절 집단사회복지실천과 사회복지실천 기록·평가

사회복지실천기술론

01절 사회복지실천 모델

1. 진단주의와 기능주의

(1) 진단주의

① 의의 및 배경
  ㉠ 클라이언트의 자아의 힘이 워커의 도움으로 강화될 수 있다는 것
  ㉡ 프로이트의 정신분석이론과 퍼스낼리티이론을 받아들여 원조과정에서 클라이언트의 유아기 체험 및 퍼스낼리티 등을 중시하여 진단과 치료를 하는 케이스워크 방식

② 주요특징
  ㉠ 인간은 생리적·심리적·사회경제적 상황에 따라 포괄적·전체적 시간이 필요하므로 클라이언트에게는 심리적·사회적 상황이 중요함
  ㉡ 클라이언트는 워커의 원조로 자아(ego)의 힘 강화와 환경 수정이 될 수 있음
  ㉢ 클라이언트의 성격구조를 파악하여, 생활사를 분석·해석하고 자아강화와 사회환경에 적응력을 강화함

(2) 기능주의

① 의의 및 배경
  ㉠ O. Rank는 1930년대에 프로이트의 인간관을 비판하였고, 인간을 기계론적·결정론적 관점에서 벗어나 창의적·의지적 존재인 낙관적 관점으로 보고 있음
  ㉡ 본래 개인의 내외적 경험을 스스로 발달시킬 수 있는 힘이 있어 의지와 자아의 힘에 의해서 자기문제를 해결할 수 있다고 보는 것
  ㉢ 기능주의는 개인을 미래의 성장가능성으로 보고 그 가능성을 현재의 경험에서 찾음. 변화의 주체가 클라이언트 자신이라는 점에서 진단주의와 구별되지만, 이 시기에도 개별지도방법 위주의 전문화는 진단주의가 중심이 됨

② 주요특징
  ㉠ 개인은 타인과 구별하려는 대항의지가 있음
  ㉡ 치료의 원천으로 과거의 경험이 아니라 현재의 경험을 강조함
  ㉢ 개인 자신의 창조적인 잠재능력을 개발시키기 위해 치료단계에서 최후의 분리단계를 중요시 함
  ㉣ 개인의 퍼스낼리티 속에 조직하는 힘으로서의 의지를 동원함으로써, 클라이언트의 참여를 통해서 진단주의 핵심이었던 치료의 개념보다는 원조과정을 더욱 중요시 함

2. 심리사회모델 일반

SEMI-NOTE

진단주의의 특징
- 워커는 클라이언트에 대하여 환경을 수정하고 자아를 강화시키며 진단과 치료에 있어서 과거 중심의 변화 주체자가 됨
- 진단주의는 변화의 주체자가 워커이므로 질병심리학으로 비유되고 있음

기능주의의 특징
- 워커는 치료의 주체자가 아니면서 태어날 때 지닌 권리를 신장시켜 주고, 변화의 주체적인 클라이언트에게 서비스를 원조해 줌. 또한 시간단계 과정과 구조적 요소의 사용을 중요시 함
- 기능주의는 변화의 주체자가 클라이언트 자신이기 때문에 성장심리학으로 비유됨

펄만의 문제해결모델
- 펄만이 창안한 것으로 진단주의와 기능주의의 절충주의 대표작
- 클라이언트의 자아가 중요하다고 강조
- 4P이론의 요소 : 사람(Person), 문제(Problem), 장소(Place), 과정(Process)
- 개별사회사업의 목적은 치료가 아니고 현재의 문제에 대처하는 개인의 능력을 향상시키는 것
- 자아개념을 중시하면서 클라이언트 자신이 문제해결자임을 강조

(1) 의의

① 심리사회모델은 클라이언트와 사회복지사와의 관계를 중시하며 관계를 형성하기 위해 클라이언트를 수용하고 개별화함
② 클라이언트가 있는 곳에서 출발하며, 클라이언트의 과거 경험이 현재의 심리 내적 혹은 사회기능에 어떤 영향을 미치는지에 중점을 둠
③ 클라이언트와 사회복지사의 치료적 관계를 중시하며, 인간의 사고가 정서와 행동을 결정하는 주요소라고 보며, 정신분석이론의 영향을 받았지만 자아를 강조하며, 수용과 자기결정을 기본가치로 봄
④ 심리사회적 모델은 리치몬드로부터 기원이 되나, 1960년대 홀리스에 의해서 사회복지실천이론과 접근방법으로 구체화됨

(2) 심리사회모델의 특징

① 인간과 환경의 상호작용에 대한 이해와 강조
② 자율성과 독립성을 가진 자아로 간주
③ 과거의 경험이나 무의식 등에 의한 결정론적 시각 배제
④ 인간과 환경에 대한 체계론적 시각
⑤ 심리사회모델은 클라이언트에 대한 수용과 자기결정권의 가치를 존중
⑥ 인간의 문제를 심리적(정서적)·사회적인 문제로 이해하면서 '상황 속의 인간'을 강조
⑦ 클라이언트가 있는 곳에서 출발하는 것을 강조

(3) 심리사회모델의 개입기법

직접 개입 방법	지지하기	클라이언트의 감정과 행동지지
	직접 영향주기	문제를 해결하기 위해 직접 영향을 주기
	탐색 – 기술 – 환기	클라이언트의 감정을 탐색하고 기술하고 환기시키기
	개인 – 환경 간의 관계에 관한 반성적 고찰	클라이언트를 상황 속의 인간이라는 관점에서 고려하기
	유형 – 역동성 고찰	클라이언트의 성격과 행동, 심리내적 역동에 대해 고찰하기
	발달적 성찰	클라이언트의 사회적 기능 수행에 영향을 주는 과거와 현재의 경험을 고찰하기
	간접적 개입	클라이언트를 둘러싼 인적·물적 환경에 관계된 문제를 해결

3. 인지행동모델

(1) 인지행동이론의 의의

① 문제의 원인이 되는 잘못된 가정과 사고 유형을 확인·점검·재평가하여 수정하도록 격려하고 원조함

SEMI-NOTE

심리사회모델의 이론적 배경
문제의 원인을 과거 경험의 무의식에서 찾고 그러한 무의식을 분석해서 현실적으로 적용할 수 있도록 돕는 정신분석이론의 영향을 받음

상황 속의 인간

고든 해밀턴(Gordon Hamilton)은 '상황 속의 인간'의 시각을 강조함. 이는 인간 혹은 인간의 문제를 이해하기 위해서는 인간의 심리 내적인 특성만을 고려할 것이 아니라, 환경 혹은 상황까지 모두 고려해야 한다는 것. 특히 인간과 환경 혹은 인간을 둘러싼 상황이 서로 상호작용하는 과정이나 결과를 간과해서는 안 된다고 함

인지행동모델의 등장배경

- 인지행동모델이란 하나의 실천모델이 아니라 여러 모델을 총칭하는 용어
- 1960년대에 여러 가지 인지행동모델들이 등장하였으며 어떤 학자는 정신분석 배경을 가지기도 하고, 다른 학자들은 행동주의 배경을 가지기도 함
- 인지행동모델은 다양하지만 기본적인 가정은 공유함. 즉, 인지활동은 행동에 영향을 미치며, 점검되고 변경될 수도 있음. 또한 바람직한 행동변화는 인지변화를 통해서 영향을 받음
- 인지행동주의 모델은 문제에 초점을 둔 시간제한적 접근으로서 클라이언트가 자신의 사고와 행동을 통제하기 위한 대체기제를 학습하는 교육적 접근을 강조

② 비합리적 신념이나 인지적 왜곡 등이 심리적 혼란이나 장애의 원인이 된다고 봄
③ 클라이언트가 세상을 보는 방식을 이해하면서 좀더 현실적이고 적응적인 삶의 방식을 찾을 수 있게 함
④ 자기 패배적인 인식을 자각하고 버리게 하는 것이 중요

(2) 인지행동모델의 특징

① 주관적 경험의 독특성을 중시하고 협조적인 노력을 강조
② 구조화, 방향적 접근, 교육적 접근, 문답식 방법, 능동적 참여 등
③ 시간제한적인 개입, 문제 재발의 방지, 문제중심, 목표지향적, 현재중심, 다양한 개입방법 등
④ 인간에 대해 낙관론적인 관점을 가짐. 인간은 개인적·환경적·인지적 영향력 사이에서 끊임없이 상호작용하면서 행동하는 존재로, 환경조건은 개인의 행동을 만들고 개인의 조건은 다시 환경을 형성한다는 상호결정론적 입장을 취함

(3) 행동주의 이론에서의 주요개념

강화와 벌	• 강화에는 즐거운 결과를 의미하는 정적 강화와 혐오적인 결과를 제거하는 부적 강화가 있음 • 벌에도 강화와 같이 긍정적 벌과 부정적 벌로 구분할 수 있음 • 어떤 것이 강화이고 벌이 되는지는 행동의 증가나 감소가 일어나는지를 관찰해야만 가능
소거	• 행동의 빈도를 줄이는 또다른 방법으로 소거가 있음 • 소거란 어떤 자극이 있은 후에도 특정행동이 일어나지 않는 것을 의미 • 조작적 소거는 강화를 통하여 유지되는 행동과 함께 일어날 수 있음
강화스케줄	• 행동 증가를 목적으로 사용하는 강화물을 제시하는 빈도를 강화스케줄이라고 함 • 연속적인 강화는 빨리 학습을 시키는 효과가 있어 프로그램의 초기단계에 적용하기 좋으나 이는 비교적 쉽게 소거되므로 간헐적 강화로 대치하여야 함

(4) 인지이론에서의 주요개념

엘리스(Ellis)의 합리정서적 모델	벡(Beck)의 인지치료모델
• 부적절한 정서적·행동적 결과 탐색 • 개입목표 설정 • 선행사건의 탐색과 명료화 • 정서적·행동적 결과와 사건 간의 관계 교육 • 생각의 탐색과 과정적 목표설정 • 생각의 심층적 탐구와 기법 • 논박의 수행 • 종결하기	• 자동적 사고 : 한 개인이 어떤 상황에 대해 내리는 즉각적이고 자발적인 평가를 말함 • 스키마 : 기본적인 신념과 가정을 포함하여 사건에 대한 한 개인의 지각과 반응을 형성하는 인지구조로 대개 이전의 경험에 의해 형성됨 • 추론과정에서의 체계적 오류 : 임의적 추론, 선택적 추상화, 과도한 일반화와 같은 잘못된 정보과정이 우울증 환자의 대표적인 과정이라고 함

SEMI-NOTE

강화스케줄
• 연속적 강화 : 행동이 일어날 때마다 강화물을 제시하는 것이며, 고정간격 강화는 정해진 시간간격으로 강화하는 것
• 간헐적 강화 : 예측할 수 없는 시간간격으로 강화하는 것이며, 고정비율강화는 특정한 수의 반응이 일어날 때만 강화하는 것이고, 가변비율강화는 평균적으로 정해진 어떤 수의 반응이 일어난 후 강화를 하는 것

인지적 왜곡의 유형
• 임의적 추론
• 선택적 축약
• 과도한 일반화
• 극대화와 극소화
• 개인화
• 이분법적 사고

실력UP **엘리스의 A-B-C-D-E모형의 의미**

- A : 선행사건으로 인간의 정서를 유발하는 어떤 사건이나 현상 또는 행위를 말함
- B : 신념체계로 A에 대해 개인이 갖는 신념체계로 C를 유발하는 주요 원인
- C : 결과로 선행사건을 접했을 때 다분히 비합리적인 태도·사고방식으로 그 사건을 해석하면서 느끼는 정서적인 결과
- D : 논박으로 자신의 비합리적인 사고에 대해 도전해 보고 과연 그 사고가 합리적인지 다시 생각하게 하는 치료자의 논박과정
- E : 합리적인 신념을 갖게 된 다음 느끼는 수용적인 태도와 긍정적인 감정의 결과

4. 과제중심모델

(1) 등장배경

① 과제중심모델은 1960년대 중반에 시도된 개별사회사업모델로부터 전개되었으며, 1970년 초 리드(Reid)와 엡스타인(Epstein)에 의해 고안된 사회사업실천모델

② 이 모델은 단기치료형태의 일종이며, 대인관계와 사회적 관계의 어려움, 역할수행, 정신적 고통 등의 생활상의 문제들을 원조하기 위하여 개발됨

③ 과제중심모델은 단기치료에서 사용되는 많은 방법, 즉 시간제한, 제한된 목표, 초점화된 면접과 현재에의 집중, 활동과 지시, 신속한 초기 사정 및 치료의 융통성 등을 이용함

④ 과제중심모델은 이전의 장기치료와는 달리 실천가나 다른 전문가의 진단에 의해서가 아닌 클라이언트가 표현하고 도움을 요청한 욕구를 무엇보다 우선시하며 치료과정을 통해 이를 조율해 나가는 방식을 취함(전통적인 사회복지의 장기개입의 효과성에 대한 비판)

(2) 과제중심모델의 특징

① 단기 개입
② 구조화된 접근
③ 클라이언트의 자기결정권 강조
④ 클라이언트의 환경에 대한 개입 강조
⑤ 책임 있는 개입 강조 등
⑥ 클라이언트가 표현하고 도움을 요청한 욕구를 가장 우선
⑦ 클라이언트는 과제를 설정하고 실행·평가하는 문제해결작업에서 주체자의 역할을 함
⑧ 각 단계마다 사회복지사와 클라이언트의 역할을 구체적으로 명시

(3) 과제중심모델의 과제

① 표적문제를 감소시키기 위한 활동
② 사회복지사가 일방적으로 부여하는 숙제와는 다름

이론적 배경

- 과제중심모델은 1960년대에 실용성, 간략화, 유용성이 기본원리로 강조되고 있는 단기치료의 영향을 받아 생성된 모델
- 이 모델의 경험적 기초는 대부분 장기와 단기의 개별사회사업과 카운셀링, 정신치료의 성과에 대한 연구결과를 토대로 함

SEMI-NOTE

③ 클라이언트와 사회복지사가 동의하여 계획한 특정유형의 문제해결 활동을 함
④ 사회복지사도 과제를 수행함

(4) 과제의 기본적 유형

일반적 과제	• 행동의 방향을 제시하지만, 무엇을 해야 하는가에 대해 정확하게 언급하지는 않음 • 항상 클라이언트의 목표를 내포하며 보통 클라이언트의 과제와 목표는 같게 됨. 이 둘은 같은 현상, 두 가지 측면으로 언급됨
조작적 과제	조작적 과제는 클라이언트가 수행해야 하는 구체적인 활동으로 명확한 활동에 대한 정보를 포함한 상위과제에 도달하기 위한 구체적인 하위과제. 대개 조작적 과제는 일반적 과제에서 나옴

5. 위기개입모델

(1) 위기개입모델의 의의

① 위기상황에 즉각적으로 개입하기 위하여 단기원조를 제공하기 위한 모델
② 자연재해나 갑작스런 생활상의 사건으로 인해 격심한 고통의 감정을 일시적으로 경험하고 이로 인해 압도당하거나 발달과정에서 유발되는 스트레스로 인해 일상생활 수행에 어려움이 발생하는 경우, 이에 대처할 능력과 자원이 부족하여 문제가 생기는 사람들에 대한 관심으로부터 나온 것
③ 위기의 개념은 주로 재난이나 극단의 상태에 있는 집단이나 지역사회에 대한 연구로 발달되어 사회학자의 심리사회학적인 관점에서 이루어짐
④ 위기개입의 초기 모델에서는 위기에 처한 개인 및 가족을 중심으로 하는 임상접근법을 강조함. 그 후 생태학적 측면의 환경중심접근이 강조되는 등 통합적 측면이 더욱 강조됨

(2) 주요개념

① 위기의 정의 : 개인이 어떤 문제를 평상시의 해결방법으로는 해결하지 못하는 심각한 정서적 혼란을 경험하는 상태를 의미하며, 위험한 순간이면서도 전환점이 되는 시기라고도 함. 위기에는 위험과 기회가 공존하며, 위기상황을 주관적으로 어떻게 인식하는가에 따라 정서적 반응이 달라지게 됨
② 위기의 유형
  ㉠ 상황적 위기 : 위기상태를 촉발하는 사건을 중심으로 심각한 질병, 사랑하는 사람과의 사별, 자연재해, 폭력범죄 등과 같이 갑작스럽게 발생하는 외부사건에 의한 위기
  ㉡ 발달적 위기 : 발달단계의 성숙과정에서 발생하는 생활사건이나 발달단계마다 요구되는 발달과업에 의한 새로운 대처차원이 필요한 성숙위기 등
  ㉢ 실존적 위기 : 책임, 독립성, 자유, 헌신 등 인간에게 중요한 이슈를 동반하는 내적 갈등이나 불안과 관련된 위기
③ 위기상태 : 위기상태는 일반적으로 혼돈, 걱정, 절망, 분노와 같은 감정을 동반

과제의 구분
• 공유과제 : 두 명 이상이 함께 수행하는 과제를 말함
• 개인과제 : 한 사람이 수행하는 과제를 말함
• 단일과제 : 여러 단계로 나누어진 하나의 활동을 말함
• 일반적 과제 : 목적 달성과 관련된 상위의 과제
• 인지적 과제 : 정신적 활동을 검토하고 명확하게 하는 것을 말함
• 조작적 과제 : 클라이언트가 수행해야 하는 구체적인 활동

위기의 구성요소
• 위험한 사건
• 취약한 상태
• 위기를 촉진시키는 인자
• 실제적인 위기상태
• 재통합

하는 격심한 정서적 혼란상태를 말하며, 위기에 처한 개인은 심리적 위약성의 약화, 방어기제의 위축, 문제해결 및 대처능력의 심각한 와해를 경험함
④ 위기개입 : 개인이나 가족이 현재의 균형상태를 유지할 수 없는 위기상황에 직면했을 때 나타나는 특유한 반응과 그 위기상황을 극복해 나가는 과정에서 보이는 법칙들을 확인하고 이것에 입각해서 원조하는 활동

(3) 위기개입의 목적과 개입원칙

① 위기개입의 제1목표는 클라이언트가 최소한의 위기 이전의 기능수준으로 회복하도록 돕는 것
② 위기개입은 상대적으로 단기적인 접근임
③ 구체적이고 관찰이 가능한 문제들이 위기개입의 표적
④ 위기개입을 할 때에는 가장 적절한 치료전략을 수립해야 하며 단순히 차선책으로 접근해서는 안 됨
⑤ 불균형 상태에 기여하는 촉진적 요인을 이해하여야 하며, 클라이언트와 그의 가족 및 지역사회의 자원을 통하여 가능한 치료방법을 모색해야 함
⑥ 위기개입 사회복지사는 다른 어떤 실천접근에서보다 그 개입에 있어 보다 적극적이고 직접적인 역할을 수행해야 함

6. 역량강화모델(권한부여모델, 임파워먼트 모델)

(1) 역량강화모델의 의의

① 클라이언트와 사회복지사는 동반자로서 함께하는 협력적인 관계로, 클라이언트는 잠재력을 가진 인간이며, 문제해결을 위한 자원으로 인식됨
② 임파워먼트(empowerment)는 클라이언트 개인과 조직, 지역사회차원에서 힘과 자원을 획득하여 환경에 대한 통제성을 확보하고 역량을 강화시켜 나가는 과정으로서, 19세기 후반 인보관운동이 그 기원이 됨
③ 클라이언트를 문제중심이 아닌 강점관점으로 봄으로써 클라이언트의 잠재역량 및 자원을 인정하고 클라이언트와 사회복지사는 협력적인 관계로 문제해결과정에 함께 참여함

(2) 역량강화모델의 다양한 관점

① **생태체계관점** : 인간과 물리적·사회적 환경 사이의 상호교환을 개념적 기반으로 하는 많은 이론들의 공통된 관점. 생태체계관점은 인간과 환경이 어떻게 서로 영향을 주고 받는지를 보는 준거틀을 제공해 줌
② **강점관점** : 모든 인간은 성장하고 변화할 능력을 이미 내부에 가지고 있고, 문제가 생겼을 때 문제를 해결할 능력과 힘을 갖고 있음. 모든 사람은 내부에 선천적인 힘이 있으며, 이러한 타고난 힘을 원조할 때 긍정적인 성장이 촉진됨

(3) 역량강화모델의 주요개념

SEMI-NOTE

위기개입 단계(Aguilera&Messick)
사정 → 계획 → 개입 → 위기대비 계획

위기개입 단계(Golan)
초기단계 → 중기단계 → 종결단계

역량강화의 의의
- 타인에 대한 통제, 권위, 영향력을 소유하는 것이며, 개인 자신의 삶을 통제하는 데 도움이 되는 원조를 제공하는 것
- 요구하는 행동을 잘할 수 있다는 믿음이나 판단, 즉 자기효능감을 형성해주고, 자신의 능력에 대한 신념을 촉진시키는 경험과 기회를 제공해주는 과정
- 요보호 계층, 권리나 혜택을 상실해 무능력을 경험하는 사람들을 대상으로 하여 개인과 집단, 지역사회의 수준에서 클라이언트로 하여금 자신과 상황에 대한 내·외적인 통제력을 획득하도록 돕는 것을 말함

SEMI-NOTE

병리적 관점
- 변화를 위해 중요한 것은 전문가의 지식과 기술임
- 클라이언트의 문제에 초점을 두고 개입함
- 병리관점에서는 사회복지사는 클라이언트의 진술에 회의적이며 전문가에 따라 재해석됨
- 과거의 상처와 외상은 현재 문제의 원인적 요소임
- 개인이 가진 병리와 문제 때문에 발전이 제한됨

역량강화	개인적 차원	개인의 역량, 지배감, 변화능력을 포함. 인성, 인지, 동기에서 자신의 삶에 대한 통제감이며, 자기 가치에 대해 외부세계와 차별화할 수 있는 수준, 영적인 것을 추구하게 하는 수준까지도 나타남
	대인관계차원	다른 사람에 관한 영향력으로 상호교환하는 평형관계를 형성하는 것을 말함
	구조적 차원	사회구조와의 관계를 의미하는데 정치적·사회적 상황 같은 사회구조를 바꿈으로써 사회적 수준에서의 자원의 창출은 그 사회의 모든 개인에게 힘을 부여함
협력과 파트너십		• 전문적 관계에 대한 시각(협력과 파트너십) • 클라이언트에 대한 시각(소비자) • 역량

(4) 개입과정

① **대화과정** : 사회복지사와 클라이언트체계 간에 상호 신뢰하는 협력적 관계를 확립하고 유지시킴
② **발견과정** : 사회복지사와 클라이언트는 해결에 필요한 자원 탐색방법을 추구함
③ **발전과정** : 사회복지사와 클라이언트는 기존의 자원을 활성화하고 클라이언트가 목적에 도달하기 위한 새로운 대안을 개발함. 발달단계는 자원을 조직·확대하고, 목적을 달성하기 위해 일하며, 공식적인 개입과정을 결정함

7. 클라이언트 중심모델

(1) 주요개념

자아개념	자아구조를 의미하는 것으로 각성될 수 있는 자아지각들의 조직된 틀
실현경향성	유기체 자신이 갖고 있는 고유한 기능성들을 건설적인 방향으로 성취하고자 하는 경향성을 의미
자아실현	평생을 지속하는 과정으로서 한 인간이 자신을 완성하는 과정이며 그 개인의 독특한 특성과 잠재력을 발달시켜가는 과정
긍정적 관심	긍정적 관심의 욕구는 타고난 것이며 따라서 몇몇 타인들은 상당히 중요한 위치를 차지하게 됨
조건적 가치	중요한 타인들의 긍정적인 관심이 조건적으로 주어짐에 따라 인간이 어떤 측면에서는 자신이 존중되고 있지만 다른 면에서는 그렇지 않다고 느낄 때 일어나게 됨

주요개념의 특징

자아개념	후천적, 건강한 사람에게 있어서 일관된 행동양식을 나타냄
실현경향성	인간에게 생득적이며 행동의 최상 동기자, 긴장을 감소 또는 증가시킴
자아실현	경험이나 학습에 의하여 도움을 받을 수도 있고, 방해받을 수도 있음
긍정적 관심	점차 자기 자신보다는 타인의 평가에 더 맞추어 행동하게 됨

(2) 클라이언트 중심모델의 실천

① 개인의 독립과 통합을 목적으로 함
② 인간의 문제보다는 인간의 성장 자체에 초점을 둠
③ 클라이언트가 현재 직면하고 있는 문제들과 앞으로의 문제들을 극복할 수 있도록 성장과정을 도와줌
④ 로저스는 이상적인 삶을 사는 사람을 충분히 기능하는 사람이라고 기술하고 있

으며, 개입을 통한 목표는 이를 추구하는 것

(3) 개입기법

진실성	사회복지사가 클라이언트와의 치료관계에서 순간 경험하는 자신의 감정이나 태도를 있는 그대로 솔직하게 인정하고 경우에 따라서는 솔직하게 표현하는 태도를 보임
무조건적인 긍정적 관심	사회복지사가 클라이언트를 평가·판단하지 않고 클라이언트가 나타내는 어떤 감정이나 그 밖의 행동특성들도 그대로 수용하며 그를 소중히 여기고 존중하는 태도를 의미
공감적 이해	사회복지사와 클라이언트가 상호작용하는 동안에 발생하는 클라이언트의 경험들과 감정들, 그리고 그러한 경험과 감정들이 치료과정 순간순간에 클라이언트에게 갖는 의미를 민감하고 정확하게 이해하려고 노력하는 것을 의미

8. 현실치료모델

(1) 현실치료모델의 의의

① 기본가정은 우리 모두가 성장할 수 있는 힘을 가지고 있으며, 이 힘이 우리의 환경을 통제하면서 자신의 욕구를 충족시키고 성공적인 정체감을 발전시킬 수 있다는 것
② 이 이론은 현재의 자기행동에 대한 책임, 즉 현재 진행 중에 있는 행동에 초점을 맞추는 치료방법
③ 클라이언트는 현실을 직시하고 자기 자신이나 타인에게 피해를 주지 않고 성공적인 정체감을 획득하도록 자기의 세계와 자신을 통제할 수 있도록 원조함

(2) 현실치료모델의 주요개념

기본적 욕구	일반적이고 보편적이며, 개인 내의 욕구들 사이에서나 개인과 개인 간의 욕구충족 사이에서 갈등이 일어날 수 있음
지각체계	우리의 욕구나 원함의 충족은 결국 현실세계를 통해서만 가능
행동체계	비교 장소에서 균형이 깨질 때마다 순수고통과 더불어 좌절신호가 나옴
책임	현실치료의 기본이 되는 것은 개인적 책임으로, 개인적 책임을 지지 않는 데서 개인에게 문제가 생긴다고 봄
현실	현실치료모델은 현실을 강조하며, 현실과의 직면이란 현실세계의 모든 여건을 받아들여야 한다는 점과 현실세계에 대한 통제를 통해 자신의 욕구를 충족시켜야 한다는 것

(3) 현실치료 목적

① 현실치료의 궁극적 목적은 클라이언트가 추구하는 신인간관을 점검하고 독립된 인격체로 자립할 수 있게 원조하는 것. 즉, 책임감과 자율성을 성취하도록 원조하는 것

SEMI-NOTE

개입과정에서의 클라이언트 치료경험
• 책임감 경험
• 탐색의 경험
• 부정적 태도의 발견
• 자기를 재조직하는 경험
• 진전의 경험
• 종결 경험

현실치료모델
현실치료는 1950년대 윌리엄 글래서 (William Glasser)에 의해 연구·소개되었으며, 현실치료와 통제이론은 사회, 학교, 산업현장, 병원, 심리상담소, 기업체 등에서 점점 그 효과성에 대한 지지가 높아져 가고 있는 추세

글래서의 책임
글래서는 책임이란 다른 사람들이 그들 자신의 욕구를 충족시키는 능력을 빼앗지 않고 자신의 욕구를 충족시키는 능력이라고 정의함

② 현실치료의 핵심은 클라이언트 자신이 원하는 것이 현실적으로 실현 가능한지, 그것이 그들의 행동에 도움이 되는지를 스스로 평가하여 변화계획을 설정하는 것을 사회복지사가 원조하는 것
③ 클라이언트가 자신이 선택한 행동에 대한 책임능력을 인식하고 수용하도록 함으로써 성공 정체감을 창조하도록 사회복지사는 클라이언트를 가르쳐야 함

9. 4체계모델

(1) 4체계모델의 의의

① 핀커스와 미나한이 주장한 이론으로 사회복지실천에 체계이론을 적용
② 인간은 만족한 삶을 위해 주변환경 속에 있는 체계에 의존하므로 사회사업은 이러한 체계에 초점을 맞추어야 한다고 주장

(2) 기본체계

변화매개(인)체계	• 사회복지사업에 관련되는 공공기관, 자원, 시설, 지역기관들을 말함. 이곳에서 일하는 워커를 변화매개인이라고 함 • 변화매개인체계는 사회적 인간, 자원을 제공하는 다양한 정책을 통해 워커의 행동에 많은 영향을 미칠 수 있음
클라이언트체계	• 서비스로부터 이익을 기대하는 개인, 집단, 지역사회를 말함 • 변화매개인과의 계약이나 업무동의 및 워커서비스를 요구하거나 인가를 받았을 때 구성됨
표적체계	• 변화매개인이 목표한 것을 달성하기 위해 영향을 주거나 변화시킬 수 있다고 보여지는 사람 • 목표에 따라 표적이 자주 바뀌며, 주로 클라이언트가 표적이 됨
행동체계	• 워커는 그의 목표를 달성하기 위해 서로 상호작용하는 사람들을 나타냄 • 행동체계들은 클라이언트에게 도움을 주는 변화를 가져오기 위해 워커가 활동하는 이웃, 가족 또는 타인들을 말함

10. 생활모델

(1) 의의

① 1970년대 초기에 저매인과 기터만이 생태체계학적 관점을 이론의 준거틀로 도입하여 개발한 모델
② 문제를 병리적 상태의 반영이 아닌 사물, 사람, 장소, 조직, 아이디어, 정보, 가치들과 같은 생태체계의 요소, 즉 전체의 부분들 간의 상호작용의 결과로 봄
③ 역량강화를 강조함

(2) 목적

① 인간생활상의 문제해결
② 인간의 적응능력의 지지 · 강화

인간을 도울 수 있는 3체계
• 자연적 지원체계 : 가족이나 친구, 동료 같은 비공식적 또는 자연적 지원체계
• 공식적 지원체계 : 회원제로 구성되는 지역사회집단이나 협회 등
• 사회적 지원체계 : 병원이나 학교 등

생활모델의 기능
• 생활과업에 대한 원조
• 사회적 조직망과 물리적인 장의 관여
• 시간적 배열 활용

③ 스트레스의 경감
④ 대처를 위한 사회자원의 동원

02절 집단사회복지실천과 사회복지실천 기록·평가

1. 집단의 일반

(1) 집단의 개념

① 집단은 성원들이 사회복지사의 관여와 개입에 찬성하고 이를 선택한 사람들의 모임으로, 집단지도자 집단형성에 책임이 있든 없든 성원들에 대해 전문가로서의 의무와 책임을 지고, 성원들이 함께 집단목적을 달성할 수 있도록 돕는 역할을 하게 됨
② 서로 함께 시간을 보내는 사람들의 모임으로, 성원 스스로가 자신을 집단성원으로 인식함은 물론, 사람들도 그를 집단에 속한 사람이라고 인식하고 인정. 집단에는 사회복지사에 의해 새로 형성된 집단과 이미 형성되어 있는 기존집단이 포함됨
③ 집단은 적어도 두 사람 이상이 공통의 목표나 비슷한 인지적·정서적·사회적 흥미나 관심을 가지고 반복적으로 모여 서로에게 영향을 주고, 함께 기능할 수 있는 규범을 만들며, 집단적 활동을 하기 위한 목표와 응집력을 발달시키는 모임이라 정의할 수 있음

(2) 집단의 유형

① 가입·탈퇴의 자율성 여부에 따른 구분

개방집단	폐쇄집단
집단이 진행되는 중간에 기존의 집단성원 이외에 새로운 성원이 들어올 수 있도록 집단을 개방한 것으로 새로운 성원이 새로운 행동패턴으로 집단에 적응하면서 기존의 집단규범이 융통성을 갖는 이점이 있음	처음에 구성된 집단성원이 일정한 틀 내에서 집단활동을 하기 때문에 매우 기능적일 수 있으나, 일부 성원들이 중도에 탈락할 경우 그 효과성이 치명적일 수 있으므로 사회복지사는 집단의 개방 여부를 융통성 있게 활용하여야 함

② 목적에 따른 구분

과업집단	일련의 특수과업이나 목표를 달성하기 위해 구성됨. 조직이나 기관의 문제에 대한 해결책 모색, 새로운 아이디어 개발, 효과적인 원조 전략 등의 과업수행을 목적으로 하는 집단을 말하며, 따라서 특별한 재능을 가진 사람으로 구성
치료집단	목표는 1:1 상담과 비슷하게 성원들이 그들의 문제를 깊이 있게 탐색함으로써 여러 해결전략들을 개발하는 데 있음. 사회복지사로 하여금 단번에 한 사람 이상을 원조할 수 있게 할 뿐만 아니라, 전문가적 노력의

SEMI-NOTE

집단의 특징
- 성원들은 지속적으로 만나도록 기대되기도 하고 그렇지 않을 수도 있음
- 집단 내에서 성원들은 상호의존하고, 직·간접적 상호작용·교환을 하므로 집단의 크기를 제한하게 됨
- 집단은 한 가지 이상의 목적을 위해 형성됨
- 사회복지사가 상호작용하는 집단은 그들을 고용하는 기관에 대한 견해나 기능에 일치할 수도 일치하지 않을 수도 있음

접촉방식에 따른 구분
- **1차 집단**: 아주 친밀하면서 자주 긴밀하게 개인적으로 접촉하는 사이를 말하며, 자연적으로 형성된 집단
- **2차 집단**: 직접 대면하여 접촉하는 경우는 드물거나 전혀 직접접촉하지 않는 경우도 있고, 공식적으로 연관되어 있고 약간의 관심만 공유함

집단의 치료 효과
- 보편성(일반화)
- 정보전달
- 이타주의
- 일차 가족집단의 교정적 재현
- 사회 기술의 발달
- 모방
- 대인관계 학습
- 집단응집력
- 정화(카타르시스)
- 실존적 요인

치료집단	사용을 잠재적으로 비축하게 하는 이점이 있음. 또한 상호원조적 치료원칙이 적용된다는 점이 특징. 즉, 각 성원들이 집단 내에서 서로 역할을 바꾸고 서로의 문제를 해결하도록 도와주는 원조자적 역할을 하게 된다는 것
성장집단	인간의 성장발달단계에서 무한한 가능성과 잠재능력을 충분히 발휘할 수 있도록 돕고, 이를 통해 사회적 기능을 향상시킬 목적으로 형성된 집단. 치료보다는 예방에 중점
자기지향집단	집단지도자보다 집단성원들에 의해 집단의 방향과 목적이 결정되는 집단. 성원들이 가지고 있는 문제에 초점을 두는 문제중심적 집단일 수도 있고, 스스로가 함께 일하면서 해결책을 모색하는 자조집단과 같이 집단 내·외에서 성원들의 변화를 시도하기도 함
참만남집단	대인관계에 대한 인식강화를 목표로 함. 집단성원들은 대인관계 기술 및 자기개방이 요구되는 집단경험과 관련됨
교육집단	목적은 직접적인 교습활동을 통해 기술을 가르쳐주고 정보를 제공하며 지식을 습득할 수 있도록 돕는 데 있음
자조집단	특정목적을 성취하고 성원상호 간의 원조를 목적으로 형성되는 자발적 소집단. 특정 장애나 생활상의 분열·혼란문제와 사회적·개인적 변화를 가져오고자 하는 동료들에 의해 구성됨
사회화집단	목적은 집단성원의 행동과 태도를 좀더 사회적으로 용납할 수 있는 태도로 변화·발달시키기 위해 사회적 기술 발달, 자기확신의 증대, 미래에 대한 계획들에 중점을 두게 됨
사회집단	집단의 내용이 사회적이거나 오락활동을 포함하는 집단으로, 노인들의 취미모임이나 주간 보호소가 포함됨
레크리에이션 집단	목적은 즐거움과 훈련활동을 제공하는 데 있음

(3) 집단의 개입방법

사회적 목표모델
- 대상 : 시민, 이웃, 지역주민
- 집단활동 : 토론, 참여, 합의, 집단과제의 개발 및 실행, 지역사회조직화, 성원의 사회행동 기술 습득

치료모델
- 대상 : 역기능 또는 문제의 해결을 위해 도움을 필요로 하는 자
- 집단활동 : 성원의 행동변화를 일으키기 위해 구조화된 개입을 하거나 직접적·간접적 영향력을 발휘함

상호작용모델
- 대상 : 공동관심사의 성취를 위해 협력하는 구성원
- 집단활동 : 관심사를 토론, 상호원조 형성, 상호이익이 되는 결속된 사회체계의 형성

구분	사회적 목표모델	치료모델	상호작용모델
의의	사회적 목표모델은 초기 집단사회사업목표 성취의 기본적 모델이며, 중심개념은 사회적 의식과 책임감	치료모델은 개인이 치료를 위한 도구로 집단을 활용하는 모델. 집단은 개인의 목적을 달성하는 하나의 방법이나 관계상황으로 집단과정을 통한 변화는 그 자체가 목적이 아니라 개인의 치료와 재활을 위한 수단이 됨	상호작용모델은 집단성원과 사회 간에 공생적인 관계를 통해 집단성원들의 요구와 문제를 해결하는 것에 초점을 둠
주 과제	필요한 자원의 제공과 사회적 붕괴의 예방(비공식적 정치 및 사회행동)	사회적 사고 및 위험으로부터의 회복과 재활(집단매개체를 통한 치료)	문제해결을 위한 상호원조체계의 개발
장기적 목적	보다 나은 민주사회 건설	개개인의 사회적응 향상	개인과 사회의 조화

초점	개인의 성숙과 민주시민의 역량개발	개인적인 역기능 변화	성원 간의 자조, 상호원조체제 개발
지도자의 역할	영향력을 끼치는 자의 역할, 바람직한 역할모델을 제시	전문적인 변화매개인의 역할	중재자의 역할

2. 집단사회복지실천의 일반

(1) 집단사회사업

① 집단사회사업은 집단을 대상으로 하는 사회복지실현으로서 집단지도라고도 함
② 집단사회사업은 사회사업방법론 중의 하나
③ 집단사회사업은 목표지향적인 활동
④ 집단사회사업은 개별성원, 전체집단 그리고 집단이 속한 환경이라는 3가지 초점 영역을 지님
⑤ 집단사회사업은 주로 소집단을 활용하며, 고통받는 개인뿐만 아니라 건강한 개인들로 구성된 집단을 대상으로 한 실무
⑥ 집단사회사업은 치료집단과 과업집단의 실무를 포함

(2) 집단발달단계별 사회복지실천과정

① 준비단계 : 집단의 목적설정, 잠재적 성원 확인 및 정보수집, 성원모집 및 집단구성, 오리엔테이션 및 계약, 집단의 환경적 요소 마련하기
② 초기단계 : 집단초기단계의 과업은 성원의 소개, 집단의 목적 명확화, 비밀보장의 한계설정, 집단소속감, 목표설정 및 계약, 집단참여에 대한 동기부여와 능력고취, 장애물 예측 등
③ 사정단계 : 집단성원의 사정에 활용되는 방법은 성원의 자기관찰, 사회복지사의 관찰, 외부전문가의 보고, 표준화된 사정도구 등
④ 중간단계 : 중간단계의 과업은 집단모임을 준비, 집단을 구조화하기, 성원의 참여유도와 능력 고취, 성원들의 목표달성원조, 저항하는 집단성원 다루기, 집단진행과정 모니터 및 평가 등
⑤ 종결단계 : 계획된 종결과 계획되지 않은 종결이 있음

실력UP 집단의 역동성 이해

- 집단활동은 집단의 역동적 과정을 중심으로 이루어지므로 사회복지사는 집단의 역동에 관한 통찰력을 지녀야 하며, 이것을 생산적으로 활용할 수 있는 능력을 터득해야 함
- 집단역동이란 하나의 공통장면 또는 환경 내에서 일어나는 복합적이고 상호작용적인 힘을 지칭하는 것
- 집단역동은 상호작용을 통해 나오는 성원들의 힘의 합 이상

SEMI-NOTE

집단사회사업의 목적
- 트렉커(Trecker) : 집단사회사업의 목적을 개인의 성장, 집단의 성장 그리고 지역사회와 환경의 변화
- 더글러스 : 집단사회사업의 목적을 개인의 성장과 적응, 전체집단의 발달, 집단경험을 통한 사회변화라고 함
- 클레인(klein) : 집단사회사업의 목적을 재활, 적응, 교정, 사회화, 예방, 사회행동, 문제해결, 사회적 가치의 개발이라고 함

집단구성시 고려해야 할 요소
집단성원의 동질성 및 이질성, 집단구조, 인구사회학적 특성과 다양성, 집단의 크기, 개방집단과 폐쇄집단

주요 집단 사정도구
- 소시오메트리
- 소시오그램
- 상호작용차트
- 의미차별척도

집단역동의 영역
- 집단 구조
- 집단 의사소통
- 집단 내 상호작용
- 집단응집력
- 집단의 규칙과 가치
- 집단성원의 역할
- 집단지도력
- 집단문화
- 갈등

집단사회사업의 개입원칙
- 개별화의 원칙
- 수용의 원칙
- 참가의 원칙
- 체험의 원칙
- 갈등해결의 원칙
- 규범의 원칙
- 계속평가의 원칙

3. 기록의 일반

(1) 사회복지실천에서 기록의 기능
① 사례의 지속성을 보장
② 클라이언트의 욕구를 파악하고 개입하기 위한 기초자료를 얻음
③ 서비스의 효율성, 효과성, 질을 평가하는 데 사용
④ 슈퍼비전, 자문, 동료 검토를 위한 근거를 제공

(2) 사회복지실천 기록의 유형

과정기록	• 원조과정이나 클라이언트와 사회복지사의 상호작용과정을 있는 그대로 기록하는 방법 • 사회복지교육에서 교육용 도구로, 사회복지실무에서 자문을 받기 위한 기초자료로 활용될 수 있음 • 기록과정을 통해 기관 측에서는 면접 중 일어난 일을 파악할 수 있기 때문에 잘못된 사례 진행을 미리 방지할 수 있음
이야기체 기록	• 클라이언트 및 그 상황이나 서비스에 대해 이야기를 풀어가듯이 서술체로 기록하는 방법 • 융통성이 있어 중요한 내용은 모두 기록할 수 있음 • 면접내용을 대화체로 서술하는 것이 아니라 요약하면서 서술함 • 시간이 많이 소요되고 정보를 쉽게 복구할 수 없다는 단점이 있음
문제중심 기록	• 클라이언트 및 그 상황, 서비스 교류에 초점을 맞춤 • 원조 전문인으로서의 자기인식 및 서비스과정에서의 자아의 활용을 향상시켜 줌 • 기관측에서는 면접 중 일어난 일을 파악할 수 있기 때문에 잘못된 사례진행을 미리 방지할 수 있음 • 통합적이기보다는 부분적이고 단순함

4. 사회복지실천평가

(1) 의의
① 사회복지실천평가란 개입에 대한 효과성과 효율성을 측정하는 것
② **효과성** : 목적달성 정도를 말함
③ **효율성** : 투입과 산출의 비율로 측정됨
④ 목표달성이 안 되었을 경우 개입의 효율성도 낮아짐
⑤ 사회복지사가 개입내용에 대해 점검함으로써 반성할 기회를 가짐
⑥ 서비스의 효과성에 대한 신뢰성 검증이 요구됨에 따라 중요성이 증대되고 있음
⑦ 평가내용과 관련하여 사회복지개입의 목표와 개입방법이 보다 명확하고 구체적이도록 해 줌
⑧ 사회복지실천과 관련된 결정을 하는 데 필요한 정보를 제공해 줌

(2) 평가의 종류와 기법
① 종류

SEMI-NOTE

기록에 포함되어야 할 내용
• 클라이언트의 인구학적 특성
• 서비스 제공 사유
• 클라이언트의 사회력
• 사회복지사의 사정내용과 소견
• 서비스 목적과 계획 및 특성
• 서비스 종결방법과 사유
• 사회복지실천 활동결과 요약
• 사후관리 등

진단기록
• 진단기록은 심리사회적 실무이론에 바탕을 둔 것으로 해밀튼의 접근법
• 기록은 개인적인 특성과 사회심리적인 원인에 초점을 맞추어야 하며 지침에 따라 학습할 수 있는 기술이 아님. 따라서 기록의 질은 클라이언트에 대한 이해에서 생기는 것이고 실천가의 진단적인 평가 속에서 이루어지는 것

시계열기록
• 시계열기록은 과학적인 행동, 태도, 또는 사회사업개입의 초점이 되는 반복적인 상호작용수단에 대해 기록하는 것
• 이는 비행동적인 실천을 기록하는 데에도 사용할 수 있으며, 이러한 기록의 자료는 사회복지사, 클라이언트 또는 제3자에 의해서 수집됨

SOAP 기록방식
• SOAP는 Subjective, Objective, Assessment, Plan의 약자
• 클라이언트가 주관적으로 기술하는 문제와 정보를 포함
• 전문가가 판단한 문제에 대한 견해와 해석을 포함

과정평가	개입이 클라이언트에게 도움이 되었는지, 클라이언트가 원조과정을 어떻게 인지했는지를 평가하는 것
결과평가	목표달성 여부와 정도를 평가하며, 개입으로 인해 변화가 발생했다는 것을 증명해야 함
형성평가	개입과정에 대한 점검으로, 사회복지실천과정에 초점을 두고 주기적으로 진전상황을 평가함
총괄평가	개입이 종결되었을 때 개입의 효과성과 관련하여 그 요인을 분석하는 것

② 기법
  ㉠ 단일사례연구
  ㉡ 목표달성척도

9급공무원

사회복지학개론

나두공

05장 지역사회복지론

01절 지역사회복지의 개념
02절 지역사회복지의 모델
03절 지역사회복지실천의 사회복지사의 역할과 실천기술

05장 지역사회복지론

SEMI-NOTE

01절 지역사회복지의 개념

1. 지역사회와 지역사회복지

(1) 지역사회

① 지역사회는 다른 지역과 구분되는 특수성, 분리성을 나타내는 지리성 및 지역적인 경계를 가짐
② 지역사회는 사회적 또는 문화적인 동질성, 합의성, 자조성, 다른 형태의 집단행위와 상호 작용성을 가짐
③ 지리적 지역사회와 기능적 지역사회

지리적 지역사회	다른 지역과 구별될 수 있는 독립적인 일정한 지역에 모여 살고, 지리적 공유를 강조함(지리적 공동)
기능적 지역사회	상호작용을 통해 서로의 생활에 도움을 주거나(생활의 공동), 같은 전통·관습·규범·가치 등을 공유하는 공동체(문화의 공유)

지리적 지역사회와 기능적 지역사회의 예
- 지리적 지역사회 : 읍·동·면·시·군·구 등
- 기능적 지역사회 : 동호회, 사이버 카페 회원 등

실력UP **지역사회의 기능(Gilbert & Specht)**

- **생산·분배·소비의 기능** : 생산·분배·소비의 기능은 지역사회 주민들이 일상생활에 필요한 물자와 서비스를 생산하고 소비하는 과정과 관련된 기능
- **사회화의 기능** : 사회가 향유하고 있는 일반적인 지식, 사회적 가치, 행동양태를 그 사회의 구성원들에게 전달시키는 과정을 말함
- **사회통제의 기능** : 지역사회가 그 구성원들에게 사회규범에 순응하도록 행동을 규제
- **사회통합의 기능** : 사회체계를 구성하는 사회단위 조직들 간의 관계와 관련된 기능을 말함
- **상부상조의 기능** : 지금까지 살펴본 주요사회제도에 의해서 사회구성원들이 자기들의 욕구를 충족할 수 없는 경우에 필요하게 되는 사회적 기능

지역사회 기능의 비교기준(Warren)
- 지역성의 자치성 정도
- 서비스 영역의 일치성 정도
- 수평적 유형
- 지역에 대한 주민들의 심리적 동일시 여부

(2) 지역사회복지

① 지역사회복지란 개인, 집단, 이웃 등의 사회적 안녕을 목표로 하는 지역사회 단위의 활동을 말함
② 지역사회복지의 목표
  ㉠ 클라이언트인 지역사회의 욕구와 문제를 해결하여 이상적인 지역사회를 건설하는 것을 궁극적인 목표
  ㉡ 인간의 사회적 기능을 증진시키고 지역사회의 능력을 신장시키는 데에 목적
  ㉢ 참여주의와 타협주의, 합리주의, 그리고 그것을 바탕으로 한 민주주의적 원칙 준수
  ㉣ 지역사회 주민의 결핍된 욕구를 충족

지역사회복지의 근원
- **자선조직협회** : 빈곤가정 방문과 빈곤조사, 자립을 위한 계획과 자원동원 등의 활동을 전개
- **인보관운동** : 인보관운동의 핵심인 토인비 홀은 빈곤지역의 사회적 서비스의 중심, 연구조사의 중심, 정치행동의 중심으로서 빈곤한 사람들에 대한 물질적 원조, 교육, 문화 등 사회개혁과 사회문제해결에 대한 입법을 촉구하는 운동을 전개

2. 지역사회복지실천

(1) 지역사회복지실천의 개념
① 지역사회복지실천은 사회복지실천을 포괄하는 개념으로 지역사회를 대상으로 함
② 지역사회복지활동의 원칙으로 지역사회의 자주성을 중시하고 조정과 합의, 능력부여자로서의 역할, 토착적인 지도력의 증대 등이 있음

(2) 지역사회복지의 실천이념

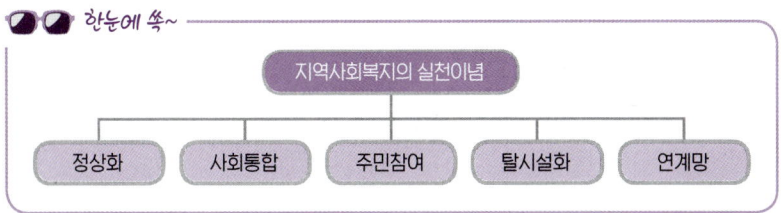

(3) 지역사회복지실천 계획

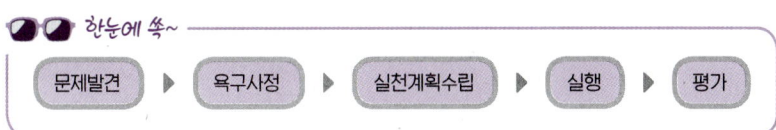

(4) 지역사회복지실천의 목표

① 던햄(Dunham)의 목표구분

과업중심목표	지역사회의 욕구충족, 욕구와 자원 간의 균형 조정
과정중심목표	지역 주민들의 문제해결능력 향상
관계중심목표	지역사회의 구성요소 간의 관계

② 로스만(Rothman)의 목표구분

과업중심목표	• 지역사회의 한정된 문제해결(사회계획) • 구체적 사업 완성, 기능관련 문제해결(서비스제공, 서비스개발)
과정중심목표	• 체제유지와 기능강화(장기적 기능향상) • 사회개발(여러 집단 간 협동적인 관계수정, 자치적 구조 창조) • 역량기반 향상(지역민의 관심과 참여) • 공동사업에 협력(토착적인 지도력 증대)

(5) 지역사회복지실천의 원칙
① 맥닐의 7대 원칙
② 존스와 디마치의 13가지 원칙
③ UN의 지역사회개발에 관한 10대 원칙
④ 로스의 지역사회조직의 실제에 관한 원칙

SEMI-NOTE

지역사회복지실천 목표
• 사회적 욕구 파악과 우선순위 결정
• 목적달성을 위한 자원의 효율적 조정 · 동원
• 지역주민의 적극적인 참여 유도
• 지역사회의 욕구 충족과 욕구와 자원 간의 조정 · 균형 도모
• 클라이언트 집단의 환경에 대한 대처능력 강화
• 사회적 조건과 서비스 개선

SEMI-NOTE

02절 지역사회복지의 모델

1. 로스만의 지역사회복지활동의 유형 ★빈출개념

구분	지역사회개발(A)	사회계획(B)	사회행동(C)
활동목표	과정지향적 목표	과업지향적 목표	과정·과업의 병행
구조와 문제에 관한 가정	• 지역사회의 아노미 상태 • 제 관계의 결핍과 민주적 해결능력 결여	• 실재적인 제 사회문제 • 정신적·육체적 건강문제, 주택, 레크레이션 문제 등	• 불리한 상황에 있는 인구집단 • 사회적 불공평·박탈·불평등
기본적인 변화 전략	교육·합의·집단토의	합의 또는 갈등	• 갈등 또는 경쟁 • 협상
사회복지사의 역할	• 조력가·조정가·격려자 • 지도자·교육자·문제해결기술 훈련자	• 분석가·전문가 • 프로그램 수행촉진자	• 대변자·행동가 • 협상가·중재자
변화의 매체	과제 지향적인 소집단의 조성	전문가의 관계 수립	대중조직과 정치적 과정의 영향력
권력구조	공공사업의 협력자	고용자 또는 후원자	반대세력
지역사회 내의 하위집단들의 이해관계	공공적인 이익 또는 의견 차이의 조정 가능	• 조정 가능 • 갈등적인 관계	조정이 어려운 갈등적 이익관계
대상주민의 범위	지리상의 전 지역사회	• 지리상의 전 지역사회 • 기능적 지역사회 포함	지역사회 일부
공익에 대한 개념	• 합리주의 • 목적과 의사주체의 단일성	• 이상주의 • 목적과 의사주체의 단일성	• 현실주의 • 목적과 의사주체의 다양성
클라이언트 역할에 대한 견해	문제해결을 위한 상호작용 과정에의 참여자	서비스에 대한 소비자 또는 수혜자	고용인·고객·성원

2. 테일러와 로버츠의 지역사회복지실천모델

구분	의사결정권 배분 정도
프로그램개발 및 조정모델	후원자 100%(클라이언트 0%)
계획모델	후원자 87.5%(클라이언트 12.5%)
지역사회연계모델	후원자 50%(클라이언트 50%)
지역사회개발모델	후원자 12.5%(클라이언트 87.5%)
정치적 권력강화모델	후원자 0%(클라이언트 100%)

3. 웨일과 갬블의 지역사회복지실천모델

기능	모델
개발	지역사회의 사회·경제 개발모델
조직화	• 근린지역사회조직모델 • 기능적 지역사회조직모델
계획	• 프로그램개발과 지역사회연계모델 • 사회계획모델
사회변화	• 사회운동모델 • 정치·사회행동 모델 • 연합모델

4. 포플의 지역사회복지실천모델

한눈에 쏙~

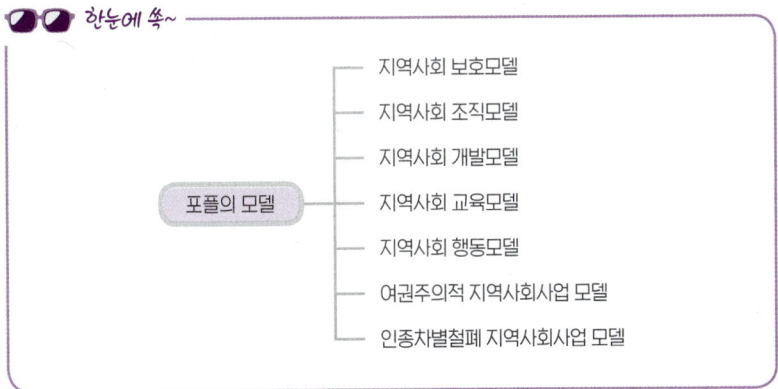

포플의 모델
- 지역사회 보호모델
- 지역사회 조직모델
- 지역사회 개발모델
- 지역사회 교육모델
- 지역사회 행동모델
- 여권주의적 지역사회사업 모델
- 인종차별철폐 지역사회사업 모델

03절 지역사회복지실천의 사회복지사의 역할과 실천기술

1. 지역사회복지실천에서의 사회복지사의 역할

(1) 지역사회개발모델에서의 사회복지사의 역할(Ross)

한눈에 쏙~

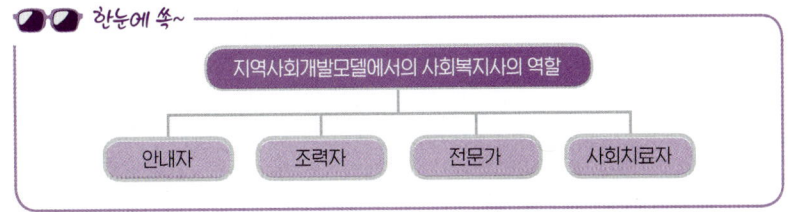

지역사회개발모델에서의 사회복지사의 역할
- 안내자
- 조력자
- 전문가
- 사회치료자

SEMI-NOTE

지역사회개발모델에서의 사회복지사의 역할(Ross)
- **안내자** : 문제해결을 위한 목표를 설정하고 해결방안을 마련하도록 돕는 역할
- **조력자** : 촉매자의 역할로서 불만을 집약하고 조직화를 격려하는 역할
- **전문가** : 자료를 제공하고 직접적인 충고를 하는 역할
- **사회치료자** : 적절한 진단을 통하여 규명된 성격과 특성을 주민들에게 제시하여 그들의 이해를 돕는 역할

(2) 사회계획모델에서의 사회복지사의 역할

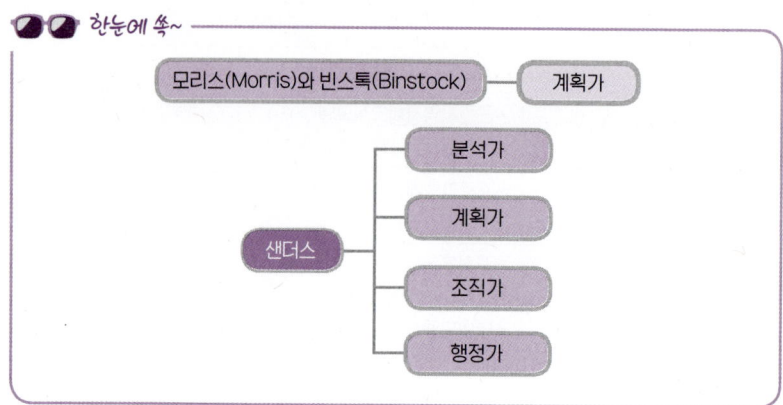

SEMI-NOTE

모리스(Morris)와 빈스톡(Binstock)
사회복지서비스를 개선하고 사회문제를 완화시키는 주요수단은 정책을 고치는 것이며 사회복지사는 이러한 목적을 달성하기 위해서 노력하는 계획가로 봄

(3) 사회행동모델에서의 사회복지사의 역할

그로서(Grosser)	• 조력자의 역할 : 불우계층의 복지를 증진시키기 위해 그들 편에서 활동 전개 • 중개자의 역할 : 빈민과의 활동시 특히 중요한 역할로서 직접적 개입, 기능주의 입장 • 대변자의 역할 : 정보수집, 주민들 입장에서의 정당성 주장 • 행동가의 역할 : 갈등적인 상황에서 클라이언트의 행동을 조직화함
그로스만(Grossman)	지역사회의 자조능력을 활성화(조직가로서의 역할)

사회행동기술
• 정의 : 지역사회구성원의 의견에 반하는 문제에 대해 구성원들이 단합하여 자신들의 힘을 과시하여 자신들이 원하는 방향대로 영향력을 행사
• 타 조직과의 협력 : 협조, 연합, 동맹
• 사회행동의 전술 : 압력전술, 법적전술, 항의전술

2. 사회복지사의 실천기술

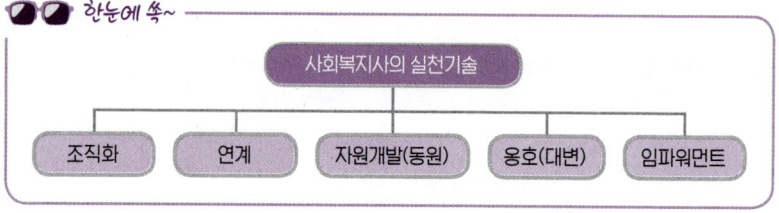

(1) 조직화 기술

① 지역주민의 욕구를 파악하여, 다양한 지역사회활동에 참여하도록 유도
② 협상, 회의, 지역사회 지도자 발굴 등의 방법이 있음

(2) 연계

① 서비스의 중복을 방지하고 자원을 효율적으로 관리하기 위하여 정기적인 모임 및 회의 등을 가지도록 함
② 다양한 욕구를 충족시키기 위하여 서비스의 패키지화가 이루어질 수 있도록 함
③ 사례관리실천방법이 강조되며, 클라이언트의 욕구에 중점을 둠

(3) 자원개발(동원)

① 주민들이 공통적으로 느끼는 문제해결을 도모하여 참여를 촉진시키는 것
② 개발(동원)방법

인적	물적
• 기본 조직의 활용 • 개별적 접촉 • 네트워크 활용	• 모금 · 후원 • 회비 • 지원금

(4) 옹호(대변)

① 사회정의를 지키고 유지하려는 목적으로 지역주민이나 지역사회의 입장에서 직접적으로 대변 · 보호 · 개입 · 지지를 하며 일련의 행동을 제안하는 것
② 유형

대의옹호	거시적으로 사용되는 옹호로, 집단을 대상으로 함
사례옹호	미시적으로 사용되는 옹호로, 개인을 대상으로 함

(5) 임파워먼트

① 지역사회 구성원들이 각각의 욕구를 충족시키기 위하여 자신의 기술과 자원을 이끌어 낼 수 있음
② 소외계층의 참여를 확대할 수 있음

3. 지역사회복지실천의 추진체계

(1) 지방자치

① 정의 : 일정한 지역을 기초로 하는 지방자치단체가 중앙정부로부터 상대적인 자율성을 가지고 그 지방의 행정사무를 자치기관을 통하여 자율적으로 처리하는 활동과정
② 지방자치가 지역사회복지에 미치는 긍정적인 측면
  ㉠ 지역주민의 실제적 욕구에 기반한 복지정책을 추진할 가능성이 보다 높아질 수 있음
  ㉡ 자치단체장과 지방의원 후보들이 당선을 위해 지역주민의 요구에 부응하는 정책대안을 제시하게 되고 이것이 복지프로그램으로 구체화되고 있음
  ㉢ 지방의 발언권이 점진적으로 강화될 것이 예상되어 지방재정 액수가 증가되고, 사회복지비의 배분에서 불균형의 시정을 위한 정책적 배려가 의도적으로 이루어질 수 있음
  ㉣ 지방정부와 지역주민들이 자기가 거주하는 지방의 복지에 대한 책임의식을 가지는 기회를 제공
③ 지방자치가 지역사회복지에 미치는 부정적인 측면
  ㉠ 지방정부가 사회복지업무를 떠맡게 될 경우 재정 등의 문제로 인해 지역 간

SEMI-NOTE

지역사회프로그램 계획을 위한 욕구조사의 필요성
• 정보 획득
• 객관성 확보
• 실증적 방법
• 이용자 중심의 비전 및 프로그램 개발
• 체계적이고 전문적인 기관운영 수행
• 자원의 효율적인 운영
• 환경변화에 적극적인 대응
• 책임성에 대한 평가와 발전의 기초

욕구사정을 위한 자료수집방법

질적조사방법	양적조사방법
• 비공식적 인터뷰 • 공식적 인터뷰 • 민속적 방법 • 지역사회포럼 • 대화기법 • 명목집단기법 • 초점집단기법 • 델파이기법	• 지표분석방법 • 사회조사방법 • 구조화된 서베이 • 프로그램 모니터링

SEMI-NOTE

지역사회복지협의회 유형(사회복지법 제33조제1항)
- 한국사회복지협의회
- 시·도 사회복지협의회
- 시·군·구 사회복지협의회(필요한 경우)

복지수준의 격차가 더 벌어지게 되는 상황을 배제할 수 없음
ⓒ 지역이기주의가 팽배해 질 수 있음

(2) 사회복지협의회

① 개념 : 복지와 보건에 관한 지역사회문제의 해결에 필요한 계획을 수립하고 사업을 추진함에 있어서 주민의 관심과 전문가의 기술을 결합시키고 지역주민과 사회기관들 간의 연합체
② 목적 : 지역주민들의 문제와 욕구에 효율적으로 대처할 수 있도록 계획하고 조정하며, 효율적인 보건, 복지 및 오락서비스 프로그램 실천

> **실력up 한국사회복지협의회의 업무**
> - 사회복지에 관한 조사연구 및 정책건의
> - 사회복지에 관한 교육 훈련
> - 사회복지에 관한 자료수집 및 간행물 발간
> - 사회복지에 관한 계몽 및 홍보
> - 자원봉사활동의 진흥
> - 사회복지사업에 종사하는 자의 교육훈련과 복지증진
> - 사회복지에 관한 학술도입과 국제사회복지단체와의 교류
> - 보건복지부장관이 위탁하는 사회복지에 관한 업무
> - 그 밖에 중앙협의회 또는 시·도 협의회 또는 시·군·구 협의회의 목적달성에 필요하여 정관으로 정하는 사항

사회복지관의 운영원칙
- 지역성의 원칙
- 전문성의 원칙
- 책임성의 원칙
- 자율성의 원칙
- 통합성의 원칙
- 자원활용성의 원칙
- 중립성의 원칙
- 투명성의 원칙

(3) 사회복지관

① 정의 : 지역사회를 기반으로 일정한 시설과 전문인력을 갖추고 지역주민의 참여와 협력을 통하여 지역사회의 복지문제를 예방하고 해결하기 위하여 종합적인 복지서비스를 제공하는 시설(사회복지사업법 제2조)
② 사업(사회복지사업법 시행규칙 별표3)

기능	사업분야
사례 관리 기능	사례발굴
	사례개입
	서비스 연계
서비스 제공 기능	가족기능 강화
	지역사회 보호
	교육문화
	자활지원 등 기타
지역 조직화 기능	복지 네트워크 구축
	주민 조직화
	자원 개발 및 관리

(4) 사회복지전담공무원

법 령 사회보장급여의 이용·제공 및 수급권자 발굴에 관한 법률

제43조(사회복지전담공무원) ① 사회복지사업에 관한 업무를 담당하게 하기 위하여 시·도, 시·군·구, 읍·면·동 또는 사회보장사무 전담기구에 사회복지전담공무원을 둘 수 있다.
② 사회복지전담공무원은 「사회복지사업법」 제11조에 따른 사회복지사의 자격을 가진 사람으로 하며, 그 임용 등에 필요한 사항은 대통령령으로 정한다.
③ 사회복지전담공무원은 사회보장급여에 관한 업무 중 취약계층에 대한 상담과 지도, 생활실태의 조사 등 보건복지부령으로 정하는 사회복지에 관한 전문적 업무를 담당한다.
④ 국가는 사회복지전담공무원의 보수 등에 드는 비용의 전부 또는 일부를 보조할 수 있다.
⑤ 시·도지사 및 시장·군수·구청장은 「지방공무원 교육훈련법」 제3조에 따라 사회복지전담공무원의 교육훈련에 필요한 시책을 수립·시행하여야 한다.

(5) 사회복지공동모금회

법 령 사회복지공동모금회법

제3조(기본 원칙) ① 기부하는 자의 의사에 반하여 기부금품을 모집하여서는 아니 된다.
② 제17조에 따라 조성된 재원(이하 "공동모금재원"이라 한다)은 지역·단체·대상자 및 사업별로 복지수요가 공정하게 충족되도록 배분하여야 하고, 제1조의 목적 및 제25조에 따른 용도에 맞도록 공정하게 관리·운용하여야 한다.
③ 공동모금재원의 배분은 객관적인 기준에 따라 효율적으로 이루어지도록 하고, 그 결과를 공개하여야 한다.

법 령 사회복지공동모금회법

제4조(사회복지공동모금회의 설립) ① 사회복지공동모금사업을 관장하도록 하기 위하여 사회복지공동모금회(이하 "모금회"라 한다)를 둔다.
② 모금회는 「사회복지사업법」 제2조제3호의 사회복지법인으로 한다.
③ 모금회는 정관을 작성하여 보건복지부장관의 인가를 받아 등기함으로써 설립된다.

실력UP 사회적 경제

- 자본의 가치보다 사람의 가치, 사회적 가치를 우위에 두는 경제개념
- 사회문제를 해결한다는 사회적 측면과 자생력을 가져야 한다는 경제적 측면 고려
- 종류
  - 마을기업
  - 자활기업
  - 협동조합
  - 사회적 기업

SEMI-NOTE

사회복지공동모금회법의 목적(사회복지공동모금회법 제1조)
사회복지공동모금회의 공동모금을 통하여 국민이 사회복지를 이해하고 참여하도록 함과 아울러 국민의 자발적인 성금으로 조성된 재원(財源)을 효율적이고 공정하게 관리·운용함으로써 사회복지 증진에 이바지함을 목적

희망복지지원단
대상 가구의 자활, 자립을 위하여 공공서비스와 민간서비스를 제공하는 기관이 서비스 전반을 연계지원
- 공공서비스: 통합사례관리 대상을 발굴한 후 연계가능한 공적 서비스를 연계
- 민간서비스: 대상가구의 욕구조사 결과에 따라 필요한 맞춤형 서비스를 제공하고 지역사회와 연계

9급공무원
사회복지학개론

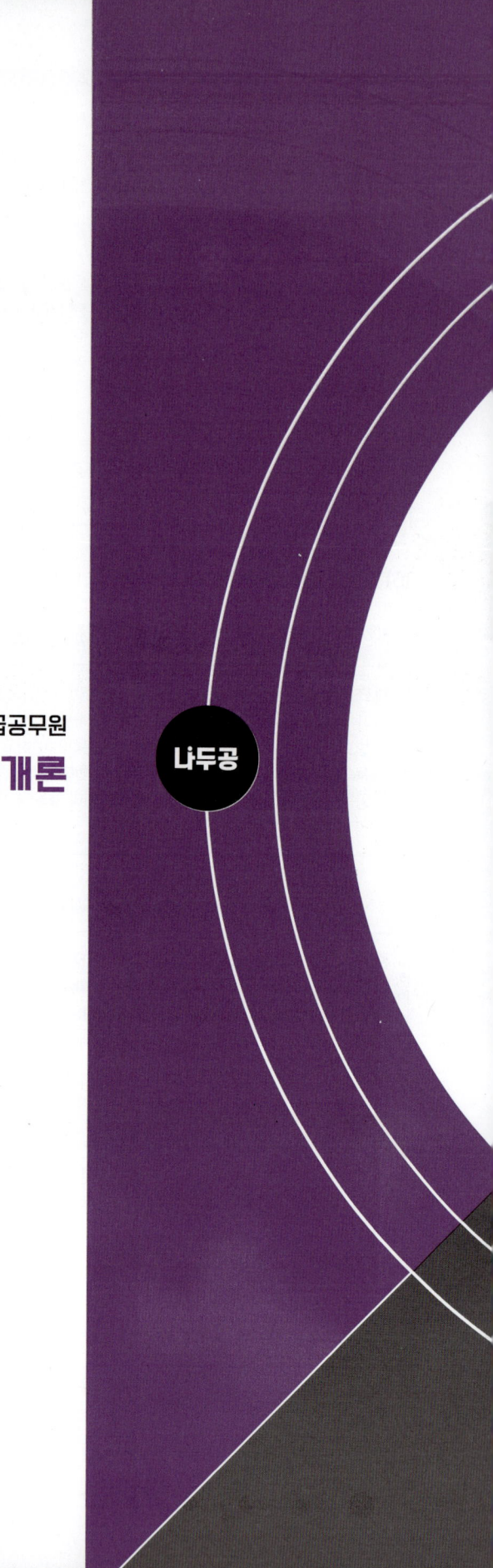

06장 사회복지정책론

01절 사회복지정책 일반

02절 사회복지정책 관련 이론

03절 사회복지정책 과정과 분석

04절 사회보장

06장 사회복지정책론

SEMI-NOTE

마샬(Marshall)의 정의
- 사회복지정책의 핵심 : 주택정책, 교육정책 등
- 사회복지정책의 목적 : 보장, 건강, 복지

보편적·예방적 복지서비스의 확충
- 가족 및 지역사회 중심의 복지서비스 강화
- 고령화 사회에 대비한 노인복지의 확충
- 장애인복지증진 및 사회참여의 확대
- 사회보장밑바탕의 조성

사회복지정책의 주요기능
- 사회의 통합기능
- 사회문제의 해결과 사회적 욕구의 충족
- 소득재분배 기능
- 경제성장
- 개인의 자립 등

사회복지정책의 역기능
- 경제성장의 저해 : 근로의욕의 저하, 저축과 투자동기의 약화, 자원의 비효율성의 문제
- 빈곤의 함정 : 자립의지의 약화, 복지종속을 초래하게 됨
- 도덕적 해이 : 사회보험계약으로 인해 가입자가 위험발생의 예방노력 소홀, 즉 사회적 위험에 불감증을 가지고 위험의 예방에 신경을 덜 쓰게 됨

01절 사회복지정책 일반

1. 사회복지정책의 목표 및 추진방향

(1) 사회복지정책의 정의

① **마샬(Marshall)의 정의** : 사회복지정책이란 시민에게 서비스 또는 소득을 제공함으로써 시민의 복지증진에 직접 영향을 미치는 정부의 정책이라고 하며 사회보험, 공적 부조, 보건 및 사회서비스, 주택정책 등이 핵심내용(사회정책은 시민들의 복지증진에 직접 영향을 미치는 정부의 정책으로 소득보장, 건강보호, 사회복지서비스를 말함)

② **티트머스(Titmuss)의 정의** : 기존의 사회적 장치로 해결할 수 없는 욕구충족에 관련된 것으로, 사회정책을 사회적 취약계층에게 좀더 많은 시혜를 부여하고 물질적 자원을 부자로부터 가난한 사람에게 분배하는 정책

③ **길버트와 스펙트(Gilbert&Specht)의 정의** : 사회복지정책은 사회복지와 정책의 합성어로서 사회복지에 관계되는 개념으로 한정

(2) 복지정책의 추진방향

① 전 국민의 사회보험시대의 정착
② 국민기초생활의 보장
③ 보편적 · 예방적 복지서비스의 확충

(3) 국가별 사회복지정책

영국	국민 최저생활보장을 위한 사회보장, 건강, 교육, 대인적 사회서비스, 주택, 고용 등을 지칭
미국	• 공공부문뿐만 아니라 민간까지 포함하며, 경제적 위험에 대비한 사회보장의 개념 • 시장경제로 충족시키지 못한 사회적 욕구충족을 위해 기회를 제공하는 정부와 민간의 활동 • 사회보장으로서의 사회복지정책 • 계급정책의 의미보다는 생활곤란자에 대한 고용기회와 주택 및 생활변동에 대한 대비책으로 시장의 개입을 최소화하고 시장경제로 충족시키지 못한 사회적 욕구를 보충적으로 충족시킴
독일	• 사회문제와 계급문제에 대한 관심에서 출발 • 노동법이 중요 • 시민으로서가 아니라 사회보험의 피보전자로 급여를 지급 • 지역별, 직종별, 정부부처별로 분산되어 관장 • 현금급여에 중점

2. 사회복지정책의 영역과 가치 및 사회복지모델

(1) 사회복지정책의 영역

① 마샬은 사회복지정책의 목적을 보장, 건강, 복지로 보아 궁극적인 목적은 복지라고 함
② 일반적으로 협의의 사회복지정책 영역은 소득보장정책, 건강보장정책, 주택정책, 사회복지서비스 정책, 교육정책을 말함
③ 광의의 개념으로는 협의의 사회복지정책 영역에 조세정책과 노동정책을 포함하는 것

실력UP 학자별 사회복지정책 영역 구분

마샬	디니토 등	티트머스
• 소득보장 • 보건·의료 • 대인적 사회서비스 • 교육 • 주택	• 소득보장 • 영양 • 건강 • 사회서비스	• 소득보장 • 영양 • 건강 • 사회서비스 • 노동정책 • 조세정책

(2) 사회복지정책의 목표로서의 가치

① 평등

수량적 평등	결과의 평등으로 욕구나 능력에 관계없이 사회적 자원을 동일하게 배분하는 평등을 말하며, 가장 적극적인 의미의 평등
비례적 평등	공평성과 관련된 것으로 욕구, 노력, 능력, 기여에 따라 사회적 자원을 상이하게 분배하는 평등을 말함
기회의 평등	결과의 측면은 무시하고 과정상의 기회를 동일하게 부여하는 평등

② 효율성

대상 효율성	자원이 대상자들에게 얼마나 집중적으로 할당되는가의 정도
운영 효율성	자원배분과 관련된 행정비용의 투입정도
파레토 효율	자원이 사회적으로 얼마나 바람직하게 배분되었는가 하는 정도(배분적 효율)

③ 사회적 적절성
④ 자유

소극적 자유	다른 사람의 간섭 혹은 의지로부터의 자유를 말하고 자유의 기회 측면을 강조
적극적 자유	자신이 원하는 것을 할 수 있는 자유를 말하고 자유의 능력 측면을 강조

SEMI-NOTE

사회복지정책의 영역

협의의 사회복지정책	광의의 사회복지정책
• 소득보장정책 • 건강보장정책 • 주택정책 • 사회복지서비스 정책 • 교육정책	• 협의의 사회복지정책 영역 • 조세정책 • 노동정책

평등과 효율의 관계
• 근로 동기의 약화
• 저축과 투자 동기의 약화
• 소비자선택의 왜곡
• 생산부문에서 사용할 수 있는 자원의 축소
• 운영 효율성(정부의 실패)

롤스의 정의론
• 사회적 형평의 실현을 위한 사회적 배분의 원거
• 특정한 정책의 선택이 자신에게 유리할지 불리할지를 모르는 무지의 베일에 가려져 있는 상태(원초상태)에서 합의되는 일련의 법칙이 곧 사회 정의의 원칙으로 사회평등 체제를 규제해야 한다고 주장

3. 사회복지정책의 주체와 객체

(1) 사회복지정책의 주체

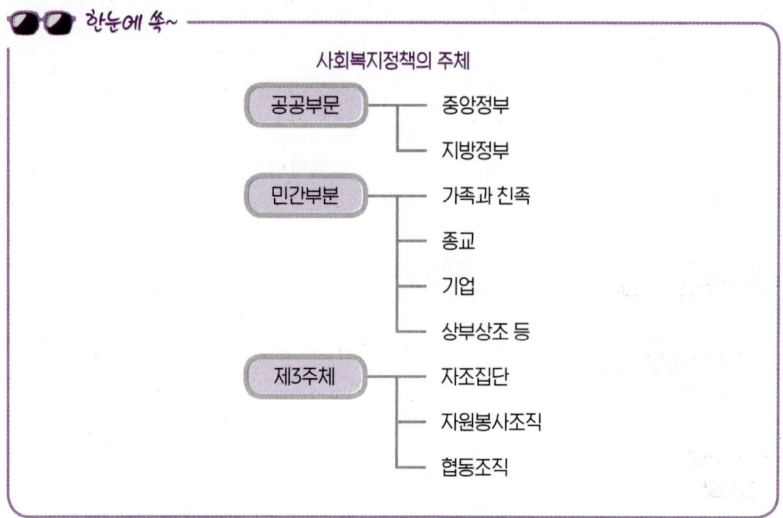

(2) 사회복지정책의 객체

① 사회적 욕구

매슬로우의 욕구 5단계론	생리적 욕구, 안정의 욕구, 소속의 욕구, 자기존중의 욕구, 자아실현의 욕구
브래드쇼의 사회적 욕구이론	규범적 욕구, 표현된 욕구, 감각적 욕구, 비교적 욕구

② 사회적 문제

사회보장기본법상	질병, 장애, 노령, 사망 등의 사회적 위험
4D	빈곤, 질병, 비행, 의존
베버리지 보고서의 5대 사회악	질병, 빈곤, 무지, 불결, 나태
노인의 4고	빈곤, 질병, 무위, 고독

02절 사회복지정책 관련 이론

1. 사회복지제도의 발달 관련 이론 ★빈출개념

(1) 사회양심이론

① 사회양심이론(Social conscience theory)은 사회복지정책의 발달이란 타인의 고통을 해소하려는 개인의 이타적 양심이 사회적·국가적 정책으로 표현되는 것

SEMI-NOTE

사회복지의 재원
- 공공재원 : 정부의 일반예산, 사회보장을 위한 조세, 조세비용
- 민간재원 : 사용자 부담금, 공동모금, 기업복지, 종교단체 헌비, 기관의 회비 등

사회양심이론의 한계
- 사회문제의 해결을 양심에만 맡김
- 사회적 맥락의 중요성을 간과하여, 정책을 해설함에 있어 설득력이 부족

사회양심이론의 가정
역사적인 측면에서 바라볼 때, 현재의 서비스가 완전한 것은 아니라고 할지라도 사회복지의 주된 문제는 이미 해결되었고, 사회는 안정기반 위에 구축되어 있기 때문에 지속적 발전을 기대할 수 있음

② 사회복지정책은 사회문제를 해결하려는 사회적 노력과 활동 등과 같은 사회 내에서의 합의가, 정부에서 조직적으로 제공하는 사회복지수준의 향상을 가져왔다는 논리
③ 사회정책이란 사람들 모두가 가질 수 있는 타인에 대한 사랑을 국가를 통하여 드러내는 것
④ 사회정책은 사회적 의무감의 확대와 욕구에 대한 시민들의 지식 향상이라는 요인에 의해 변화됨
⑤ 변화는 누적적이며 관대함과 관심 영역의 확대방향으로, 일정한 변화는 아니지만 지속적으로 진전
⑥ 개선은 불가피하며 현재의 복지서비스는 지금까지 있는 것 중 최선의 것

(2) 음모이론

① 음모이론(Conspiracy theory)은 사회적 양심이론과는 정반대의 입장을 주장하는 이론으로서, 둘 다 사회복지정책 발달을 하나의 목적론적인 측면에서 파악한 것
② 음모 이론에 의하면 사회복지정책은 인도주의적 이타심이나 양심의 실현이라기보다는 사회 전체의 안정과 질서의 유지를 통한 사회통제와 현상 유지에 목적
③ 정책은 집단적 가치의 선택결과라는 그 복합적인 특성상, 정책목표에 대해서는 자주 논란을 빚을 수 있는 내용을 갖고 있으므로, 음모이론이 '표현된 정책목표'와 '숨겨진 정책목표' 사이의 갈등과 괴리를 설명하는 힘을 갖는 점에서 유용한 이론

음모이론의 한계
정책결정자의 의도를 지나치게 중시

(3) 시민권론

① 마샬(Marshall)이 주장한 이론으로, 마샬은 시민권을 완전한 사회구성원으로서 인정되는 지위의 향유라고 보고 있는데, 일종의 기본적 평등을 의미하는 것으로 시민권의 개념은 자본주의의 경제적 불평등과 모순되지 않는 것이라고 주장
② 마샬은 시민권의 발달을 진화론적 입장으로 바라봄

공민권(18C) ▶ 정치권(19C) ▶ 사회권(20C)

③ 시민권론이 사회복지정책에 기여한 점
  ㉠ 사회복지급여를 시민의 기본적 권리의 하나로서 현대사회에서 인정할 수 있는 기반 제공
  ㉡ 시민권론은 현대사회에서 시민들로 하여금 연대성을 가질 수 있도록 하는 기반 마련

시민권론의 한계
- 영국의 복지국가 형성과정에 중점을 두어 서구민주주의사회에만 국한됨(제3세계, 사회주의 국가에 적용이 곤란)
- 사회권의 개념이 구체적으로 규정되지 않음

(4) 기술결정론(수렴이론, 산업화이론)

① 기술이 사회복지정책 발달을 좌우한다는 주장으로, 사회복지 발달수준은 사회적 양심과 같은 윤리, 이념, 시민권론과 같이 법적·정치적 권리가 아니라 산업화의 정도, 경제성장의 수준 등과 같은 요인이 결정한다는 것
② 정치·경제적 사회체제가 다를지라도 산업화나 경제성장의 정도가 유사하면, 사회복지발달의 수준도 비슷하다는 뜻에서 수렴이론(Convergence theory)이라고

기술결정론의 한계
산업화나 경제성장의 정도가 유사하다고 반드시 사회복지 발달 정도가 비슷한 것은 아님

도 부르며, 또는 '이념의 종말', '체제의 종언'이라고도 함
③ 윌렌스키와 르보(Wilensky&Lebeau)가 주장한 이론으로 각종 복지서비스의 제공을 위한 공·사립사회기관과 사회사업 전문직을 산업사회 내에서의 주요 조직 형태로 간주하면서 이러한 조직의 전문성을 통해 복지서비스의 특성이 결정되는 것으로 봄

(5) 확산이론(전파이론)

① 확산이론(Diffusion theory) 혹은 '전파이론'이라고도 함
② 확산 이론은 국제관계가 긴밀하게 이루어지는 현대사회에서 국가 간 교류로 사회복지정책과 사회보장의 아이디어와 경험이 한 나라에서 다른 나라로 전파·확산된다는 설명
③ 전파는 선구적인 복지국가의 노력을 인접국가나 다발국가들, 특히 제3세계 국가군이 모방하여 도입한다는 주장
④ 콜리어와 메식(Collier&Messick) 확산 유형

위계적 확산 (hierarchical diffusion)	기술혁신이나 새로운 제도가 선진국에서 후진국으로 전파되는 경우
공간적 확산 (spatial diffusion)	특정국가에서 만들어진 제도나 프로그램이 우선 인접 주변국을 중심으로 하여 점차적으로 전파되어 나아간다는 설명

> **확산이론의 한계**
> 후진국에서 선진국으로 확산되는 사례를 설명할 수 없으며, 정책의 도입시기만으로 확산과정을 설명하기 어려움

(6) 국가중심이론

① 사회복지정책의 공급자(국가)가 스스로 문제를 인식하고 해결한다는 입장으로 사회복지의 발전을 설명
② 정부 관료나 관료기관의 자기 이익 추구행위와 국가 조직의 형태에 따라 사회복지정책의 발전이 달라진다고 봄

> **국가중심이론의 한계**
> 각 국가의 구조적 특징을 강조하므로 일반화가 어려움

(7) 엘리트이론

① 정부관료나 지식인 등과 같은 엘리트 층의 능력을 통해 발달한다고 봄
② 엘리트에서 국민으로 가는 하향적 집행을 주장(국민의 존재 무시)

> **엘리트이론의 한계**
> 엘리트의 구분이 불명확하며, 국민의 존재를 무시

(8) 이익집단이론

① 사회복지정책의 발달 원인을 정치적 역할을 하는 다양한 이익집단의 산물로 봄
② 다원주의이론과 유사한 개념으로 다양한 이익집단의 정치적 세력이 커지면 그 이익집단의 의견을 수용

(9) 사회민주주의이론

① 사회복지정책의 발달을 노동자 계급의 정치적 세력 확대의 산물로 봄
② 권력자원이론, 계급정치이론이라고도 함

실력UP 기타 이론

- **합리이론**: 어떤 형태의 사회든 그것이 산업화되는 과정에서 필연적으로 사회문제가 파생되는데, 이때 합리적 인간이 고안해 낸 합리적 문제해결책이 바로 사회정책이라는 것
- **테크놀로지론**: 사회정책의 변화를 사회행정 및 사회사업기술의 발달과 같은 비사회적인 힘에 의해 결정되는 것
- **종속이론**: 제2차 세계대전 이후 새롭게 독립한 제3세계 국가들의 사회복지제도 변천을 설명하려는 이론으로, 제3세계 국가들의 복지제도의 특성을 '저발전'이라 특성 짓고 그 이유를 식민 영향에서 찾고 있음

03절 사회복지정책 과정과 분석

1. 사회복지정책과정

(1) 사회복지정책 과정

한눈에 쏙~

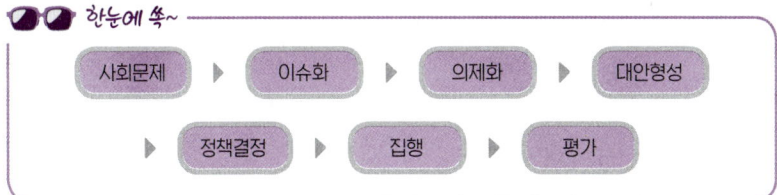

사회문제 ▶ 이슈화 ▶ 의제화 ▶ 대안형성 ▶ 정책결정 ▶ 집행 ▶ 평가

(2) 정책대안 탐색

① 정책대안의 평가기준

경제적 합리성 기준	정치적 합리성 기준	실현가능성 기준
• 효과성 • 능률성 • 생산성	• 민주성 • 대응성 • 형평성	• 기술적 실현가능성 • 경제적 실현가능성 • 법적·윤리적 실현가능성 • 정치적 실현가능성 • 시간적 실현 가능성

② 사회복지정책 대안의 방법

미래예측기법	비교분석기법	비교분석기준
• 유추방법 • 경향성 분석방법 • 회귀분석방법 • 델파이기법 • 마르코프모형	• 비용편익분석 • 비용효과분석 • 결정분석 • 의사결정나무 • 선형계획 • 모의실험	• 효율성 • 효과성 • 사회적 효과성 • 사회적 형평성 • 실현가능성(기술·정치·법)

SEMI-NOTE

주요용어
- **의제**: 정치체계에 성공적으로 투입되어 정책결정자들의 논의의 대상이 된 요구(의제의 모음을 아젠다)
- **아젠다**: 수많은 사회문제들 중에서 정부가 그것에 대한 정책적 해결을 위해 자발적이든 비자발적이든 공식적으로 채택한 의제의 목록
- **이슈**: 여러 가지 공공문제들 중에서 논쟁의 대상이 되는 문제

(3) 정책결정 모형 ★ 빈출개념

합리모형	• 의사결정이 인간의 이성과 합리성에 근거하여 합리적으로 이루어진다고 가정하는 이론 • 정책결정이 실제로 어떻게 이루어지고 있느냐보다는 가장 바람직한 결정이 어떻게 이루어져야 하는가를 설명하는 규범적 성격을 지님
만족모형	• 개인적 차원의 의사결정 행태에 관하여 제시한 모형 • 합리모형이 지닌 완전한 합리성, 특히 객관적인 사실판단을 하는 데 있어서 인간의 한계를 지적하고 그 대신 보다 현실성 있는 인간의 제한된 합리성을 전제로 함
점증주의 모형	• 합리모형이 현실의 정책결정에 적용되기 어렵다는 점을 지적하고, 현실에 실제로 이루어지고 있는 정책결정을 설명하기 위하여 주장된 이론 • 인간의 인지상의 제약과 현실에서 이루어지고 있는 정책결정 자체의 정치적 성격 및 그것으로 인한 제약을 지적함
혼합주사 모형	• 에치오니(Etzioni)가 합리모형과 점증주의 모형의 단점을 제거하고, 장점만을 취한 변증법적 통합모형으로 제시한 것 • 근본적으로 결정은 전반적이고 근본적인 방향을 올바르게 설정하기 위해서 합리모형에 따라 중요한 대안을 포괄적으로 모두 고려함
최적모형	• 드로어(Dror)가 주장한 것으로 개인적 차원이나 합리적 선택이라는 의사결정 국면에 초점을 두고 있는 다른 모형과 달리 질적으로 보다 나은 정책을 산출하기 위한 정책결정체제의 운영에 초점을 둠 • 최적화는 정책체계의 산물인 정책결과가 투입보다 큰 상태를 말함
회사모형	• 연합모형이라고도 하는데 이 모형은 개인적 차원의 의사결정에 초점을 두는 만족모형을 발전시켜 조직의 집단적 차원에 적용시킨 것 • 회사조직은 서로 다른 목표를 가지고 있는 하위조직들이 느슨하게 연결되어 있는 연합체를 이루고 있음
쓰레기통 모형	• 조직이나 집단의 응집성이 아주 약한 상태, 즉 조직화된 혼란상태 또는 무정부상태에서 이루어지는 비합리적인 의사결정의 측면을 강조하는 모형 • 의사결정에는 해결해야 할 문제, 문제의 해결책, 참여자 그리고 의사결정의 기회 등 4가지 요소가 있음

2. 사회복지정책의 분석틀

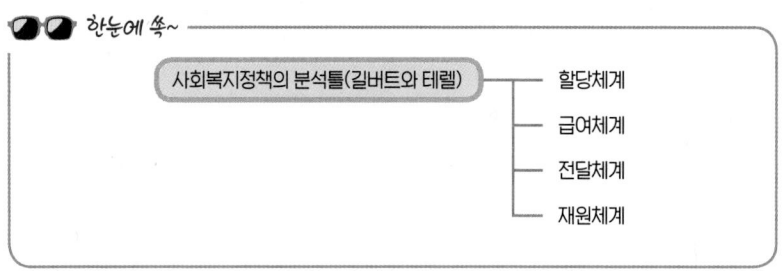

사회복지정책 분석유형(길버트와 테렐)
• 과정분석 : 정책형성과정에 대한 분석
• 산출분석 : 정책의 내용에 대한 분석
• 성과분석 : 정책의 결과물에 대한 분석

(1) 정책분석 일반

① 의사결정자 판단의 질을 높여주기 위한 각종 대안에 대한 일련의 비교·평가활동으로서 광의의 정책분석은 3차원의 분석으로 구분됨

② 정책분석이란 정책결정의 핵심단계로서 정책결정자의 역할을 대행하는 것이 아니라, 결정자의 합리적 판단을 도와주는 활동

(2) 할당체계 ★ 빈출개념

① 원칙

구분	선별주의	보편주의
의의	사회복지대상자들을 사회적·신체적·교육적 기준에 따라 구분한 다음 복지서비스를 제공하는 것	사회의 모든 구성원들에게 정부가 서비스나 재정적인 원조를 제공하는 것
범위	특수문제 대상에 한정	전 주민에 확대
자격	제한 강화(자산조사 필요)	제한 완화
급여수준	최저 수준으로 인하	적절한 보상률로 인상
급여기간	단축	연장
자기부담	강화	경감
장점	• 특정한 욕구를 가진 대상에 대한 집중적 자원배분 • 유효성, 효율성이 높음	• 공평성이 높음 • 접근성이 높음 • 편익성이 높음
단점	• 스티그마 발생 • 자산조사에 의한 행정비용 발생	• 경비가 많이 듦 • 낭비가 많음

② 세부원칙

집단	귀속적 욕구	급여자격 요건은 경제시장의 제도적 장치에 의해 충족되지 않은 욕구를 가진 사람들의 범주나, 집단에 속하느냐 여부에 따라 결정(욕구의 규범적 준거에 기반을 둔 범주적 할당에 기초함)
	보상	특정한 범주나 혹은 집단에 속하느냐에 따라 결정(형평을 회복하기 위한 규범적 준거에 기반을 둔 범주적 할당에 기초함)
개인	진단적 구분	신체적 장애나 정서적인 혼란과 같이 특정재화 혹은 서비스가 필요한 개인에 대해서는 전문가의 판단에 의존함
	자산조사에 대한 욕구	재화나 서비스를 개인이 구매할 수 없다는 증거에 의해 좌우됨(욕구의 경제적 기준에 근거를 둔 개인적 할당에 기초함)

(3) 급여체계 ★ 빈출개념

구분	현금지급	현물지급
의의	급여수급자가 자신에게 필요한 재화와 서비스를 직접 시장에서 구매하도록 화폐형태로 지급하는 급여(교환가치 강조)	수급자에게 필요한 물품과 서비스를 직접 급여로 제공하는 형태(사용가치 강조)
장점	• 수급자의 효용을 극대화할 수 있어 사회적 자원의 효율적 배분이 가능 • 수급자의 선택의 자유와 소비자권의 측면(자기결정)이 가능	• 대량생산과 대량소비로 규모의 경제로 인한 프로그램 비용감소 기능 • 효과가 명확하여 정치적 측면에서 선호하며, 관료차원, 물품평등주의 실현이 가능

SEMI-NOTE

무형급여
• 기회제공
  – 무형의 급여로 어떤 집단이 접근하지 못했던 부분에 접근을 가능하게 만드는 것
  – 사회의 불리한 집단들에게 진학, 진급, 취업 등에서 유리한 기회를 주어 시장의 경쟁에서 평등한 기회를 주는 형태
  – 간접급여는 직접급여에 비하여 평등의 목표달성이 어렵고, 사회기득권자들이 자기들의 이득을 합리화하는 수단으로 이용될 가능성이 많음

• 권력
  – 수급자로 하여금 정책결정에 대한 권력을 주어 정책의 내용이 그들에게 유리하게 결정되도록 하는 것
  – 현실적인 한계로 참여율이 낮고, 참여자들이 수급자의 이익을 대변하기보다는 기존의 정책결정자들에 의하여 선택된 사람들이고, 정책내용에 대한 이해가 적기 때문에 실질적인 정책변화에 영향을 줄 수 없어 기득권자들의 합리화 도구 가능성이 큼

장점	• 프로그램의 운영비용이 적게 듦	• 욕구를 가진 자의 선별성과 집중급여 제공으로 정책의 목표효율성을 달성
단점	• 목표효율성이 낮음 • 대상 · 사회 효용성이 낮음	• 운영효율성이 낮음 • 스티그마 발생 • 소비자의 주권 무시

> **실력up 증서(바우처)**
> • 정해진 일정한 용도 내에서 원하는 재화나 서비스를 자유롭게 선택할 수 있도록 하는 방법으로서 현금급여와 현물급여의 중간 성격을 가짐
> • 중간 속성에 의해 정치적으로 지지세력이 없고, 시행과정에서 많은 오용과 남용의 문제가 발생할 수 있음

(4) 전달체계 ★빈출개념

① 중앙정부의 전달체계

장점	단점
• 속성상 공공재적 성격이 강한 것 • 규모의 경제성을 갖는 서비스 • 평등과 사회적 적절성의 달성 • 다양한 복지에 대한 욕구를 체계화하여 다양한 프로그램을 통합 · 조정하거나 지속적이고 안정적으로 유지	• 서비스에 관한 수급자의 선택이 반영되기 어렵기 때문에 자원의 비효율적 배분 문제 발생 • 독점성으로 인한 가격과 질에 있어서 수급자에게 불리할 수 있음 • 정부조직의 관료성으로 융통적이지 못함 • 민간에 비해 수급자가 접근하기 어려움

② 지방정부의 전달체계

장점	단점
• 지역주민의 욕구를 더 효율적으로 해결 가능 • 지방정부 간의 경쟁논리로 재화의 가격과 개발이 용이 • 창의적이고 실험적인 서비스 개발 용이 • 수급자들이 정책결정에 참여할 기회 많아짐	• 지역 간 불평등을 야기하여 사회통합을 저해 • 규모의 경제효과가 적어 사회보험의 경우 기술적 측면에서 불리 • 지방정부 단위의 단편화된 프로그램의 가능성 • 프로그램의 안정성과 지속성의 측면에서도 불리

③ 민간전달체계의 필요성
  ㉠ 정부제공 서비스 비해당자에 대한 서비스 제공
  ㉡ 정부가 제공할 수 없는 서비스 제공
  ㉢ 동일 종류의 서비스에 대한 선택의 기회제공
  ㉣ 사회복지서비스의 선도적 개발 및 보급
  ㉤ 민간의 사회복지 참여욕구 수렴
  ㉥ 정부의 사회복지 활동에 대한 압력단체 역할
  ㉦ 국가의 사회복지 비용 절약

SEMI-NOTE

전달체계 측면의 평가기준
• 통합성
• 지속성
• 효율성
• 경쟁성
• 접근성
• 수급자의 선택의 자유
• 평등성
• 적절성
• 수급자의 욕구에 따른 대응성, 책임성
• 수급자들의 서비스에 대한 오용, 남용 방지

전달체계의 발달 순서
민간 → 지방 → 정부

(5) 재원체계

공공재원	정부의 일반예산	소득세, 소비세, 부세
	사회보장성 조세	소득비례 보험료, 정액 보험료, 삼자부담제
	조세비용	조세감면, 조세면제(역진적)
민간재원	사용자 부담	서비스 남용 억제, 이용자의 자기존중감 상승
	자발적 기여	특수 욕구 해결, 일시적, 비안정적
	기업복지	우수 인재 확보, 세제상 유리
	비공식부문	가족, 이웃, 친구
	공동모금	사회복지공동모금회법 근거

실력UP 사회보험료 방식과 조세방식

사회보험료 방식의 장점	조세방식의 장점
• 무책임한 급여인상 억제효과 • 자산조사를 필요로 하지 않는 보편적 접근방법 • 사회보험에 가입하는 자는 보험의 운용에 참여할 수 있음 • 사회보험 재정과 행동 등 운영을 민주적으로 수행 • 운영과 관련한 책임성을 높일 수 있음 • 사업주에 대한 사고발생 예방 유인 • 피용자보험의 경우 보험료 징수비용이 낮거나 간편	• 소득재분배 기능 강화 • 사회의 소득평등화 목표 실현 • 역진성 방지 • 저소득자의 부담 감소 • 모든 국민을 대상으로 함 • 재정운용에 있어 각종 서비스와 프로그램 간의 상호조정 가능케 함

04절 사회보장

1. 사회보장의 이해

(1) 사회보장의 의의

① 사회보장이라는 용어의 공식화는 1935년 미국의 사회보장법(Social Security Act)으로부터 유래됨. 이어 1938년 뉴질랜드에서 사회보장법이 제정되어 사회보장의 개념이 확대됨
② 국민의 최소한의 인간다움을 보장하는 사회보험, 공공부조, 사회서비스 등을 말함

(2) 사회보장의 목적

SEMI-NOTE

우리나라 사회보장기본법상의 개념 (제3조)

"사회보장"이란 출산, 양육, 실업, 노령, 장애, 질병, 빈곤 및 사망 등의 사회적 위험으로부터 모든 국민을 보호하고 국민 삶의 질을 향상시키는 데 필요한 소득·서비스를 보장하는 사회보험, 공공부조, 사회서비스를 말함

기본생활보장	• 국가가 국민의 생존권을 보호하는 기능 • 국민들의 기본적 욕구를 보장하기 위함
소득재분배	• 정부의 재정지출 중 사회보장지출이 소득재분배 효과가 가장 두드러짐 • 수직적 재분배와 수평적 재분배
사회적 연대감 증대	사회적 연대감을 보여주는 제도적 장치 중의 하나

SEMI-NOTE

사회보장제도 운영원칙(사회보장기본법 제25조)
- 보편성
- 형평성
- 효율성
- 전문성
- 민주성
- 연계성
- 책임성

(3) 사회보장의 영역

법령 사회보장기본법

제3조(정의) 이 법에서 사용하는 용어의 뜻은 다음과 같다.
1. "사회보장"이란 출산, 양육, 실업, 노령, 장애, 질병, 빈곤 및 사망 등의 사회적 위험으로부터 모든 국민을 보호하고 국민 삶의 질을 향상시키는 데 필요한 소득·서비스를 보장하는 사회보험, 공공부조, 사회서비스를 말한다.
2. "사회보험"이란 국민에게 발생하는 사회적 위험을 보험의 방식으로 대처함으로써 국민의 건강과 소득을 보장하는 제도를 말한다.
3. "공공부조"(公共扶助)란 국가와 지방자치단체의 책임 하에 생활 유지 능력이 없거나 생활이 어려운 국민의 최저생활을 보장하고 자립을 지원하는 제도를 말한다.
4. "사회서비스"란 국가·지방자치단체 및 민간부문의 도움이 필요한 모든 국민에게 복지, 보건의료, 교육, 고용, 주거, 문화, 환경 등의 분야에서 인간다운 생활을 보장하고 상담, 재활, 돌봄, 정보의 제공, 관련 시설의 이용, 역량 개발, 사회참여 지원 등을 통하여 국민의 삶의 질이 향상되도록 지원하는 제도를 말한다.
5. "평생사회안전망"이란 생애주기에 걸쳐 보편적으로 충족되어야 하는 기본욕구와 특정한 사회위험에 의하여 발생하는 특수욕구를 동시에 고려하여 소득·서비스를 보장하는 맞춤형 사회보장제도를 말한다.
6. "사회보장 행정데이터"란 국가, 지방자치단체, 공공기관 및 법인이 법령에 따라 생성 또는 취득하여 관리하고 있는 자료 또는 정보로서 사회보장 정책 수행에 필요한 자료 또는 정보를 말한다.

세대 간·세대 내 재분배
- 수직적 재분배
- 수평적 재분배

(4) 소득재분배

① 사회복지정책이나 조세정책을 통하여 부를 재분배
② 유형
  ㉠ 공적·사적 재분배
  ㉡ 세대 간·세대 내 재분배
  ㉢ 장기적·단기적 재분배

2. 사회보험 ★ 빈출개념

(1) 사회보험의 이해

① 사회보험이란 보험기술을 이용하여 사회정책을 실현하려는 경제사회제도로서 일반적으로 사회구성원에 대하여 생활을 위협하는 사고가 발생하였을 때, 특정 기준의 급여를 하고 경제적 손실에 대한 소득보장을 하는 보험을 말함

사회보험의 특징
- 보편주의
- 국가가 운영주체
- 대상은 모든 국민

② 우리나라에서 실시되고 있는 사회보험으로는 국민건강보험, 국민연금보험, 산업재해보상보험, 고용보험 등이 있음

③ 사회보험과 사보험

사회보험	사보험
• 강제적용방식 • 최저수준의 소득보장 • 사회보험의 조건은 법률에 규정되며 가입자는 보험급여에 대한 법적 권리를 가짐 • 사회보험의 재원조달은 완전기금 적립방식을 취하기 어려움(소득수준에 따른 차등부과) • 사회보험의 가입대상은 모든 국민	• 가입자의 자발적 참여에 따른 계약에 의존 • 완전기금 적립방식(위험정도·급여수준에 따른 부과) • 계약을 준수해야 함 • 비용지출 예측이 용이 • 사보험의 가입대상은 특정 개인

3. 사회보험제도

(1) 국민연금제도

목적	국민의 노령, 장애 또는 사망에 대하여 연금급여를 실시함으로써 국민의 생활안정과 복지증진에 이바지하는 것을 목적
도입시기	• 1973년 12월 국민복지연금법 제정 : 미시행 • 1988년 1월 : 국민연금제도 시행 • 1995년 7월 : 농어촌지역으로 확대 • 1999년 4월 : 도시자영업자에게까지 적용
가입대상	국내에 거주하는 18세 이상 60세 미만인 자
가입자 종류	• 사업장가입자 • 지역가입자 • 임의가입자 • 임의계속가입자
국민연금의 종류	• 노령연금 • 장애연금 • 유족연금 • 반환일시금

실력up 국민연금의 재정방식

적립방식	부과방식
• 가입자의 근로기간 중 보수의 일부를 갹출하여 그 원금과 운용수익을 적립하여 이를 급여재원으로 하는 방식. 가입자 각자에 대하여 개별계정이 설정되어 장래를 향하여 보험료가 적립 • 가입기간 중 납부되는 보험료에 대한 이자의 축적으로 보험료 총액보다 높은 연금액을 지급받을 수 있음	• 노령세대에 지급하여야 할 연금에 소요되는 재원을 당시의 경제활동세대가 부담하는 방식. 부과방식은 연도마다 지급된 연금액만큼 당해 연도에 보험료를 납부하게 됨. 성격이 뚜렷하고 변동이 없는 직업별 내지는 직제집단의 존재를 전제로 함 • 연금 수지차가 거의 없어 연금의 실질가

SEMI-NOTE

공적 연금의 유형
• 사회부조식 공적 연금
• 사회보험식 공적 연금
• 사회수당식 공적 연금
• 퇴직준비금제도
• 강제가입식 개인연금제도

가입대상 제외자
공무원연금법, 군인연금법 및 사립학교교직원연금법, 별정우체국법에 따라 퇴직·장해연금을 받을 권리를 얻은 자

우리나라의 방식
• 수정 적립방식 채택
• 기본적으로 적립방식을 채택하고 있으나, 시행 초기에 낮은 보험료로 출발하여 단계적으로 인상함으로써 후세대에 일정한 부담을 전가한다는 점에서 두 가지 방식을 절충한 것

• 장래의 보험료 부담이 경감 • 부과방식에 따르는 인구변동으로 인한 위험이 적음 • 적립된 기금이 잘 활용되는 경우 경제 발전에 기여할 수 있음 • 인플레이션으로 인해 연금의 실질가치를 보호하지 못함 • 수급자의 생활수준의 향상과는 원칙적으로 무관하게 일정금액을 지급받게 됨	치 대책이나 연금 수지의 장기추계를 필요로 하지 않음 • 인구구조의 변화에 영향을 많이 받음 • 장기적인 측면에서는 재정운영이 불안 정해짐 • 사회경제적 환경의 변화를 반영하여 정부가 연금의 급여수준 및 보험료율을 변화시키는 정치적 위험이 적립방식보다 큼

(2) 국민건강보험제도

목적	국민의 질병·부상에 대한 예방·진단·치료·재활과 출산·사망 및 건강증진에 대하여 보험급여를 실시함으로써 국민보건 향상과 사회보장 증진에 이바지함을 목적
역사	• 1963년 : 의료보험법(비강제적용) • 1976년 : 의료보험법 개정 • 1977년 : 의료보험제도 본격적 실시 및 공무원 및 사립학교교직원의료보험법 제정 • 1989년 : 도시 자영민에게까지 의료보험 적용확대(전 국민 의료보험시대 돌입) • 1997년 : 의료보험 통합, 국민의료보험법 제정 • 1999년 : 의료보험의 완전통합, 국민건강보험법 제정 • 2000년 : 국민건강보험법 시행 • 2003년 : 직장·지역 재정통합 운영
방식	• 사회보험방식(NHI ; National Health Insurance) • 국가보건서비스방식(NHS ; National Health Service) • 민간보험방식
급여의 종류	• 요양급여 • 요양비 • 건강검진 • 본인부담액 보상금 • 장애인보장구 급여비

(3) 산업재해보상보험

목적	산업재해보상보험사업을 시행하여 근로자의 업무상의 재해를 신속하고 공정하게 보상하며, 재해근로자의 재활 및 사회복귀를 촉진하기 위하여 이에 필요한 보험시설을 설치·운영하고, 재해예방과 그 밖에 근로자의 복지증진을 위한 사업을 시행하여 근로자 보호에 이바지하는 것을 목적
산업재해보상의 원칙	• 산업재해의 인정에 관한 원칙 • 산업재해의 치료와 보상의 원칙 • 유족보상의 원칙

행위별 수가제와 포괄수가제

- 행위별 수가제 : 의료공급자의 서비스 행위 하나하나, 그리고 제공된 상품 하나하나를 가격으로 환산하여 지급하는 행위별 수가제는 가장 시장지향적이며, 진료비 지불방식 중 진료비용 절감 효과가 가장 낮을 뿐만 아니라 청구된 진료비를 일일이 심사해야 하기 때문에 관리가 어렵고 관리비용도 많은 방법
- 포괄수가제 : 질병군별 중증도에 따라 이미 정해진 정액진료비를 의료행위 항목별로 따지지 않고 포괄하여 계산하는 새로운 진료비 결정방식

산업재해보상보험 특징

- 사용자의 무과실책임주의에 입각한 강제적 노동재해보험
- 비용은 전액 사용자가 부담
- 사용주의 고의 및 과실에 의한 사고가 발생하게 되면 별도의 손해배상청구를 할 수 있도록 제도화
- 개별사용자의 위험부담을 다수의 사용자가 공동으로 부담하는 보험방식
- 자진신고, 자진납부의 원칙이 적용
- 개별노동자 단위가 아닌 사업장 단위로 산재보험관리가 운영

업무 상의 재해	• 부상 • 질병 • 장해 • 사망
산업재해보상보험의 급여	• 요양급여 • 휴업급여 • 장해급여 • 유족급여 • 상병보상연금 • 장례비 • 간병급여 • 직업재활급여

(4) 고용보험제도

목적	실업의 예방, 고용의 촉진 및 근로자 등의 직업능력의 개발과 향상을 꾀하고, 국가의 직업지도와 직업소개 기능을 강화하며, 근로자 등이 실업한 경우에 생활에 필요한 급여를 실시하여 근로자의 생활안정과 구직활동을 촉진함으로써 경제·사회 발전에 이바지하는 것을 목적
고용보험 급여	• 실업급여사업 • 고용안정사업 • 직업능력개발사업 • 육아휴직급여 및 출산전후휴가 급여

(5) 노인장기요양보험

목적	고령이나 노인성 질병 등의 사유로 일상생활을 혼자서 수행하기 어려운 노인등에게 제공하는 신체활동 또는 가사활동 지원 등의 장기요양급여에 관한 사항을 규정하여 노후의 건강증진 및 생활안정을 도모하고 그 가족의 부담을 덜어줌으로써 국민의 삶의 질을 향상하도록 함을 목적
기본원칙	• 장기요양급여는 노인등이 자신의 의사와 능력에 따라 최대한 자립적으로 일상생활을 수행할 수 있도록 제공하여야 함 • 장기요양급여는 노인등의 심신상태·생활환경과 노인등 및 그 가족의 욕구·선택을 종합적으로 고려하여 필요한 범위 안에서 이를 적정하게 제공하여야 함 • 장기요양급여는 노인등이 가족과 함께 생활하면서 가정에서 장기요양을 받는 재가급여를 우선적으로 제공하여야 함 • 장기요양급여는 노인등의 심신상태나 건강 등이 악화되지 아니하도록 의료서비스와 연계하여 이를 제공하여야 함
장기요양급여의 종류	• 재가급여(방문요양, 방문목욕, 방문간호, 주·야간보호, 단기보호, 기타재가급여) • 시설급여(장기요양기관이 운영하는 노인의료복지시설 등에 장기간 동안 입소하여 신체활동 지원 및 심신기능의 유지·향상을 위한 교육·훈련 등을 제공하는 장기요양급여) • 특별현금급여(가족요양비, 특례요양비, 요양병원간병비)

SEMI-NOTE

고용보험 특례
• 예술인인 피보험자
• 노무제공자인 피보험자

주요용어 해설
• **노인등** : 65세 이상의 노인 또는 65세 미만의 자로서 치매·뇌혈관성질환 등 대통령령으로 정하는 노인성 질병을 가진 자
• **장기요양급여** : 등급판정 기준에 따라 6개월 이상 동안 혼자서 일상생활을 수행하기 어렵다고 인정되는 자에게 신체활동·가사활동의 지원 또는 간병 등의 서비스나 이에 갈음하여 지급하는 현금 등을 말함
• **장기요양사업** : 장기요양보험료, 국가 및 지방자치단체의 부담금 등을 재원으로 하여 노인등에게 장기요양급여를 제공하는 사업을 말함
• **장기요양기관** : 본 법에 따라 지정을 받은 기관 또는 지정의제된 재가장기요양기관으로서 장기요양급여를 제공하는 기관을 말함
• **장기요양요원** : 장기요양기관에 소속되어 노인등의 신체활동 또는 가사활동 지원 등의 업무를 수행하는 자를 말함

관리운영기관
장기요양사업의 관리운영기관은 공단

4. 빈곤과 공공부조

(1) 빈곤

① 개념

절대적 빈곤(선)	객관적으로 결정한 절대적 최저한도보다 미달되는 상태를 말하는데, 흔히 의식주 등 기본적 욕구를 해결하지 못하는 상태로 보고, 절대빈곤선 개념을 토대로 생존의 의미를 강조함. 따라서 절대적 빈곤은 실질경제성장이 계속되어 그 사회의 전반적인 생활수준이 향상되면 빈곤선 이하의 생활을 하는 사람의 숫자도 감소하게 됨
상대적 빈곤(선)	동일사회 내의 다른 사람과 비교하여 적게 가지는 것을 말하는데, 이는 특정사회의 전반적인 생활수준과 밀접히 관련된 개념이어서 경제 · 사회발전에 따라 정책적으로 중시되며 상대적 박탈과 불평등의 개념을 중시
주관적 빈곤(선)	자신이 충분히 갖고 있지 않다고 느끼는 것을 말하는데, 이는 제3자의 판단에 의해 어떤 객관적인 수준이 정해지는 것이 아니라, 개인의 주관적인 판단수준에서 결정됨

② 불평등 지수
  ㉠ 로렌츠곡선 : 한 사회의 구성원을 소득이 가장 낮은 사람으로부터 높아지는 순서에 따라 차례로 배열한다고 할 때, 일정비율의 사람들이 차지하는 전체 소득 중의 비율을 나타내는 점들을 모아놓은 곡선
  ㉡ 지니계수 : 로렌츠 곡선에 수치를 부여함으로써 분배상태에 대한 비교를 가능하게 하는 곡선
  ㉢ 십분위분배율 : $\dfrac{최하위 40\% 계층의 소득점유율}{최상위 20\% 계층의 소득점유율}$

(2) 공공부조

① 개념
  ㉠ 공공부조 또는 사회부조란 자력으로 생계를 유지할 능력이 없는 자에 대하여 생계를 유지할 능력이 있을 때까지 재정자금으로 보호하여 주는 일종의 구빈제도
  ㉡ 현재 생활불능 또는 생활곤궁 상태에 있는 자에 대하여 국가 또는 공공단체에서 사회보장제도상의 최종적인 생활보장 수단으로 거출을 요건으로 하지 않고 최저생활에 필요한 급여를 행하는 제도로 이는 국민의 권리로서 최저생활을 보장받는 제도

② 공공부조의 원리와 운영 원칙

공공부조의 기본원리	공공부조운영의 기본원칙
• 생존권 보장의 원리	• 신청 및 직권보호의 원칙
• 국가책임의 원리	• 필요즉응의 원칙
• 최저생활보장의 원리	• 세대단위의 원칙
• 자립조장의 원리	• 현금부조의 원칙

SEMI-NOTE

최저생계비 계측방법
• 전물량방식(예산기준방식)
• 반물량방식(오산스키방식)

로렌츠곡선
• 완전평등 : 대각선
• 완전불평등 : 수평축과 수직축

지니 계수
• 완전평등 : 0
• 완전불평등 : 1

십분위분배율
• 완전평등 : 2
• 완전불평등 : 0

공공부조의 특징
• 재원은 일반조세로 충당되며 자산조사가 선행되어야 함
• 운영주체는 국가 및 지방자치단체
• 선별주의 적용
• 생계급여, 의료급여, 자활급여, 교육급여, 해산급여, 장제급여, 주거급여 등

| | · 무차별평등의 원리
· 보충성의 원리 | · 거택보호의 원칙
· 친족부양의 원칙
· 타법 우선의 원칙
· 급여기준 및 정도의 원칙 |

③ 공공부조의 원칙
㉠ 최저생활 보장
㉡ 신청보호
㉢ 열등처우
㉣ 가족부양 우선
㉤ 보충성
㉥ 개별성
㉦ 세대단위
㉧ 국가재원

(3) 국민기초생활보장

목적	생활이 어려운 사람에게 필요한 급여를 실시하여 이들의 최저생활을 보장하고 자활을 돕는 것을 목적으로 함
정의	· 수급권자 : 이 법에 따른 급여를 받을 수 있는 자격을 가진 사람 · 수급자 : 이 법에 따른 급여를 받는 사람 · 수급품 : 이 법에 따라 수급자에게 지급하거나 대여하는 금전 또는 물품 · 부양의무자 : 수급권자를 부양할 책임이 있는 사람으로서 수급권자의 1촌의 직계혈족 및 그 배우자를 말함. 다만, 사망한 1촌의 직계혈족의 배우자는 제외 · 소득인정액 : 보장기관이 급여의 결정 및 실시 등에 사용하기 위하여 산출한 개별가구의 소득평가액과 재산의 소득환산액을 합산한 금액 · 차상위계층 : 수급권자에 해당하지 아니하는 계층으로서 소득인정액이 대통령령으로 정하는 기준 이하인 계층 · 기준 중위소득 : 보건복지부장관이 급여의 기준 등에 활용하기 위하여 중앙생활보장위원회의 심의·의결을 거쳐 고시하는 국민 가구소득의 중위값
급여 기준	급여는 건강하고 문화적인 최저생활을 유지할 수 있는 것이어야 하며, 급여의 기준은 수급자의 연령, 가구 규모, 거주지역, 그 밖의 생활여건 등을 고려하여 급여의 종류별로 보건복지부장관이 정하거나 급여를 지급하는 중앙행정기관의 장이 보건복지부장관과 협의하여 정함
급여의 종류	· 생계급여 · 주거급여 · 의료급여 · 교육급여 · 해산급여(解産給與) · 장제급여(葬祭給與) · 자활급여

(4) 긴급복지지원

목적	생계곤란 등의 위기상황에 처하여 도움이 필요한 사람을 신속하게 지원함으로써 이들이 위기상황에서 벗어나 건강하고 인간다운 생활을 하게 함을 목적으로 함

SEMI-NOTE

공공부조 원칙의 특징
· 현금 우선
· 자립조성
· 한시적

국민기초생활보장법의 정의(추가)
· 보장기관 : 이 법에 따른 급여를 실시하는 국가 또는 지방자치단체
· 최저보장수준 : 국민의 소득·지출 수준과 수급권자의 가구 유형 등 생활실태, 물가상승률 등을 고려하여 제6조에 따라 급여의 종류별로 공표하는 금액이나 보장수준
· 최저생계비 : 국민이 건강하고 문화적인 생활을 유지하기 위하여 필요한 최소한의 비용으로서 제20조의2제4항에 따라 보건복지부장관이 계측하는 금액
· 개별가구 : 이 법에 따른 급여를 받거나 이 법에 따른 자격요건에 부합하는 지에 관한 조사를 받는 기본단위로서 수급자 또는 수급권자로 구성된 가구(개별가구의 범위 등 구체적인 사항은 대통령령으로 정함)

SEMI-NOTE

의료급여
- 목적 : 이 법은 생활이 어려운 사람에게 의료급여를 함으로써 국민보건의 향상과 사회복지의 증진에 이바지함을 목적으로 함
- 보장기관 : 수급권자의 거주지를 관할하는 특별시장·광역시·도지사와 시장·군수·구청장(주거가 일정하지 아니한 경우 실제 거주하는 지역을 관할하는 시장·군수·구청장 이함)
- 사례관리 : 보건복지부장관, 특별시장·광역시장·도지사 및 시장·군수·구청장은 수급권자의 건강관리 능력 향상 및 합리적 의료이용 유도 등을 위하여 사례관리를 실시할 수 있음
- 관리사 : 사례관리를 실시하기 위하여 특별시·광역시·특별자치시·도·특별자치도 및 시·군·구에 의료급여 관리사를 둠

종류	• 금전 또는 현물(現物) 등의 직접지원(생계지원, 의료지원, 주거지원, 사회복지시설 이용 지원, 교육지원, 그 밖의 지원) • 민간기관·단체와의 연계 등의 지원
원칙	위기상황에 처한 사람에게 일시적으로 신속하게 지원하는 것

(5) 기초연금

목적	노인에게 기초연금을 지급하여 안정적인 소득기반을 제공함으로써 노인의 생활 안정을 지원하고 복지를 증진함을 목적으로 함
대상	• 65세 이상인 사람으로서 소득인정액이 보건복지부장관이 정하여 고시하는 금액 이하인 사람 • 보건복지부장관은 선정기준액을 정하는 경우 65세 이상인 사람 중 기초연금 수급자가 100분의 70 수준이 되도록 함
책무	• 국가와 지방자치단체는 필요한 비용을 부담할 수 있도록 재원(財源)을 조성하여야 하며, 이 경우 국민연금법에 따라 설치된 국민연금기금은 기초연금 지급을 위한 재원으로 사용할 수 없음 • 국가와 지방자치단체는 기초연금의 지급에 따라 계층 간 소득역전 현상이 발생하지 아니하고 근로의욕 및 저축유인이 저하되지 아니하도록 최대한 노력하여야 함
감액	본인과 그 배우자가 모두 기초연금 수급권자인 경우에는 각각의 기초연금액에서 기초연금액의 100분의 20에 해당하는 금액을 감액함

실력up 장애인연금법 ★ 빈출개념

- 목적 : 장애로 인하여 생활이 어려운 중증장애인에게 장애인연금을 지급함으로써 중증장애인의 생활 안정 지원과 복지 증진 및 사회통합을 도모하는 데 이바지함을 목적으로 함
- 대상
  - 수급권자는 18세 이상의 중증장애인으로서 소득인정액이 그 중증장애인의 소득·재산·생활수준과 물가상승률 등을 고려하여 보건복지부장관이 정하여 고시하는 금액 이하인 사람
  - 보건복지부장관은 선정기준액을 정하는 경우에 18세 이상의 중증장애인 중 수급자가 100분의 70 수준이 되도록 함
- 종류

기초급여	근로능력의 상실 또는 현저한 감소로 인하여 줄어드는 소득을 보전(補塡)하여 주기 위하여 지급하는 급여
부가급여	장애로 인하여 추가로 드는 비용의 전부 또는 일부를 보전하여 주기 위하여 지급하는 급여

07장 사회복지행정론

01절 사회복지행정의 이해 및 특성

02절 사회복지행정의 이론적 배경

03절 사회복지서비스 전달체계

04절 사회복지조직의 구조와 환경

05절 사회복지행정의 주요 개념

07장 사회복지행정론

SEMI-NOTE

사회복지행정의 주요요소
- 인사관리
- 조직관리
- 재무관리

01절 사회복지행정의 이해 및 특성

1. 사회복지행정의 이해

(1) 사회복지행정
① 사회복지의 제반 활동들을 조직하는 것으로 사회복지이념이나 정책목표들을 실천적인 서비스로 전환시키는 역할
② 사회복지정책과 서비스를 연결시키는 매개체로서의 역할

(2) 사회복지행정의 분류

협의의(미시적) 사회복지행정	광의의(거시적) 사회복지행정
• 사회복지실천의 한 방법으로서 관리자의 행정관리로 개별 사회사업, 집단사회사업, 지역사회조직사업 등 3가지의 사회복지 실천방법이 있음 • 협의적 사회복지행정의 주요과제로는 서비스전달의 효과성, 효율성 문제, 접근성과 전문성 문제, 서비스의 경쟁성, 중복성과 조정문제, 재정의 불확실성 해결 등이 있음(사회사업행정, 사회사업기관행정, 사회서비스행정, 인간서비스 조직의 관리)	공공 및 민간기관을 포함한 사회복지조직 구성원들의 총체적 활동으로 인간의 사회적 기능을 향상시키는 것

실력up 사회복지행정의 이념

- **효과성** : 조직체의 목표를 달성하는 정도로서 욕구의 충족, 해결이 어느 정도 이루어지는가를 의미
- **효율성** : 최소의 자원으로 최대의 효과를 어떻게 거둘 것인가의 문제
- **공평성** : 동일한 욕구를 가진 대상자는 동일한 혜택, 서비스를 받아야 한다는 것을 의미
- **접근성(편의성)** : 대상자가 서비스를 쉽게 이용할 수 있도록 제반 여건을 갖추어야 한다는 것을 의미

잔여적 사회복지(선별주의)
- 자유방임의 사회철학에 근거
- 일시적으로 개인들이 이 기구로부터 욕구충족을 못하게 되는 경우도 발생하게 되는데 이 경우에 대비해서 사회복지는 필요
- 잔여적 개념에서는 사회적 의존인구들은 비정상적인 집단으로 간주되기 때문에 서비스 대상 인구들에게는 스티그마(낙인감)가 작용하게 됨

2. 사회복지행정의 특성과 비교 ★ 빈출개념

(1) 사회복지행정의 특성
① 공식적 조직에 의한 활동(자선과는 다름)
② 사회적 후원과 책임이 필요
③ 프로그램의 주된 목표는 이윤추구가 배제(비영리성)
④ 사회복지는 모든 기능을 다 해야 한다는 기능적 일반화의 특성을 지님

(2) 사회복지행정과 일반행정의 비교

① 사회복지조직에서의 행정은 지역사회 내의 인지된 욕구를 충족시킬 수 있도록 돕기 위해 존재하는 것
② 사회복지조직이 행정을 통한 사회복지조직에 의해 제공되는 서비스 범주로는 손상된 사회적 기능의 회복, 좀더 효과적인 사회적 기능을 위해 사회적·개인적 자원의 제공, 사회적 역기능의 예방 등
③ 사회복지행정이 이루어지는 장인 전형적인 사회복지조직은 일반적으로 지역사회를 대표하는 이사회를 가짐
④ 사회복지조직의 크기, 범위, 구조 및 프로그램 형태는 광범위하고 다양함
⑤ 자원활용에 관하여 부단히 선택을 내릴 필요성이 있음
⑥ 사회복지조직은 조직의 생존을 위해 자원의 적자운영을 피해야 함
⑦ 사회복지조직에 의해 수행되는 서비스는 전문 사회사업적 성격이 점차로 증대
⑧ 모든 직원들이 행정과정에 참여하고 어느 정도까지는 전체 조직사업에 영향을 미침

3. 사회복지조직과 사회복지행정과정(POSDCoRBE)

(1) 사회복지조직의 의의

① 사회복지조직은 클라이언트에게 사회복지서비스를 직접 제공하거나 사회복지서비스를 계획함으로써 인간 또는 사회문제를 해결 내지 완화시키는 기능을 수행하는 조직을 말하며, 사회복지서비스와 밀접하게 관련된 공사의 모든 조직이 포함됨
② 복지라는 공공목적을 달성하기 위한(복지 목표설정) 국가 또는 지방자치단체라는 공공기관 및 그의 위임에 기초한 사적 기관(복지주체)에 의하여, 단기적으로는 빈곤층 내지 사회 저수혜자를 중심으로, 궁극적으로는 전체 국민을 위해(복지객체) 수행되는 활동들의 결정과(복지정책 수립) 이들의 구체화, 즉 인적·물적 자원의 확보 및 관리행위를(인적·물적 자원 획득과 배분) 총칭하는 공공사무의 한 기능(평가 및 통제)으로 정의됨

(2) 사회복지행정과정(POSDCoRBE)

① 기획(Planning) : 행정가에 의해 수행되는 최초의 과정으로서 목표설정, 과업활동 방법결정 등을 말함
② 조직(Organizing) : 조직은 작업활동이 규정되고 조정되는 공식적인 조직의 설정을 필요로 함
③ 인사(Staffing) : 직원의 채용과 해고, 직원의 교육과 훈련, 협력적인 활동조건의 유지 등을 말함
④ 지시(Directing) : 행정책임자가 기관을 효과적으로 운영하기 위해 하위구성원에게 업무를 부과하는 기능
⑤ 조정(Coordinating) : 사회복지기관의 활동에 있어서 다양한 부분들을 상호연결

SEMI-NOTE

제도적 사회복지(보편주의)
- 현대 산업사회에서는 가족과 시장의 기능만으로 대부분 개인들의 욕구가 충족되지 못하며 이러한 상태가 오히려 정상이라는 것
- 개인들이 사회복지서비스에 대한 필요성을 가지는 것은 정상적이며 따라서 스티그마(낙인감)의 개념도 존재하지 않음

사회복지조직의 특징(Y. Hasenfeld)
- 사회복지조직은 변화되어야 할 속성을 가지고 있는 클라이언트와 직접 접촉하여 활동하고 있음
- 사회복지조직은 서비스를 제공받는 클라이언트의 복지를 보호하고 증진하도록 사회로부터 위임을 받았고, 이로써 조직의 존재가 정당화됨
- 사회복지조직은 투입되는 원료가 도덕적 가치를 지닌 인간이라는 사실이 사회복지조직의 대부분의 활동에 영향을 미침

시키는 중요한 기능
⑥ 보고(Reporting) : 행정책임자가 기관의 직원, 이사회, 지역사회, 여타 기관 등에 대하여 본 기관에서 일어나는 상황을 알리는 것
⑦ 재정(Budgeting) : 사회복지기관의 예산정책으로는 급여의 스케줄, 수입확보의 방법, 지출 통제의 방법 등이 있음
⑧ 평가(Evaluating) : 사회복지기관의 목표에 따라 전반적인 활동결과를 사정하는 과정

02절 사회복지행정의 이론적 배경

1. 고전이론

(1) 과학적 관리론

① 의의 : 테일러(Taylor)에 의해 창시되었으며, 동작과 시간에 관한 과학적 분석으로 고도의 분업을 통한 효율성을 추구
② 특징
  ㉠ 작업의 효율은 노동의 분업을 통해 가능
  ㉡ 권한과 책임성은 행정 간부에게만 주어짐
  ㉢ 과업을 달성한 정도에 따라 임금을 지불(성과급제)
  ㉣ 질서, 효율성, 정밀성을 강조

(2) 관료제 이론

① 의의 : 막스 베버(Weber)에 의해 주장되었으며 전문화된 분업과 엄격한 규칙에 의한 위계적 관리를 강조
② 특징
  ㉠ 비인간적인 인간관계
  ㉡ 명확하고도 고도로 전문화된 업무분업
  ㉢ 인간의 개성보다 공적인 지위에 기반을 둔 위계적 권위구조
③ 장단점

구분	장점	단점
권위의 위계구조	엄격한 지시이행	의사소통 저해
규칙	업무의 지속성, 통일성확보	경직성, 목적전치
사적 감정 배제	합리성 확보	사기저하, 비인간화
전문화된 분업	전문성 강화	직무 태만, 권태
소득의 차별	유인체계	연공과 업적 간의 갈등

(3) 행정관리론

SEMI-NOTE

고전이론 개요
- 고전모형(Classical Model)의 기본가정은 조직구성원들은 경제적 유인이 주어질 경우에 조직의 목표를 위해 노력한다는 것(조직이 개인에게 경제적으로 보상할 수 있다면 개인의 목표와 조직의 목표가 일치할 수 있다고 봄)
- 고전모형은 과학적 관리학파, 공공행정학파, 관료제 모형으로부터 제반 가정을 빌려오고 있는데, 그 핵심적 가정은 조직은 합리적 체계이며 기계와 꼭 같이 계획될 수 있다는 것(기계이론(machine theory)이라고도 명명)

① 의의 : 귤릭(GuLick), 어웍크(Urwick), 페이욜(Fayol) 등이 주장하였으며, 행정관리의 기능향상에 초점을 둠
② 귤릭(GuLick)이 사회복지행정과정(POSDCoRBE)을 제시

2. 인간관계이론

(1) 메이요(Mayo)의 호손실험과 인간관계이론

① 테일러의 과학적 관리론이 처음 주장될 당시에는 조직이 노동자를 기계처럼 다루어도 견뎌냈지만, 사회가 변화되고 노동자들의 교육수준도 높아짐에 따라 인간을 기계처럼 다루었던 경영철학에 대한 비판론이 나오게 되었고 인간관계에 대한 접근의 필요성이 대두됨
② 파욜은 조직원리에 심리학적·사회학적 측면을 강조하였고, 조직의 통제·참여·갈등 등의 문제해결에 심리학적 도구의 이용가치를 최초로 인정함(파욜의 사상적 기초는 호손연구의 계기가 되어 인간관계론의 성립배경이 됨)
③ 호손실험은 파욜의 조직심리연구에서 민주적 정신과 인간관계의 형성과 유지가 조직의 기본적 문제라는 데서 그 단서를 삼아 실시됨. 호손실험을 통하여 작업시간, 작업방법, 임금, 작업장의 환경 등 작업의 생리적인 제 조건을 개선하면 작업능률이 향상된다고 생각되었던 종래의 관리이론이 근본적으로 뒤엎어지고, 인간본성의 깊은 곳에 잠재되어 있는 무엇인가에 의하여 생산성을 증대시킬 수 있다는 사실이 발견됨

(2) 맥그리거(McGregor)의 X·Y이론

① 내용
  ㉠ 맥그리거의 X·Y이론은 경영자가 종업원을 통하여 조직의 목표를 달성하기 위하여 동기를 부여하는 방법에 있어서 우선 종업원의 본성에 대한 파악을 해야 함. 즉, 종업원들이 X이론적 인간들인가 또는 Y이론적인 인간들인가를 파악해야 한다는 것
  ㉡ 자신의 종업원들이 X이론적인 인간들이라면, 이들을 통하여 조직의 목표를 달성하기 위해서는 강제, 명령, 처벌 및 위협의 방법을 이용해야 함. 이들의 동기는 대체로 저차원 수준의 욕구, 즉 생리적 욕구와 안전의 욕구수준에 머무르고 있다고 가정되기 때문에 이들에게는 이런 저차원 욕구를 충족시키는 방법을 이용하여 동기부여를 시키는 것이 효과적
  ㉢ 자신의 종업원이 Y이론적 인간이라면 이들에게는 조직목표를 달성하는 데 경영자가 지원자적인 역할을 수행하는 것이 효과적. 그들은 일일이 명령과 통제를 받지 않더라도 자기지향과 자기통제를 행하기 때문
② 가정

X이론의 가정	Y이론의 가정
• 원래 종업원들은 일하기 싫어하며 가능하면 일하는 것을 피하려고 함	• 종업원들은 일하는 것을 놀이나 휴식과 동일한 것으로 볼 수 있음

SEMI-NOTE

인간관계이론 개요
• 인간관계모형(Human Relation Model)은 메이요(Mayo)를 중심으로 행하여진 호손 공장의 실험을 계기로 전개(조직에서의 인간적 요소의 중요성을 강조)
• 인간관계모형과 고전모형의 차이점에도 불구하고 인간관계모형은 만약 개인의 욕구가 충족된다면 조직에서의 개인은 조직의 목표를 위해 일할 것이라는 기본적인 가정에서는 고전모형과 같음

의사결정이론
• 고전모형과 인간관계모형의 중간형태
• 제한된 합리성을 개념화 : 일정한 제한을 가진 합리적인 행동이나 의사결정을 인정하여야 함
• 조직 속의 개인의 상이한 의사결정 : 조직 내에서도 각 개인은 상이한 의사결정을 할 수 있다는 것을 인정하는 바탕 아래 의사결정이론을 전개하여야 함
• 인간의 합리성은 한계가 있으므로 과거의 경험이나 선행연구를 통해 만족할 만한 의사결정을 모색

SEMI-NOTE

- 종업원들은 일하는 것을 싫어하므로 바람직한 목표를 달성하기 위해서는 통제되고 위협하여야 함
- 종업원들은 책임을 회피하고 가능하면 공식적인 지시를 바람
- 대부분의 종업원들은 작업과 관련된 모든 요소에 대하여 안전을 추구하며, 야심이 거의 없음

- 종업원들은 조직의 목표에 관여하는 경우에 자기지향과 자기통제를 행함
- 보통 인간들은 책임을 수용하고 스스로 책임을 찾아 나서기까지 함
- 훌륭한 의사결정의 능력은 모든 사람들이 가지고 있으며 경영자들만의 영역은 아님

실력up 룬트스테트(Lundstedt)의 Z이론

- X이론, Y이론에 추가하여 자유방임형 리더십으로부터 Z이론의 가능성을 모색
- Z이론이란 여러 가지 비조직적인 사회활동도 때로는 순기능을 수행한다고 봄
- 레크리에이션 활동은 비체계적인 조직활동 같지만 개인의 욕구를 잘 충족시켜 주고 있으며, 또 어떤 집단활동은 비조직적으로 형성된 상황 속에서 오히려 좋은 결과를 낳을 수 있다고 주장
- 이 이론은 자유방임형적·비조직형적 관리체제에 관한 것으로 X이론과 Y이론이라는 양대 모형으로의 과다단순화(편향적 시각)에 대한 비판으로부터 제기된 이론

3. 구조주의이론

(1) 구조주의이론 개요
① 고전이론과 인간관계이론을 통합한 것으로 에치오니가 주장
② 고전이론의 합리성·공정성과 인간관계이론의 비합리적·비공식적 특성을 통합하여 조직의 포괄적 준거기준을 제시

(2) 구조주의이론의 특징
① 두 이론의 통합을 통해 다요인적으로 접근
② 조직을 사회집단들이 상호작용하는 크고 복잡한 사회적 단위로 봄
③ 조직에서 발생하는 갈등을 순기능적 관점으로 봄
④ 조직에 대한 환경의 영향을 강조

상황적응이론(상황이론, 개연성 이론, 우연성 이론)
- 환경으로부터의 요구는 조직 내 구조변화의 형태를 결정
- 조직이 사용하는 기술의 속성이 이 기술을 사용하는 부서의 구조를 결정

4. 체계이론

(1) 체계모형 개요
① 체계모형(Systems Model)은 고전모형, 인간관계모형, 구조주의모형이라는 3가지 기본모형들이 하나의 모형으로 통합될 수 있다는 가정에 기초를 둠
② 체계모형은 관리자에게 조직의 문제를 분석하고 진단하기 위한 방법을 제공
③ 조직의 어느 부분이 잘못 기능하고 있는가를 찾아내어 고치도록 사용될 수 있음
④ 조직의 각각의 하위체계들이 어떠한 기능, 역동성 및 기제를 수행하는가의 표준을 제시함으로써 특정한 조직의 성과를 그 표준과 비교·평가해 볼 수 있음

체계이론의 기본가정
- 관리체계가 하위체계를 조정
- 하위체계 간의 업적을 비교·평가할 수 있음
- 하위체계는 역동적이며 하위체계 간의 갈등은 불가피함
- 하위체계는 생산하위체계, 유지하위체계, 경계하위체계, 적응하위체계, 관리하위체계로 구성

(2) 하위체계의 유형

생산하위체계	조직의 기본적인 역할로서 생산과 관련된 과업을 수행
유지하위체계	조직의 욕구와 인간의 욕구를 통합하고, 조직의 계속성을 확보
경계하위체계	외부환경과 영향을 주고 받는 체계로 생산지지체계(외부조직과의 상호교환관계)와 제도적 체계(외부로부터의 지지와 정당성 확보)로 구성
적응하위체계	변화하는 사회적 환경에 적응하기 위해 필요
관리하위체계	위 4가지 하위체계 요소를 통합·조정하기 위한 리더십을 제공

5. 현재조직이론

(1) 목표관리이론(MBO)

① 목표에 의한 관리(MBO ; Management by Objectives)란 직무성과의 향상 및 개인의 능력개발을 위한 목표를 설정하고, 그 과정을 통제하며, 성취결과를 평가하는 데 있어서 개인적·집단적·조직적 목표를 통합하도록 경영자와 직원이 참여하여, 조직에 대해서 적극적으로 공헌활동을 유발하기 위한 경영관리철학이자 시스템

② 상위자가 목표를 부여하고 그 성과를 평가하던 방식에서 벗어나 양적으로 측정 가능한, 구체적이며 단기적인 업적목표를 종업원 스스로 혹은 상위자와의 협의에 의해서 결정하고 스스로 그 목표달성에 대한 정도를 평가·보고하여 조직에 기여한 만큼의 정당한 보답을 받는 관리 제도

③ 목표중심의 참여적 관리기법으로서, 조직의 상하구성원의 광범위한 참여와 합의 하에 조직목표·개인목표를 설정하며 평가·환류의 효과적인 관리과정을 통하여 목표를 달성하고 궁극적으로 조직의 효율성을 향상시키고자 하는 민주적인 관리기법

(2) 총체적 품질관리(TQM)

① TQM(Total Quality Management)은 1980년대 이후 기업조직을 중심으로 발전된 '품질의 중요성'을 강조한 조직운영기법. 최근에는 공공조직뿐만 아니라 비영리조직 및 사회복지기관에도 활발하게 적용됨

② 정의

Martin의 정의	Gunther&Hawkins의 정의
TQM이란 고객만족, 품질중심, 조직구성원 전원참여의 원칙을 바탕으로 한 조직운영을 통해 새로운 조직문화를 창출하는 것	TQM을 사회복지기관에 적용하여 관리체계 및 과정이 고객의 욕구뿐만 아니라 사회환경, 조직환경에 즉각적으로 반응하는 체계로 개발되는 것

③ 주요특징 : 고객의 요구 존중, 지속적 개선, 집단적 노력강조, 신뢰관리, 과학적 방법 사용, 총체적 적용, 인간의 존중, 장기적인 시간, 분권적 조직구조

SEMI-NOTE

목표관리이론(MBO)의 목표
조직목표와 개인목표를 명확하게 설정함으로써 각자의 능력을 개발하고 의욕을 높이며, 또한 각자의 힘을 조직력으로 집중 발휘시킴으로써 효율적인 경영활동을 가능하게 하려고 함. 또 필요에 따라서는 목표를 수정함으로써 외부의 변화에 신속하게 대응하는 다이나믹한 조직활동을 가능하게 하려고 하는 것

03절 사회복지서비스 전달체계

1. 사회복지서비스 전달체계 일반

(1) 사회복지서비스 전달체계의 의의

① 사회복지서비스 전달체계란 사회복지서비스의 공급자와 소비자를 연결시키기 위한 조직적 장치(Gilbert&Specht)
② 전달체계란 좁은 의미에서는 사회복지사(서비스전달자)와 서비스를 받는 고객(클라이언트, 수혜자) 사이의 대면적 상호관계를 통하여 일정한 장에서 서비스(개입)를 전달(실천)하는, 즉 서비스전달업무를 실제로 집행하는 사회적 체계를 말함
③ 보다 넓은 의미에서는 이러한 사회복지전달의 집행체계는 상부의 행정체계로부터 규제, 지원 및 감독을 받으며 서비스를 전달하게 되므로, 서비스 전달체계는 전달자와 고객이 상호관계를 이루면서 서비스를 직접 전달하는 집행체계와 서비스 전달을 기획, 지시, 지원 및 관리하는 행정체계 모두를 이해해야 함

(2) 사회복지서비스 전달체계의 구축원칙 ★ 빈출개념

① **전문성의 원칙** : 사회복지서비스 제공업무는 전문성의 정도에 따라 전문가, 준전문가, 비전문가가 담당하게 됨
② **적절성의 원칙** : 사회복지서비스는 그 양과 질, 제공하는 기간이 클라이언트의 욕구충족(혹은 문제해결)과 서비스의 목표달성에 충분해야 함
③ **포괄성의 원칙** : 클라이언트의 욕구는 다양할 뿐만 아니라 한 가지 문제는 다른 여러 가지 문제와도 연관되어 있는 것이 일반적이기 때문에 다양한 욕구와 문제를 해결하기 위해서는 다양한 서비스를 필요로 함
④ **지속성의 원칙** : 한 개인의 문제나 욕구를 해결하는 과정에서 필요한 서비스의 종류와 질이 달라져야 하는 경우가 발생하게 되는데, 한 개인이 필요로 하는 다른 서비스를 지역사회 내에서 계속적으로 제공받을 수 있도록 상호연계되어야 함
⑤ **통합성의 원칙** : 클라이언트의 문제는 많은 경우 복합적이고 상호연관되어 있기 때문에 이러한 문제의 해결을 위한 서비스들도 서로 연관되어야 함
⑥ **평등성의 원칙** : 특별히 소득수준이나 연령 등에 따라 서비스를 제한하는 경우를 제외하고 기본적으로 성별, 연령, 소득, 지역, 종교, 지위에 관계없이 모든 국민에게 서비스를 제공해야 함
⑦ **책임성의 원칙** : 사회복지조직은 국가(사회)가 시민의 권리로 인정한 사회복지서비스를 전달하도록 위임받은 조직이므로 사회복지서비스의 전달에 대하여 책임을 져야 함
⑧ **접근용이성의 원칙** : 사회복지서비스는 그것을 필요로 하는 사람이면 누구나 쉽게 받을 수 있도록 접근이 용이해야 함

SEMI-NOTE

사회복지서비스 전달체계의 운영주체

공적 전달체계	사적 전달체계
• 상의하달식 수직적 전달체계 • 전문인력관리 미흡 • 전문인력의 부족 • 서비스의 통합성 결여 • 각종 위원회의 활동 부족	• 정부제공서비스 비해당자에 대한 서비스 제공 • 선택의 기회 • 선도적 개발 및 보급 • 참여욕구 수렴 • 국가의 사회복지비용 절약

전문직 특성(그린우드)
• 전문지식
• 사회적 승인
• 전문적 권위
• 전문직 문화
• 윤리강령

2. 중앙정부와 지방정부의 사회복지서비스 업무문제

(1) 중앙정부와 지방정부의 사회복지업무 분담
① 중앙정부
  ㉠ 전국적 이해와 관련된 업무
  ㉡ 4대 사회보험 관할(보건복지부 – 국민연금, 국민건강보험, 고용노동부 – 고용보험, 산업재해보상보험)
② 지방정부
  ㉠ 국민기초생활보장법
  ㉡ 사회복지서비스
  ㉢ 사회복지시설관장

(2) 중앙정부와 지방정부의 사회복지전달체계 원칙
① 계층의 단순화
② 업무를 하급기관으로 이양
③ 상호보완, 수평적, 협동적 관계
④ 전문인력의 적극적 활용
⑤ 민간조직의 활성화를 위한 민간조직과의 업무분담

(3) 중앙정부와 지방정부의 업무분담 원칙
① **분권성** : 기초자치단체 우선의 원칙(기초자치단체가 주민들의 욕구를 가장 정확히 파악하고 행정의 능률성을 향상시킨다는 관점)
② **현실성** : 지방정부의 규모와 능력에 맞추어 기능배분
③ **전문성** : 이양되는 업무를 담당할 수 있는 행정인력의 전문성 확보
④ **종합성** : 분업과 조정의 협력체계가 이루어져야 함
⑤ **책임성** : 행정책임 명확화의 원칙에 걸맞은 책임이 부과되어야 함

실력up 전달체계 통합전략
- 종합서비스센터
- 사례관리
- 종합적 정보와 의뢰 시스템
- 트래킹
- 인테이크 단일화
- 조직 간 네트워크 구축

SEMI-NOTE

중앙정부와 지방정부 간의 사회복지 재원조달 방법
- 포괄적 보조금
- 특별보조금
- 항목별 보조금
- 기능별 보조금

사회복지전달체계의 문제(Gilbert & Specht)
- 단편성
- 비연속성
- 무책임성
- 비접근성

04절 사회복지조직의 구조와 환경

1. 조직일반

(1) 사회복지조직의 의의

① 클라이언트에게 사회복지서비스를 직접 제공하거나 사회복지서비스를 제공함으로써 개인적·사회적 문제를 완화시키고 해결하는 기능을 수행하는 인간봉사조직
② 일반적인 기업의 소비자와는 대조적으로 클라이언트는 사회복지조직이 제공하는 서비스의 수령자이며 소비자인 동시에 조직의 방침에 협조, 순응하고 규정된 행동과 작업을 행해야 한다는 점에서 조직의 준구성원이 됨
④ 사회복지조직은 클라이언트가 필요로 하는 사회복지서비스를 제공하기 때문에 존재하며, 이를 통하여 사회로부터 존재의 정당성을 인정받고 여러 자원을 제공받음

(2) 공식조직과 비공식조직

공식조직	비공식조직
• 계층제와 권한관계를 내용으로 인위적으로 만들어지고 법률, 법규나 직제에 의하여 명문화된 제도상의 조직을 말함 • 공식조직은 각 구성원의 업무와 책임한계가 뚜렷하며, 권위의 계층화가 잘 되어 있음 • 업무가 명확하게 분담되어 있어 업무수행상의 표준을 설정할 수 있고, 권한과 영향력의 구사가 용이하며, 의사소통, 교화와 훈련의 기능이 있음 • 조직의 구조나 관리 등에서 모두 조직목표의 달성을 위한 통합과 조정을 강조하며, 조직이 추구하는 목표달성의 극대화를 하는 능률성의 기능이 있음	• 구성원 상호 간의 접촉이나 친근 관계로 인해서 형성되는 조직으로서 구조가 명확하지 않은 조직 • 의사소통의 통로, 응집력 유지, 성원의 자존심 향상 등에서 유용성을 지님 • 공식조직의 결함이나 약점을 보완할 수 있음

(3) 수직조직과 수평조직

수직조직(계선조직)	수평조직(막료조직)
• 계층제의 구조를 가지고 집행·운영·활동하는 조직으로, 계층제의 원리, 명령통일의 원리, 통솔범위의 원리에 의하여 조직이 운영 • 임무에 대한 책임의 한계가 명백하고 통제력을 발휘할 수 있음	• 대규모 조직의 상층부에서 전문적 지식과 기술을 가지고 조언과 자문을 하여 계선의 기능을 보좌 • 전문적인 지식과 경험을 활용하고 보다 합리적인 지시와 명령이 가능하며, 수평적인 업무의 조정과 협조를 할 수 있고 신축성이 있음

SEMI-NOTE

사회복지조직의 구별
첫째, 변화 또는 발전을 요하는 속성을 지닌 클라이언트와 직접 접촉하며 작업을 한다는 점 둘째, 서비스를 제공받는 클라이언트의 복지를 보호하고 증진하도록 사회로부터 위임을 받았기 때문에 조직의 존재가 정당화된다는 점에서 다른 여러 가지 조직과 명백히 구별

공식조직의 기본요소
• 업무의 분업
• 위계
• 구조
• 통제의 범위

공식조직의 정의
사이먼은 공식조직이란 조직의 구성원을 위하여 신중하고 합법적으로 계획된 행동형 및 구성원 간의 관계라고 정의를 내리고 있으며 버나드는 의식적으로 조정된 2인 이상 사람들의 활동이나 기능의 체계라고 정의함

행렬조직
수직조직의 집중화와 안정성, 수평조직의 분권화와 탄력성을 조화한 조직

- 업무수행이 능률적이고 정책결정이 신속하며, 조직의 장이 독단적 조치를 취할 수 있음
- 전문가의 지식과 경험을 이용할 수 없고, 경직성이 있으며 한두 사람의 유능한 인재를 잃으면 전체조직이 마비될 수 있음

- 복잡성으로 인한 알력과 불화, 경비증대, 막료 간 책임전가의 우려, 의사전달 경로의 혼란이 있을 수 있음

SEMI-NOTE

2. 조직의 유형

(1) 권력의 형태에 따른 분류(에치오니의 조직유형)

강제조직(강제적 권력)	부하직원의 활동을 통제하기 위한 수단으로 물리적 제재나 위협을 사용하며 그러한 권력에 대한 구성원의 반응은 소극적 참여를 특징으로 함(교도소, 정신병원 등)
공리조직(보상적 권력)	부하직원에게 물질적 보상체제를 사용하여 조직을 통제하며 그에 대해 구성원은 타산적으로 참여함(공장, 일반회사, 농협 등)
규범조직(규범적 권력)	규범적 권력을 사용하여 구성원의 높은 헌신적 참여를 유도함(종교단체, 종합병원, 전문적 단체, 공립학교 등)

(2) 클라이언트의 종류에 따른 분류(Blau&Scott의 조직유형)

호혜조직	주된 수익자는 조직의 구성원이고 참여를 보장받는 데 관심이 있고, 갈수록 집권화가 될 가능성이 높으므로 구성원에 의한 민주적 절차를 유지하는 것이 가장 중요한 문제로 대두됨(정당, 노동조합, 이익단체, 종교단체, 클럽 등)
사업(사익)조직	조직의 관리자, 소유자가 주된 수익자로서 능률성을 중시(사기업체, 은행, 도매상, 소매상 등)
서비스(봉사)조직	조직과 직접 관계를 갖는 고객이 주된 수익자로서 전문적 봉사와 행정적 절차 사이에 갈등이 심함(학교, 병원, 사회사업기관, 법률상담소, 교도소 등)
공익(공공)조직	조직의 구성원이 아닌 일반대중이 주된 수익자로서 행정의 민주성을 확보하기 위해서는 외부통제가 강조(검찰, 경찰, 군대 등)

(3) 조직이 수행하는 사회적 기능에 따른 분류(Parsons의 조직유형)

생산조직	사회가 소비하는 재화나 비용 등을 생산하는 조직
정치적 목표지향조직	사회의 공동목표를 설정하고 달성하는 기능을 수행하는 조직
통합적 조직	성원 간에 결속과 통일을 유지하는 사회통합의 기능을 수행하는 조직
유형유지조직 (형태유지조직)	교육·문화·표현 등의 행동을 통해 사회가 유지하려는 조직

(4) 업무의 통제성에 따른 분류(Gilbert&Smith의 조직유형)

관료제	일선조직	전면적 통제조직	투과성 조직
• 공식적인 조직과 규정 • 계층적인 권위구조 • 합리적인 통제조직	• 주도권이 일선에 있는 조직 • 각 업무단위는 독립적으로 상호업무를 수행	• 관리자가 전면적으로 강한 통제를 갖는 조직 • 정신병원, 기숙사, 교도소, 요양시설 등	• 조직구성원, 클라이언트의 자발적 참여 • 조직의 통제가 약하며 조직의 활동이 노출되는 조직

3. 조직과 환경

(1) 조직환경의 의의

① 조직을 둘러싸고 있는 자원들의 집합으로 조직경계 밖에 존재하는 모든 것
② 조직은 환경으로부터 필요한 자원을 획득하기 위해서 환경과 상호작용을 함

(2) 사회복지조직의 환경적 요인

일반환경 요인	과업환경 요인
• 경제적인 조건 : 경기의 호황 또는 불황, 경제성장률, 실업률 등 • 사회 · 인구 · 통계학적 조건 : 연령과 성별 분포, 가족구성, 거주지역, 사회적 계급 등 • 문화적 조건 : 사회의 우세한 문화적 가치 • 정치적 조건 : 정치적 이념, 정치환경의 변화 등 • 법적 조건 : 법의 제정, 폐지 등과 관련된 환경 • 기술적 환경 : 기술의 혁신 등 기술적 변화환경	• 재정자원의 제공자 • 정당성과 권위의 제공자 • 클라이언트 및 클라이언트 제공자 • 보충적 서비스 제공자 • 조직 산출물의 소비 · 인수자 • 경쟁하는 조직들 등

4. 환경관리전략 및 전제조건

(1) 환경관리전략

① 권위주의 전략 : 권력을 사용하여 다른 조직의 행동을 이끌고 명령을 내리는 전략
② 경쟁적 전략 : 다른 조직들과 경쟁하여 세력을 증가시켜 서비스의 질과 절차, 행정절차 등을 매력적으로 만드는 전략
③ 협동적 전략 : 다른 조직들에게 필요한 서비스를 제공하여 상호불안감을 해소시키고 이에 대한 보답으로 권력을 증가시키는 전략(계약, 연합, 흡수)
④ 방해전략 : 경쟁적 위치에 있는 다른 조직의 활동을 방해하거나 세력을 약화시키는 전략

(2) 조직이 환경적 변화에 성공적으로 적응하기 위한 전제조건

① 환경적 변화에 대한 정보를 신뢰성 있고 타당성 있게 획득하고 전달할 수 있는

SEMI-NOTE

조직과 환경관련 특별용어
• 크리밍 현상 : 서비스조직들이 접근성 메커니즘을 조정함으로써 보다 유순하고 성공가능성이 높은 클라이언트를 선발하고 비협조적이거나 어려울 것으로 예상되는 클라이언트들을 배척하고자 하는 현상
• 레드 테이프 : 관료제의 병폐 중의 하나로 불필요하게 지나친 형식이나 절차를 만드는 것
• 목적전치 : 조직의 규칙과 규정이 전체 목표달성을 위한 수단으로 간주되지 않고 규칙과 규정 그 자체가 목적이 되거나 원래 목적과 다른 목적으로 변질·대체되는 현상
• 아웃 리치 : 출장서비스 또는 대외추적이라고도 하는 이 방법은 서비스 이용자들이 스스로 찾아오기를 기다리는 것이 아니라, 기관이나 담당자들이 적극적으로 클라이언트를 찾아 나서는 시도
• 소진 : 인간관계와 관련된 직무스트레스가 많은 직종의 종사자들에게서 나타나는 부정적인 현상으로 과도한 스트레스에 노출되어 신체적·정신적 기력이 고갈되어 직무수행능력이 떨어지고 단순업무에만 치중하게 되는 현상

능력이 있어야 함
② 필요한 변화를 실현할 수 있는 내적 신축성과 창의성을 갖추고 있어야 함
③ 조직은 자유스럽고 지원적인 분위기를 조성하여 창의적 적응을 조성할 수 있어야 함
④ 적응활동이 건설적인 것으로 되는 것을 보장하기 위하여 그것을 조직의 목적에 따라 통합시킬 수 있는 능력을 가지고 있어야 함

05절 사회복지행정의 주요 개념

1. 리더십 ★ 빈출개념

(1) 리더십의 유형
① 지시적 리더십 : 종업원에게 무엇을 어떻게 수행하는지에 대한 지침을 제공하며 작업일정을 수립하고 성과목표를 유지하도록 함
② 후원적 리더십(자율적 리더십) : 종업원의 복지와 욕구에 대한 관심을 가짐, 종업원에게 우호적이며 접근 가능하게 하고 평등하게 대함
③ 참여적 리더십 : 종업원과 상담하고 의사결정을 할 때, 그들의 아이디어를 진지하게 고려함

(2) 리더십이론
① 특성이론 : 일반사람과는 다르게 리더가 특정성격과 자질을 갖추었다는 가정
② 행동이론 : 행동론적 접근법은 리더(leader)와 팔로어(follower)의 관계에 초점을 맞추어, 팔로어에게 바람직한 영향을 미치거나, 집단이나 조직의 유효성을 높이는 리더의 행동유형이 무엇인가를 규명하는 데 중점을 둠
③ 관리격자이론 : 블레이크와 모우톤(Blake&Mouton)에 의해 주장된 행동이론의 한 흐름으로, 수평축은 생산에 대한 관심, 수직축은 인간에 대한 관심의 두 영역으로 나누고 이를 격자로 계량화하여 리더의 행동유형을 5가지로 분류
④ 상황이론 : 상황론적 접근법은 리더와 추종자 간의 상호작용에 영향을 미치는 환경적 요인을 규명하거나 리더가 지닌 특성이나 리더가 행하는 행동의 유효성이 상황적 요인에 따라 어떻게 다른가를 규명하는 이론

> **실력UP 현대 리더십 이론**
> - 거래적 리더십 : 조직 구성원에게 보상을 제공함으로써 리더십을 얻음
> - 변혁적 리더십 : 조직의 노선과 문화를 변동시키려고 노력하는 변화 추구적 · 개혁적 리더십으로, 전통적 리더십이론이 전제하는 안정지향적 거래적 리더십이 업무의 할당, 결과의 평가, 통제 등 일상적인 리더의 행동을 강조하는 데 반해, 변혁적 리더십은 환경의 변화에 대응하여 새로운 비전, 조직문화, 규범을 창출하고 그것이 새로운 현실이 되도록 적절한 지지를 확보하는 등 조직의 변화를 주도하는 리더의 활동을 강조함

SEMI-NOTE

성취지향적 리더십
도전적인 목표를 설정하고 뛰어남을 강조하며 종업원의 능력에 대해 신뢰를 보임으로써 최고수준의 업무수행을 하도록 종업원을 고무시킴

Hersey&Blanchard의 3차원적 리더십이론
- 부하의 성숙도가 낮을 경우 : 지시적인 과업행동이 효과적(지시형 리더십)
- 부하의 성숙도가 중간일 경우 : 참여적·설득적인 관계행동이 효과적(참여형·설득형 리더십)
- 부하의 성숙도가 높을 경우 : 부하에게 대폭 권한을 위양해 주어 부하 스스로 과업을 수행할 수 있도록 배려해 주는 것이 효과적(위임형 또는 위양형 리더십)

행동이론의 대표적 연구
- 오하이오 연구
- 미시간 연구
- 관리격자이론

리더의 행동유형(관리격자이론)
- 무관심형(1,1)
- 인기형(1,9)
- 과업형(9,1)
- 중도형(5,5)
- 팀형(9,9)

2. 기획

(1) 기획의 개념
① 프리드만(Friedman)의 정의 : 사회적 공동선 증진을 위해 인간들이 이성적 힘에 의해 스스로를 극복하고 공동의 장래를 설계하려고 노력하는 활동
② 길버트(Gilbert)와 스펙트(Specht)의 정의 : 통찰력, 체계적인 사고, 조사, 대안의 선택에 있어 가치선호 행사 등을 통해 문제를 해결하고 장래 일의 방향을 통제하려는 의도적 시도
③ 기획의 성격은 목적적합성, 매력성, 참신성, 결정권자의 승인성, 실행가능성 등

(2) 기획의 유형

위계수준에 따른 분류	대상에 따른 유형	시간차원에 따른 유형
• 최고관리층 • 중간관리층 • 감독관리층 • 관리실무자	• 전략적 기획 • 운영기획	• 장기계획 • 단기계획

(3) 기획에 활용되는 기법
① 시간별 활동계획도표(Gantt Chart)
  ㉠ 세부목표 및 활동기간과 실제 수행현황을 병행하여 막대모양으로 표시한 도표
  ㉡ 장점 : 작성이 간단하고 용이하며 개요파악이 쉬움
  ㉢ 단점 : 총 소요시간, 작업의 연관성 파악이 어려움
② 프로그램 평가검토기법(PERT)
  ㉠ 목표달성의 기한을 정해 놓고 목표달성을 위하여 설정된 주요 세부목표 및 활동의 상호관계와 시간계획을 연결시켜 도표로 나타내는 것
  ㉡ 장점 : 행동들의 선후관계 파악 용이, 주 경로 파악과 이에 대한 집중관리 가능
  ㉢ 단점 : 정확하고 타당성 있는 네트워크 구성이 어려움, 도표작성에 시간과 노력이 많이 소요됨
③ 월별 활동계획카드(Shed-U Graph)
  ㉠ 바탕 종이의 위쪽에는 월이 기록되고, 각 월 아래 공간에 카드를 삽입하거나 붙임
  ㉡ 업무의 시간에 따라 변경하여 이동시키는 데 편리하지만 과업과 완성된 행사 간의 관계를 확인할 수 없음

3. 의사결정

(1) 의사결정의 개념
① 목표달성을 위한 여러 가지 대안들 가운데 최적의 것을 선택하는 과정
② 역동적인 과정으로 조직의 목표와 관련성을 지니고 다수에 의한 결정을 존중

SEMI-NOTE

임계경로
PERT기법에서 꼭 필요한 개념으로 주요경로라고도 하며, 기획가가 최종 행사에 도달하는 데 소요되는 꼭 필요한 시간으로, 행사의 연대망 속에서 가장 긴 시간이 걸리는 경로를 의미

의사결정시 고려사항
• 목표지향성(정책과 계획의 근본 목표 의식)
• 가치판단과 사실판단
• 결정의 계층적 구조
• 대안의 한계성

(2) 의사결정과정

① **문제의 정의·욕구확인** : 전체 의사결정과정의 방향을 재설정하는 단계
② **관련정보의 확보** : 관련정보를 획득하기 위한 조사활동단계
③ **해결대안의 개발 및 평가** : 목표와 제약사항을 고려한 대안을 비교평가하는 단계
④ **최선의 대안선택** : 가장 적합한 대안을 선택하는 단계
⑤ **대안의 실행** : 의사결정의 필수적인 단계로서 이전의 모든 단계가 귀착되는 단계
⑥ **환류·검색 및 평가단계** : 효율적이고 효과적으로 자원을 사용하기 위해 지속적으로 사정하는 단계

(3) 의사결정기술

개인의사결정 기술	의사결정나무분석	개인이 가능한 여러 대안을 발견하여 나열하고 선택했을 때와 그렇지 않을 때의 결과를 생각하게 하는 방법
	대안선택 흐름도표	목표가 분명하고 예상가능한 사항의 선택에 적용
집단의사결정 기술	델파이기법	여러 전문가 또는 관련자들로부터 우편으로 의견이나 정보를 수집하여 그 결과를 분석한 후 이를 다시 응답자들에게 보내어 의견을 묻는 식으로 만족스러운 결과를 얻을 때까지 계속하는 방법
	소집단 투표	관련자들을 한 장소에 모아 각각의 의견을 적어서 종합하고 집단의 합의가 이루어질 때까지 각각의 의견을 검토하는 절차를 계속하는 방법

4. 인적 자원관리

(1) 인사관리의 의의 및 기능

① **의의** : 기관의 운영목적을 달성하기 위해 인적 자원을 최대로 활용하기 위한 관리활동을 말하며 기관사업의 효과성과 효율성을 높이는 주 요인
② **기능** : 인력계획, 경력관리, 보수 및 퇴직금, 보건, 안전 및 복지후생, 사기와 인간관계 관리, 복무와 근무규율, 노사협조, 인사관리 정보체계

(2) 직원의 개발 방법

① **역할연기** : 여러 직원들 앞에서 2인 또는 그 이상의 직원들이 실제로 연기한 후 여러 직원들이 평가, 토론하여 사회자가 결론적인 설명을 하는 방법
② **신디게이트(Syndicate)** : 10명 내외의 소집단으로 나누고 각 집단별로 동일한 문제를 토의하여 해결방안을 작성하고, 다시 전체가 모인 자리에서 각 집단별로 문제해결방안을 발표하고 토론하여 하나의 합리적인 문제해결방안을 모색하는 방법
③ **로테이션** : 일정한 훈련계획 하에서 순차적으로 직무를 바꾸어서 담당케 함으로써 지식과 경험을 쌓게 하는 방법
④ **패널** : 토의법의 하나로서 사회자의 사회 아래 정해진 주제에 대하여 지식, 경험

SEMI-NOTE

동기부여와 보상
- 매슬로우의 욕구계층이론
- 허즈버그의 2요인이론(동기-위생이론)
- 알더퍼의 ERG이론
- 맥클랜드의 성취동기이론
- 맥그리거의 X·Y이론
- 형평성 이론
- 브룸의 기대이론
- 로크의 목표설정이론

SEMI-NOTE

이 풍부한 수명의 전문가가 토의를 하고 연수자는 그 토의를 듣는 학습방식
⑤ **사례연구방법(Case Method)** : 사례에 의한 학습방법의 하나로 주어진 사례를 개인이나 그룹으로 토의, 분석하는 가운데서 그 사례에 포함된 원리를 자기의 일에 적용시켜 보면서 의사결정의 방식을 배우는 방법
⑥ **OJT** : 직장훈련, 현장훈련, 직무상 훈련 등으로 불리우는 것으로 실제 직무를 수행하면서 선임자로부터 대면지도, 개별지도, 훈련지도를 통하여 직무수행능력을 개발하는 것
⑦ **포럼** : 토의법의 하나로서 특정주제에 관하여 새로운 자료와 견해를 제공하여 그들로 하여금 관심을 높이고 나아가 필요한 정보를 제공하여 문제를 명확하게 한 후 그들 자신의 의견을 표명하도록 촉진하는 것

(3) 직무명세서

① 직무의 특성에 중점을 두어 간략하게 기술된 직무기술서를 기초로 하여 직무의 내용과 직무에 요구되는 자격요건, 즉 인적 특징에 중점을 두어 일정한 형식으로 정리한 문서
② 직무분석의 목적에 따라 고용명세서, 교육훈련용 · 조직확립용 · 임금관리용 직무명세서, 작업방법 및 공정개선명세서 등이 있으며, 직무기술서와 더불어 직무개선과 경력계획, 경력상담에 사용
③ 직무분석의 결과를 문서로 정리 · 기록하였다는 점에서는 직무기술서와 같으나 직무기술서가 직무내용과 직무요건을 동일한 비중으로 다루고 있는 데 비하여 직무명세서는 직무내용보다는 직무요건에, 그중에서도 인적 요건에 큰 비중을 두고 있다는 점이 특징

직무기술서
- 직무 자체에 관한 서술을 말함
- **직무명칭** : 소속부서, 직무번호, 직속 상관 등
- **직무개요** : 직무의 목적과 직무에서 기대되는 결과
- **장비** : 직무에 필요한 도구
- **환경** : 직무의 환경적 특성
- **작업활동** : 직무의 임무 및 책임과 직무에 요구되는 사회적 측면

실력up 슈퍼비전과 소진

슈퍼비전	• 교육적 기능 : 슈퍼바이지의 전문적 지식과 기술향상 • 행정적 기능 : 기관의 규정과 절차에 맞는 서비스 제공 • 지지적 기능 : 슈퍼바이지의 가치와 감정의 문제에 개입(직무만족도 향상)
소진	열성 → 침체 → 좌절 → 무관심

5. 재무관리

(1) 항목(품목)별 예산제도(LIBS)

① **항목(품목)별 예산제도의 의의** : 가장 고전적인 예산제도로서 품목별 분류는 지출의 대상, 성질을 기준으로 하여 세출예산의 금액을 분류하는 것으로, 예산의 집행에 대한 회계책임을 명백히 하고 경비사용의 적정화를 기하는 데 필요
② 항목(품목)별 예산제도의 장 · 단점

예산의 원칙(전통적)
- 공개성의 원칙
- 명료성의 원칙
- 완전성의 원칙
- 단일성의 원칙
- 예산결산 엄밀성의 원칙
- 통일성의 원칙
- 한정성의 원칙
- 사전의결의 원칙

장점	단점
• 행정재량 범위제한 및 쉬운 통제로서 행정권 남용억제 • 회계책임 명백 • 지출의 합법성에 치중하는 회계검사 용이 • 예산편성 용이	• 예산의 신축성 저해 • 누구를 위해 무슨 일을 하는 데 지출되었는지 불명확 • 신규사업을 벌이지 않고 전년도 답습사업만 확대

(2) 성과주의 예산제도(PBS)

① 성과주의 예산제도의 의의 : 종래의 품목별 예산제도를 보완하기 위해 등장한 제도로서 최소의 행정이 최선의 행정으로 간주되던 시대에는 품목별 지출의 통제에만 관심을 가졌지만, 행정이 많은 사업을 하고 예산규모가 급속히 커지므로 어떤 사업을 얼마나 능률적으로 처리하느냐에 국민과 정부가 관심을 갖게 됨

② 성과주의 예산제도의 장·단점

장점	단점
• 국민이나 입법부가 정부의 활동을 쉽게 이해 • 정책이나 사업계획 수립이 용이 • 효율적 관리수단 제공 및 자금배분의 합리화 • 예산집행의 신축성	• 세출 통제가 곤란 • 행정부에 대한 엄격한 입법통제의 곤란 • 회계책임의 불분명과 공금관리의 소홀 • 운영상의 문제점

(3) 계획예산제도(PPBS)

① PPBS의 의의 : 성과주의 예산제도는 이미 결정된 정책의 능률적인 집행에 적합한 것이지만 정책결정 자체를 합리적으로 할 수 있도록 하지 못함, 행정기능이 정책결정까지 하는 것으로 확대되고 학문의 발달로 비용편익, 효과분석과 같은 자원의 합리적 배분을 위한 기법이 개발됨에 따라 장기적 계획수립과 단기적 예산편성을 프로그램 작성을 통해 유기적으로 결합시켜 자원배분에 관한 의사결정을 일관성 있고 합리적으로 하려는 제도

② 계획예산제도의 장·단점

장점	단점
• 사업계획과 예산편성 간의 불일치를 해소 • 자원배분의 합리화 및 능률과 절약 • 정책결정과정을 일원화 • 조직체의 통합적 운영이 효과적임 • 장기적 시계(視界)와 장기계획의 신뢰성	• 간접비의 배분문제 • 달성 성과의 계량화 곤란 • 지나친 중앙집권화의 초래 • 목표설정의 곤란 • 환산작업의 곤란

(4) 영기준 예산제도(ZBB)

① 영기준 예산제도의 의의 : 영점예산, 무전제예산, 백지상태예산이라 불려지기도 하며, 또한 예산편성에 있어서 전년도 예산을 기준으로 하여 점증적으로 예산을 책정하는 것을 탈피하여 조직의 모든 사업활동에 대하여 영기준을 적용하여 각

SEMI-NOTE

PPBS의 특징
• **목표지향주의** : 가능한 한 조직의 목표를 수량적으로 명확히 설정
• **효과성과 비교선택주의** : 효과성을 중요시하는 비교선택주의
• **절약과 능률** : 일정자원을 투입하여 최대 효과를 낳거나 일정효과를 낳기 위해 최소 자원을 투입
• **과학적 객관성** : 체제분석과 비용 – 효과분석 등 과학적 방법을 사용하여 주관과 편견을 배제하고 객관적 판단에 의해 결정
• **예산기간의 장기화** : 장기적인 고찰을 지극히 중시

각의 효율성, 효과성, 중요성 등을 체계적으로 분석하고 사업의 존속, 축소, 확대 여부를 분석·검토하고 우선순위가 높은 사업활동을 선택하여 실행예산을 결정하는 예산제도

② 영기준 예산제도의 장·단점

장점	단점
• 사업의 전면적인 평가와 자원배분의 합리화 • 하의상달과 각 수준의 관리자의 참여 • 경직성 경비의 절감으로 조세부담 억제 및 자원난 극복 • 재정운영의 효율성·탄력성 • 적절한 정보의 제시와 계층 간의 단절을 방지하는 역할(계층상의 융통성)	• 전면적인 평가 곤란 및 능력부족 • 우선순위 결정에는 가치판단을 필요로 하기 때문에 주관적 편견이 개입 • 국민생활의 연속성, 법령상 제약 등으로 사업의 축소 및 폐지가 곤란 • 소규모 조직의 희생 • 시간, 노력의 과중

(5) 목표관리(MBO)

① **목표관리의 의의** : 조직성원의 참여과정을 통해서 조직의 공통된 목표를 명확히 하고 체계적으로 조직성원들에게 목표를 부과하며, 그 수행결과를 평가하고 환류시켜 궁극적으로 조직의 효율성을 향상시키고자 하는 기법

② 목표관리의 장·단점

장점	단점
• 조직의 효과성과 능률성의 제고 • 자율적 책임을 통한 팀워크 강화와 사기 및 만족감의 강화 • 민주적 관리풍토의 조성 • 불분명하고 애매한 것의 제거와 결과에 대한 책임의 수락을 조성 • 관료제의 부정적 측면의 제거	• 예측가능한 목표의 설정이 곤란 • 불확실하고 변동이 심한 상황 속에서 의도된 목표달성이 곤란 • 장기적·질적 목표의 경시 • 권력성·강제성을 띤 조직에서의 적용상의 어려움 • 절차의 번잡성과 문서주의적

(6) 자본예산제도(CBS)

① **자본예산의 의의** : 투자효과가 장기적으로 나타나는 투자의 총괄적인 계획과 평가의 과정을 뜻함

② 자본예산제도의 장·단점

장점	단점
• 국가재정의 기본 구조에 대한 명확한 이해, 파악 • 신용도 제고 • 장기계획의 수립·집행을 도움 • 불경기 시 불황극복 및 경기회복을 도움 • 지출에 대한 엄격한 심사 및 분석 가능 • 비용부담자와 수혜자가 일치	• 경상지출 적자에 대한 은폐, 지출의 정당화 구실 • 인플레이션 조장 • 경상지출과 자본지출 간 명확한 구분이 없음 • 수익성 사업에 치중, 선심성 사업 등장 • 경제발전이나 불경기 극복에 얼마나 효율적인지 파악이 어려움

SEMI-NOTE

목표관리의 특성
• 참여적 관리 : 상·하계급에 관계없이 공동참여
• 예측가능한 결과지향적인 계량적 목표를 중시
• 구성원 간의 상호의존적인 팀워크(응집력) 강조
• Y이론 혹은 Z이론적 인간관
• 최종결과를 평가하여 목표와 대비시키는 환류과정의 강조
• 관료주의 타파
• 참여적·분권적·쇄신적·탄력적

자본예산의 특징
• 자본예산은 단기적인 전략과 장기적인 전략으로 나눌 수 있으며, 기업의 장기적인 경영전략과 자금조달계획, 미래 상황에 대한 분석을 토대로 신중하게 이루어져야 함
• 자본예산은 미래의 자금소요와 투자효과에 대한 합리적인 예측을 바탕으로 이루어져야 함

6. 마케팅

(1) 마케팅 기법

① MOT 마케팅(Moment of Truth ; 진실의 순간)
② DB 마케팅
③ DM 광고마케팅(Direct Mail Advertising)
④ 관계마케팅
⑤ 네트워크 마케팅
⑥ 릴레이션십 마케팅
⑦ 인터넷 마케팅

(2) 마케팅 과정

> 기관환경 분석 → 마케팅 조사 → 마케팅 목표설정 → 마케팅 시장분석 → 마케팅 도구설정 → 마케팅 실행 → 마케팅 평가

실력up 기관환경 분석(SWOT)

기관환경 분석단계에서 쓰이는 기법은 SWOT 분석으로 이는 기관의 마케팅상의 강점(Strengths)과 약점(Weaknesses)을 확인하고 외부환경인 기회적 요인(Opportunities)과 위협적 요인(Threats)을 규명하는 분석기법

7. 프로그램 개발과 평가

(1) 욕구측정의 개념과 목적

① 정적이며 절대적이라기보다는 탄력적이며 상대적
② 사회정치적 환경에 따라 욕구의 개념이 달라질 수 있음
③ 자원의 유용성과 기술수준은 욕구의 개념에 영향을 주는 또 하나의 요인
④ 루빈과 바비의 욕구측정 정의 : 욕구측정은 프로그램 기획에 대한 평가작업으로 프로그램 개발이 필요한가에 대한 연구과정이라고 함

(2) 욕구측정기법

지표분석기법	사회지표를 통해 욕구측정을 시도하는 것이 가능. 사회지표는 일반적으로 인구센서스, 경제통계, 노동통계, 사회지표조사 등의 2차적 자료를 통해 얻게 됨
일반설문조사	구조화된 설문도구를 사용하여 전체 주민을 대상으로 설문조사를 실시하고 이를 통해 얻어진 자료를 분석하여 욕구측정을 시도하는 것
공청회	문제의 본질과 대책에 대해 관련자들로부터 의견을 수렴하는 것
사회조사	프로그램 기획목적을 위해 일반 혹은 표적집단의 욕구를 파악, 정보 수집

SEMI-NOTE

마케팅 믹스(4P)
- 제품(Product)
- 가격(Price)
- 판촉(Promotion)
- 유통(Place)

브래드쇼의 욕구 구분
- 규범적 욕구
- 감지된 욕구
- 표현된 욕구
- 상대(비교)적 욕구

SEMI-NOTE

프로그램 기획관리기법
- 프로그램 평가검토방법(PERT)
- 시간별 활동계획표(Gantt chart)
- 방침관리기획(PDCA)

사회복지평가의 기준
- 노력성
- 효과성
- 효율성
- 서비스의 질
- 만족도
- 과정

총괄평가
- 효과성 평가 : 프로그램이 원래 의도했던 목표를 달성하였는지를 판단하기 위한 평가
- 효율성 평가 : 프로그램의 확대 여부를 결정할 때 사용

(3) 프로그램 설계 ⭐빈출개념

① 투입 : 투입에는 일반적으로 클라이언트와 관련된 요소, 사회복지사와 관련된 요소, 물리적 자원 등이 있음
② 활동 : 활동에서는 서비스의 정의, 서비스 과업, 개입방법에 대한 명확한 기술이 요구됨
③ 산출 : 사회복지현장에서 주로 실적이라고 표현하는 부분
④ 성과 : 프로그램을 통해 서비스를 받고 사례를 종결하는 동안 클라이언트에 의해 성취된 측정 가능한 삶의 질의 변화를 계량화하는 작업을 성과측정이라고 할 수 있음

(4) 사회복지평가의 목적 및 필요성

① Rossi&Freeman은 평가대상으로서의 프로그램, 조직 혹은 정책에 대한 가치판단, 개선, 효용성 판단, 운영의 효과성 증진, 책임성 제고, 정보제공 등을 제시
② 경영통제 : 자원들이 조직의 목표를 성취하기에 효과적으로 획득되고 사용되는지를 행정관리자들이 확인하는 과정
③ 피드백 효과 : 일선업무 담당자들에게 자신들이 수행하고 있는 활동을 되돌아볼 수 있게 하는 평가정보를 제공하기 위해 평가
④ 서비스의 개선 : 평가를 통해서 서비스의 변화와 개선이 이루어질 수 있음
⑤ 책임성 : 프로그램을 수행하는 데 필요한 제반사항을 잘 준수하고 좋은 산출결과를 이끌어 낼 수 있는가를 알 수 있도록 해 줌

실력UP 사회복지평가의 유형

내부평가	프로그램을 기획하거나 운영을 담당하는 사람 또는 같은 조직 내의 다른 구성원이 실시하는 평가로 자체평가로 불리기도 함
외부평가	프로그램을 수행하는 조직체가 아닌 대학교수, 조사연구기관 등의 외부의 제3자가 행하는 평가
기관평가	기관의 효과성이나 목표달성을 주로 강조
프로그램평가	프로그램의 효과성, 효율성, 만족도에 주된 관심
총괄평가	프로그램이 종결된 후 프로그램 결과를 평가하여 궁극적으로 프로그램이 미친 영향을 파악하기 위한 것
형성평가	프로그램 수행 중간에 프로그램 운영 및 활동을 분석함으로써 프로그램의 긍정적인 효과나 부작용의 발생과정을 밝히고 향후 프로그램 운영개선에 필요한 정보를 얻기 위한 것

08장 사회복지서비스론

01절 아동복지

02절 장애인복지

03절 노인복지

04절 가족복지

05절 재가복지

06절 정신건강 · 청소년

08장 사회복지서비스론

SEMI-NOTE

아동복지의 7대 요소
- 안정된 가정생활
- 경제적 안정
- 보건 및 의료적 보호
- 전인격적인 교육과 그 기회의 부여
- 연소노동, 유해노동으로부터의 보호
- 여가선용의 기회와 시설의 제공
- 특수한 요구에 따른 제반의 서비스

아동복지의 5대 원칙
- 권리와 책임의 원칙
- 보편성과 선별성의 원칙
- 개발적 기능의 원칙
- 포괄성의 원칙
- 전문성의 원칙

방어선
- 1차 방어선(가정)
- 2차 방어선(대리가정)
- 3차 방어선(시설)

아동학대예방의 날
매년 11월 19일

아동복지시설
- 아동보호전문기관
- 가정위탁지원센터
- 아동권리 보장원

01절 아동복지

1. 아동복지론

(1) 아동복지의 의의 및 이념

① 아동복지란 단지 빈곤, 유기, 질병, 결함 등을 지닌 아동이나 환경에 적응하지 못하는 비행아동들에게만 관심을 두는 것이 아니라 모든 아동들이 제 발달의 측면에서 안전하고 행복하게 육성될 수 있도록 위험으로부터 보호하는 공·사의 제 기관에서 실시하는 서비스 활동을 말함
② 아동의 권리에 입각한 생존, 발달, 보호, 참가 등 실질적인 향상이 되도록 보장되어야 함
③ 아동은 자신 또는 부모의 성별, 연령, 종교, 사회적 신분, 재산, 장애유무, 출생지역 등에 따른 어떤 차별도 받지 않고 자라나야 함
④ 아동은 안전하고 조화로운 인격발달을 위하여 안정된 가정환경에서 행복하게 자라나야 함
⑤ 아동에 관한 모든 활동에 있어서 아동의 이익이 최우선적으로 고려되어야 함

(2) 아동복지서비스 영역

지지적 서비스	부모와 아동이 그들 각자의 책임과 기능을 효율적으로 수행할 수 있도록 그들의 능력을 지원·강화시켜 주는 서비스
보조적 서비스	가족 내부에서 특히 부모들의 역할을 일부 보조하거나 대행하는 것
대리적 서비스	부모의 역할이 사망, 유기, 이혼, 별거, 비합법성 등으로 상실되었거나 수형, 입대, 질병, 실업 등으로 결손되었을 때 대리적 기능을 함

2. 아동복지법

(1) 아동복지시설

① **아동양육시설** : 보호대상아동을 입소시켜 보호, 양육 및 취업훈련, 자립지원 서비스 등을 제공하는 것을 목적으로 하는 시설
② **아동일시보호시설** : 보호대상아동을 일시보호하고 아동에 대한 향후의 양육대책 수립 및 보호조치를 행하는 것을 목적으로 하는 시설
③ **아동보호치료시설** : 아동에게 보호 및 치료 서비스를 제공하는 시설
④ **공동생활가정** : 보호대상아동에게 가정과 같은 주거여건과 보호, 양육, 자립지원 서비스를 제공하는 것을 목적으로 하는 시설
⑤ **자립지원시설** : 아동복지시설에서 퇴소한 사람에게 취업준비기간 또는 취업 후 일정 기간 동안 보호함으로써 자립을 지원하는 것을 목적으로 하는 시설

⑥ 아동상담소 : 아동과 그 가족의 문제에 관한 상담, 치료, 예방, 연구 등을 목적으로 하는 시설
⑦ 아동전용시설 : 어린이공원, 어린이놀이터, 아동회관, 체육·연극·영화·과학실험전시 시설, 아동휴게숙박시설, 야영장 등 아동에게 건전한 놀이·오락, 그 밖의 각종 편의를 제공하여 심신의 건강유지와 복지증진에 필요한 서비스를 제공하는 것을 목적으로 하는 시설
⑧ 지역아동센터 : 지역사회 아동의 보호·교육, 건전한 놀이와 오락의 제공, 보호자와 지역사회의 연계 등 아동의 건전육성을 위하여 종합적인 아동복지서비스를 제공하는 시설

(2) 아동복지시설의 사업

① 아동가정지원사업 : 지역사회아동의 건전한 발달을 위하여 아동, 가정, 지역주민에게 상담, 조언 및 정보를 제공하여 주는 사업
② 아동주간보호사업 : 부득이한 사유로 가정에서 낮 동안 보호를 받을 수 없는 아동을 대상으로 개별적인 보호와 교육을 통하여 아동의 건전한 성장을 도모하는 사업
③ 아동전문상담사업 : 학교부적응아동 등을 대상으로 올바른 인격형성을 위한 상담, 치료 및 학교폭력예방을 실시하는 사업
④ 학대아동보호사업 : 학대아동의 발견, 보호, 치료 및 아동학대의 예방 등을 전문적으로 실시하는 사업
⑤ 공동생활가정사업 : 보호대상아동에게 가정과 같은 주거여건과 보호를 제공하는 것을 목적으로 하는 사업
⑥ 방과 후 아동지도사업 : 저소득층 아동을 대상으로 방과 후 개별적인 보호와 교육을 통하여 건전한 인격형성을 목적으로 하는 사업

실력UP 아동관련 행정기관

- 아동정책조정위원회
- 아동위원
- 아동복지전담공무원
- 보건소

3. 아동학대범죄의 처벌 등에 관한 특례법

(1) 목적

아동학대범죄의 처벌 및 그 절차에 관한 특례와 피해아동에 대한 보호절차 및 아동학대행위자에 대한 보호처분을 규정함으로써 아동을 보호하여 아동이 건강한 사회구성원으로 성장하도록 함을 목적으로 함

SEMI-NOTE

아동학대범죄 신고의무

누구든지 아동학대범죄를 알게 된 경우나 그 의심이 있는 경우에는 특별시·광역시·특별자치시·도·특별자치도, 시·군·구 또는 수사기관에 신고할 수 있음

(2) 아동학대범죄 즉시 신고의무자 ★빈출개념

> 아동권리보장원 및 가정위탁지원센터의 장과 그 종사자, 아동복지시설의 장과 그 종사자, 아동복지전담공무원, 가정폭력 관련 상담소 및 가정폭력피해자 보호시설의 장과 그 종사자, 건강가정지원센터의 장과 그 종사자, 다문화가족지원센터의 장과 그 종사자, 사회복지전담공무원 및 사회복지시설의 장과 그 종사자, 성매매방지 및 피해자보호 등에 관한 법률에 따른 지원시설 및 성매매피해상담소의 장과 그 종사자, 성폭력피해상담소, 성폭력피해자보호시설의 장과 그 종사자 및 성폭력피해자통합지원센터의 장과 그 종사자, 119구급대의 대원, 응급의료기관등에 종사하는 응급구조사, 육아종합지원센터의 장과 그 종사자 및 어린이집의 원장 등 보육교직원, 유치원의 장과 그 종사자, 아동보호전문기관의 장과 그 종사자, 의료기관의 장과 그 의료기관에 종사하는 의료인 및 의료기사, 장애인복지시설의 장과 그 종사자로서 시설에서 장애아동에 대한 상담·치료·훈련 또는 요양 업무를 수행하는 사람, 정신건강복지센터, 정신의료기관, 정신요양시설 및 정신재활시설의 장과 그 종사자, 청소년시설 및 청소년단체의 장과 그 종사자, 청소년 보호·재활센터의 장과 그 종사자, 학교의 장과 그 종사자, 한부모가족복지시설의 장과 그 종사자, 학원의 운영자·강사·직원 및 교습소의 교습자·직원, 아이돌보미, 취약계층 아동에 대한 통합서비스지원 수행인력, 입양기관의 장과 그 종사자

02절 노인복지

1. 노인복지론

(1) 노인복지의 이념

① 모든 국민은 인간다운 생활을 할 권리를 가지므로 이러한 인간다운 생존권적 기본권을 보장하기 위해서는 국가는 노인의 복지증진을 위한 정책을 실시할 의무가 있음
② 노인은 후손의 양육과 국가 및 사회발전에 기여한 자로서 존경받으며 건전하고 안정된 생활을 보장받음
③ 노인은 능력에 따라 적당한 일에 종사하고 사회적 활동에 참여할 기회를 보장받음
④ 노인은 심신의 건강을 유지하고 그 지식과 경험을 활용하여 사회의 발전에 기여하도록 노력하여야 함

(2) 노인에 대한 제 이론

① **분리이론** : 어느 시점에서 장년자를 젊은 자와 교체할 필요가 생김. 즉, 노화와 죽음의 가능성이 커짐에 따라 개인은 자신의 내적인 면을 돌보고, 일생을 정리하기 위하여 타인들과의 인간관계의 빈도를 줄이고 인간관계의 성질도 소극적인 자세로 대처하고자 함
② **활동이론** : 생물학적 측면과 건강의 불가피한 변화를 제외하고 노인은 근본적으로 중년기 때와 같은 심리적·사회적 욕구를 지니고 있으므로 노년에서 여전히

노인복지의 기본원칙
- 존엄성 및 개성존엄의 원칙
- 개별화의 원칙
- 자기결정의 원칙
- 권리와 책임의 원칙
- 보편성과 선별성의 원칙
- 개발적 기능의 원칙
- 전체성의 원칙
- 전문성의 원칙
- 시대적 욕구반영의 원칙

노인의 4고(四苦)
- 빈고(貧苦, 소득원의 상실)
- 고독고(孤獨苦, 소외와 고독감)
- 무위고(無爲苦, 역할의 상실)
- 병고(病苦, 건강불경)

활동하고자 함
③ **계속성이론** : 발달심리학 입장에서 생활주기의 제 단계에는 변화와 함께 계속성이 보여진다는 것으로 인간은 성장과 함께 습관, 기호 등을 그대로 유지하고자 함
④ **교환이론** : 노인은 대인관계나 보상관계 교환의 불균형을 초래함. 노령으로 인한 교환자원의 가치의 변동과 권력의 감소로 인해 문제시되므로 이익 강화로의 대책을 수립함
⑤ **하위문화이론** : 노인에게는 공통적인 특징이 있으며, 이로 인해 노인들은 사회 내에서 뚜렷한 하나의 집단을 형성함
⑥ **자기인식의 위기이론(동일화 위기이론)** : 노년기에 와서 본의 아니게 사회적 지위의 변화가 오고 이를 인정하지 못할 때 위기상황에 접하게 됨
⑦ **현대화이론** : 현대화라는 사회적 변화가 노인의 지위를 하락시키고 있다는 것
⑧ **노령계층화이론** : 연령계층과 사회구조, 연령계층 간의 관계 및 특성을 다룸. 이 이론은 세대차이나 동년배 집단의 차이를 이해하는 데 유용한 이론이나 연령계층에 대한 실제적·조작정의가 어려워 실증적으로 어려운 한계가 있음

2. 노인복지법

(1) 용어해설

① **부양의무자** : 배우자(사실상의 혼인관계에 있는 자를 포함한다)와 직계비속 및 그 배우자(사실상의 혼인관계에 있는 자를 포함한다)를 말함
② **보호자** : 부양의무자 또는 업무·고용 등의 관계로 사실상 노인을 보호하는 자를 말함
③ **치매** : 치매관리법 제2조제1호에 따른 치매를 말함
④ **노인학대** : 노인에 대하여 신체적·정신적·성적 폭력 및 경제적 착취 또는 가혹 행위를 하거나 유기 또는 방임을 하는 것을 말함

(2) 노인주거복지시설

노인주거복지시설	양로시설, 노인복지주택, 노인공동생활가정
노인의료복지시설	노인요양시설, 노인요양공동생활가정
노인여가복지시설	노인복지관, 경로당, 노인교실
재가노인복지시설	방문요양서비스, 주·야간보호서비스, 단기보호서비스, 방문목욕서비스, 그 밖에 재가노인에게 제공하는 서비스로서 보건복지부령이 정하는 서비스
노인보호전문기관	중앙노인보호전문기관, 지역노인보호전문기관
노인일자리지원기관	노인인력개발기관, 노인일자리지원기관, 노인취업알선기관
학대 피해 노인 전용쉼터	

SEMI-NOTE

노인의 날
매년 10월 2일 (매년 10월은 경로의 달)

보건·복지조치
- 노인의 사회참여지원
- 노인알자리전담기관의 설치·운영 등
- 지역봉사지도원 위촉 및 업무
- 생업지원
- 경로우대
- 건강진단
- 홀로 사는 노인에 대한 지원
- 상담·입소조치
- 노인재활요양사업

03절 장애인복지

1. 장애인복지론

(1) 장애인복지의 개념
① 장애인의 정상화를 위하여 재활로서 사회통합을 이루려는 관계전문가의 조직적 서비스활동으로, 사회복지사업분야에서 가장 핵심적이고도 사회적 욕구를 필요로 하는 분야
② 신체적 장애란 주요 외부 신체기능의 장애, 내부기관의 장애 등을 말함
③ 정신적 장애란 정신지체 또는 정신적 질환으로 발생하는 장애를 말함

(2) 재활
① 재활애인에게 의료적·사회적·교육적·직업적인 재훈련을 통합적·협동적으로 실시함으로써 각 개인에 대하여 가능한 한 최대한의 기능회복을 부여하는 것을 말함
② 사회적 책임을 강조하는 인도주의를 기본철학으로 하여 모든 장애를 제거함으로써 사회로 복귀하는 것을 목표로 함

2. 장애인복지법

(1) 장애인의 정의와 종류
① 장애인의 정의
  ㉠ 장애인이란 신체적·정신적 장애로 오랫동안 일상생활이나 사회생활에서 상당한 제약을 받는 자
  ㉡ 장애인학대란 장애인에 대하여 신체적·정신적·정서적·언어적 폭력이나 가혹행위, 경제적 착취, 유기 또는 방임을 하는 것을 말함
② 장애인의 종류

신체적 장애	지체장애인, 뇌병변장애인, 시각장애인, 청각장애인, 언어장애인, 신장장애인, 심장장애인, 호흡기장애인, 간장애인, 안면장애인, 장루·요루장애인, 간질장애인, 뇌전증장애인
정신적 장애	지적장애인, 자폐성장애인, 정신장애인

(2) 장애인 복지시설
① 장애인 거주시설 : 거주공간을 활용하여 일반가정에서 생활하기 어려운 장애인에게 일정 기간 동안 거주·요양·지원 등의 서비스를 제공하는 동시에 지역사회생활을 지원하는 시설
② 장애인 지역사회재활시설 : 장애인을 전문적으로 상담·치료·훈련하거나 장애인의 일상생활, 여가활동 및 사회참여활동 등을 지원하는 시설

장애인복지의 특성
- 장애문제의 복잡성
- 장애인복지의 종합성
- 장애인복지의 역동성
- 장애인복지의 책임성

미국 재활협회의 재활개념
심신장애자의 신체적·정신적·사회적·직업적·경제적 가용능력을 최대한으로 회복시키는 것을 말함. 즉, 사회심리적·직업적인 재활과정을 강조

장애인의 날
매년 4월 20일

자립생활의 지원
- 자립생활지원 : 국가와 지방자치단체는 장애인의 자기결정에 의한 자립생활을 위하여 활동지원사의 파견 등 활동보조서비스 또는 장애인보조기구의 제공, 그 밖의 각종 편의 및 정보제공 등 필요한 시책을 강구하여야 함
- 장애인자립생활지원센터 : 국가와 지방자치단체는 장애인의 자립생활을 실현하기 위하여 장애인자립생활지원센터를 통하여 필요한 각종 지원서비스를 제공함
- 활동지원급여의 지원 : 국가와 지방자치단체는 장애인이 일상생활 또는 사회생활을 원활히 할 수 있도록 활동지원급여를 지원할 수 있음

③ 장애인 직업재활시설 : 일반 작업환경에서는 일하기 어려운 장애인이 특별히 준비된 작업환경에서 직업훈련을 받거나 직업 생활을 할 수 있도록 하는 시설
④ 장애인 의료재활시설 : 장애인을 입원 또는 통원하게 하여 상담, 진단·판정, 치료 등 의료재활서비스를 제공하는 시설

3. 장애인차별금지법 ★ 빈출개념

(1) 차별행위(제4조)
① 장애인을 장애를 사유로 정당한 사유 없이 제한·배제·분리·거부 등에 의하여 불리하게 대하는 경우
② 장애인에 대하여 형식상으로는 제한·배제·분리·거부 등에 의하여 불리하게 대하지 아니하지만 정당한 사유 없이 장애를 고려하지 아니하는 기준을 적용함으로써 장애인에게 불리한 결과를 초래하는 경우
③ 정당한 사유 없이 장애인에 대하여 정당한 편의 제공을 거부하는 경우
④ 정당한 사유 없이 장애인에 대한 제한·배제·분리·거부 등 불리한 대우를 표시·조장하는 광고를 직접 행하거나 그러한 광고를 허용·조장하는 경우(광고는 통상적으로 불리한 대우를 조장하는 광고효과가 있는 것으로 인정되는 행위를 포함)
⑤ 장애인을 돕기 위한 목적에서 장애인을 대리·동행하는 자에 대하여 ①~④의 행위를 하는 경우(장애인 관련자의 장애인에 대한 행위 또한 장애인차별금지법에서 금지하는 차별행위 여부의 판단대상이 됨)
⑥ 보조견 또는 장애인보조기구 등의 정당한 사용을 방해하거나 보조견 및 장애인보조기구 등을 대상으로 ④에 따라 금지된 행위를 하는 경우

(2) 차별판단(제5조)
① 차별의 원인이 2가지 이상이고, 그 주된 원인이 장애라고 인정되는 경우 그 행위는 이 법에 따른 차별로 봄
② 법을 적용함에 있어서 차별 여부를 판단할 때에는 장애인 당사자의 성별, 장애의 유형 및 정도, 특성 등을 충분히 고려하여야 함

> **SEMI-NOTE**
>
> 국가와 지방자치단체의 장애인 고용의무(장애인고용촉진 및 직업재활법)
> • 국가와 지방자치단체
> - 2022년 1월 1일부터 2023년 12월 31일까지 : 1천분의 36
> - 2024년 이후 : 1천분의 38
> • 사업주 : 상시 50명 이상의 근로자를 고용하는 사업주는 그 근로자의 총수의 100분의 5의 범위에서 대통령령으로 정하는 비율 이상에 해당하는 장애인을 고용하여야 함

04절 가족복지

1. 가족복지론

(1) 가족문제에 대한 분석접근방법
① 구조적 분석접근
  ㉠ 가족문제의 발생근원이 가족의 구조적 결함에 기인
  ㉡ 모자, 부자, 자녀가족 등의 결손가족이 대표적

ⓒ 구성원 간의 연령차, 불구인 성원, 성별 분류 등의 관계에서도 문제가 될 수 있음
② **기능적 분석접근** : 가족 내의 하위체계 기능, 성원의 역할기능 등의 수행 정도를 파악하여 접근
  ㉠ **적응** : 경제적 기능
  ㉡ **목표달성** : 관리적 기능
  ㉢ **통합** : 역할조정, 가치규범에 의한 통합
  ㉣ **잠재화 및 유형유지** : 가치규범의 내면화 등
③ **관계적 분석접근**
  ㉠ 가족의 관계적 측면에서는 가족 내의 항상성 균형유지의 힘이 어떻게 작용하는가를 중시
  ㉡ 가족 간의 커뮤니케이션의 형태를 중시
  ㉢ 항상성 균형유지를 중요시함
④ **사회경제적 조건의 분석접근**
  ㉠ 장애와 결여의 원인이 개인이나 가족 내에 있다고 한정하지 않는 견해로서 지역사회, 사회적·문화적 요인 등을 분석대상으로 봄
  ㉡ 가족의 사회경제적 조건에 대한 조사·평가와 아울러 여타의 지역사회, 경제체제, 사회문화적 요인 등에 대처할 수 있도록 가족의 능력을 이해하고 증진을 도모
  ㉢ 가족의 빈곤, 질병, 실업, 비행, 범죄 등 사회경제적 문제들은 가족의 관계나 기능에 많은 문제를 파생하게 함
⑤ **역동적 분석접근**
  ㉠ 가족장애와 침투성으로 인한 가족관계의 혼란이 외부까지 혼란하게 하는 경향을 개념화하여 활용
  ㉡ 가족 내의 한 체계의 장애가 타의 체계 및 가족전체의 체계에 역동적으로 영향을 미치게 됨
  ㉢ 연쇄적 파생문제를 해결하기 위해 위기이론을 활용
  ㉣ 가족문제의 복합성으로 인해 가족문제 분석의 총결산이라고 할 수 있음

2. 한부모가족지원법

(1) 한부모가족지원법 개요

① 이 법은 한부모가족이 건강하고 문화적인 생활을 영위할 수 있도록 함으로써 한부모가족의 생활안정과 복지증진에 이바지함을 목적으로 함
② 국가와 지방자치단체는 한부모가족의 복지를 증진할 책임을 지며, 한부모가족의 권익을 보호하기 위하여 노력하여야 함
③ 국가와 지방자치단체는 한부모가족에 대한 사회적 편견과 차별을 예방하고, 사회구성원이 한부모가족을 이해하고 존중할 수 있도록 교육 및 홍보 등 필요한 조치를 할 수 있음

한부모가족지원 복지급여
• 생계비
• 아동양육비
• 아동교육지원비

한부모가족지원 복지자금 대여
• 의료비
• 사업자금
• 아동교육비
• 주택자금

④ 모든 국민은 한부모가족의 복지증진에 협력하여야 함
⑤ 한부모가족의 모 또는 부는 임신과 출산 및 양육을 사유로 합리적인 이유 없이 교육·고용 등에서 차별받지 않음
⑥ 한부모가족의 모 또는 부와 아동은 그가 가지고 있는 자산과 노동능력 등을 최대한으로 활용하여 자립과 생활향상을 위하여 노력하여야 함

(2) 한부모가족복지시설

① 모자(부자)가족복지시설

기본생활지원	생계가 어려운 모자(부자)가족에게 일정 기간 동안 주거와 생계를 지원
공동생활지원	독립적인 생활이 어려운 모자(부자)가족에게 일정 기간 동안 공동생활을 통하여 자립을 준비할 수 있도록 주거 등을 지원
자립생활지원	자립욕구가 강한 모자(부자)가족에게 일정 기간 동안 주거를 지원

② 미혼모자가족복지시설

기본생활지원	미혼 여성의 임신·출산 시 안전 분만 및 심신의 건강 회복과 출산 후의 아동의 양육 지원을 위하여 일정 기간 동안 주거와 생계를 지원
공동생활지원	출산 후 해당 아동을 양육하지 아니하는 미혼모 또는 미혼모와 그 출산 아동으로 구성된 미혼모자가족에게 일정 기간 동안 공동생활을 통하여 자립을 준비할 수 있도록 주거 등을 지원

③ 일시지원복지시설 : 배우자(사실혼 관계에 있는 사람을 포함한다)가 있으나 배우자의 물리적·정신적 학대로 아동의 건전한 양육이나 모의 건강에 지장을 초래할 우려가 있을 경우 일시적 또는 일정 기간 동안 모와 아동 또는 모에게 주거와 생계를 지원하는 시설
④ 한부모가족복지상담소 : 한부모가족에 대한 위기·자립 상담 또는 문제해결 지원 등을 목적으로 하는 시설

3. 영유아보육법

(1) 영유아보육법 개요

① 이 법은 영유아를 심신을 보호하고 건전하게 교육하여 건강한 사회 구성원으로 육성함과 아울러 보호자의 경제적·사회적 활동이 원활하게 이루어지도록 함으로써 영유아 및 가정의 복지증진에 이바지함을 목적으로 함
② 보육은 영유아의 이익을 최우선적으로 고려하여 제공되어야 함
③ 보육은 영유아가 안전하고 쾌적한 환경에서 건강하게 성장할 수 있도록 하여야 함
④ 영유아는 자신이나 보호자의 성, 연령, 종교, 사회적 신분, 재산, 장애, 인종 및 출생지역 등에 따른 어떠한 종류의 차별도 받지 아니하고 보육되어야 함
⑤ 모든 국민은 영유아를 건전하게 보육할 책임을 짐
⑥ 국가와 지방자치단체는 보호자와 더불어 영유아를 건전하게 보육할 책임을 지며, 이에 필요한 재원을 안정적으로 확보하도록 노력하여야 함

SEMI-NOTE

용어해설
- **영유아** : 6세 미만의 취학 전 아동을 말함
- **보육** : 영유아를 건강하고 안전하게 보호·양육하고 영유아의 발달 특성에 맞는 교육을 제공하는 어린이집 및 가정양육 지원에 관한 사회복지서비스를 말함
- **어린이집** : 보호자의 위탁을 받아 영유아를 보육하는 기관을 말함
- **보호자** : 친권자·후견인, 그 밖의 자로서 영유아를 사실상 보호하고 있는 자를 말함
- **보육교직원** : 어린이집 영유아의 보육, 건강관리 및 보호자와의 상담, 그 밖에 어린이집의 관리·운영 등의 업무를 담당하는 자로서 어린이집의 원장 및 보육교사와 그 밖의 직원을 말함

(2) 어린이집의 종류

① **국·공립어린이집** : 국가나 지방자치단체가 설치·운영하는 어린이집
② **사회복지법인어린이집** : 사회복지사업법에 따른 사회복지법인이 설치·운영하는 어린이집
③ **법인·단체등어린이집** : 각종 법인(사회복지법인을 제외한 비영리법인)이나 단체 등이 설치·운영하는 어린이집으로서 대통령령으로 정하는 어린이집
④ **직장어린이집** : 사업주가 사업장의 근로자를 위하여 설치·운영하는 어린이집 (국가 또는 지방자치단체의 장이 소속공무원 및 국가나 지방자치단체의 장과 근로계약을 체결한 자로서 공무원이 아닌 자를 위하여 설치·운영하는 어린이집을 포함)
⑤ **가정어린이집** : 개인이 가정이나 그에 준하는 곳에 설치·운영하는 어린이집
⑥ **부모협동어린이집** : 보호자들이 조합을 결성하여 설치·운영하는 어린이집
⑦ **민간어린이집** : ①~⑥의 규정에 해당하지 아니하는 어린이집

05절 재가복지

1. 재가복지론

(1) 의의

① 보호를 필요로 하는 사람들이 자신의 가정에서 보호를 받는다는 개념
② 공공과 민간의 공식적 조직에 의한 보호와 가족, 친척, 이웃 등 비공식적 조직에 의한 보호 모두를 포함
③ 가정이라는 환경이 필요하다는 측면에서 지역사회보호와 유사성을 가지고 있으나, 가족적 환경에서 보호를 포함하고 있지 않다는 점에서는 지역사회보호와 차이가 있음

(2) 3대 핵심사업

① 주간보호사업
  ㉠ 가정에서 통원을 중심으로 서비스를 제공받을 수 있는 시설
  ㉡ 주간보호서비스를 이용하는 노인들의 교통서비스
  ㉢ 생활지도 및 일상생활의 동작훈련 등 심신의 기능회복을 위한 서비스
  ㉣ 급식 및 목욕서비스
  ㉤ 취미, 오락, 운동 등 여가생활서비스
  ㉥ 노인 가족들을 위한 교육 및 상담서비스
② 단기보호사업
  ㉠ 집에서 보호를 받고 있는 장애노인을 단기간 수용·보호하는 프로그램
  ㉡ 안정과 휴양의 장소 제공

ⓒ 보호 · 감독의 서비스
　　ⓓ 장애에 따른 사회적 고립예방서비스
　　ⓔ 가벼운 질병이나 장애에 대한 의료재활서비스
　③ 가정봉사원 파견사업
　　ⓐ 정신적 · 신체적 이유로 혼자서 일상생활을 하기가 곤란한 노인을 위해 식사제공서비스
　　ⓑ 목욕서비스, 병원안내서비스 등 각종 생활편의를 위한 서비스를 제공하는 프로그램

2. 재가복지서비스법

(1) 재가복지서비스

　① 가정봉사서비스 : 가사 및 개인활동을 지원하거나 정서활동을 지원하는 서비스
　② 주간 · 단기보호서비스 : 주간 · 단기보호시설에서 급식 및 치료 등 일상생활의 편의를 낮 동안 또는 단기간 동안 제공하거나 가족에 대한 교육 및 상담을 지원하는 서비스

(2) 보호대상자의 보호자에 대한 지원과 가정봉사원의 양성

　① 보호대상자의 보호자에 대한 지원 : 국가나 지방자치단체는 서비스 제공이 결정된 보호대상자를 자신의 가정에서 돌보는 사람에 대하여 보건복지부령으로 정하는 바에 따라 그 보호자의 부담을 줄이기 위한 상담을 실시하거나 금전적 지원 등을 할 수 있음
　② 가정봉사원의 양성 : 국가나 지방자치단체는 재가복지서비스를 필요로 하는 가정 또는 시설에서 보호대상자가 일상생활을 하기 위하여 필요한 각종 편의를 제공하는 가정봉사원을 양성하도록 노력하여야 함

실력UP 시설보호 · 지역사회보호

시설보호	• 장애인, 노인 등 사회적 보호를 요하는 사람들이 하나의 일정한 시설에서 보호서비스와 함께 의식주를 제공받으면서 장기적 · 단기적으로 거주하는 형태의 사회적 보호를 말함 • 주거개념이 포함되며, 훈련된 직원이 함께 거주하며 엄격한 규율과 절차가 있어 개인의 자유와 선택이 제한되는 폐쇄적 개념의 보호
지역사회보호	• 가능한 한 사회적 보호를 필요로 하는 사람의 가정 또는 그와 유사한 지역사회 내의 환경에서 서비스를 제공하는 사회적 보호의 형태 • 서비스 제공을 위해 함께 동거하는 직원이 없고, 일상적인 생활의 결정은 개인이 함

SEMI-NOTE

정신건강의 날
매년 10월 10일

청소년지도자(청소년 기본법)
- 청소년지도사
- 청소년상담사
- 청소년육성 및 지도업무 종사자

청소년의 달
매년 5월

청소년부모 지원(청소년 복지지원법)
- 청소년부모에 대한 가족지원서비스
- 청소년부모에 대한 복지지원
- 청소년부모에 대한 교육지원
- 청소년부모에 대한 직업체험 및 취업 지원

06절 정신건강·청소년

1. 정신건강복지법

목적	정신질환의 예방·치료, 정신질환자의 재활·복지·권리보장과 정신건강 친화적인 환경 조성에 필요한 사항을 규정함으로써 국민의 정신건강증진 및 정신질환자의 인간다운 삶을 영위하는 데 이바지함을 목적으로 함
정신건강증진시설	• 정신의료기관 • 정신요양시설 • 정신재활시설
정신재활시설의 종류	• 생활시설 • 재활훈련시설

2. 청소년 기본법

목적	청소년의 권리 및 책임과 가정·사회·국가·지방자치단체의 청소년에 대한 책임을 정하고 청소년정책에 관한 기본적인 사항을 규정함을 목적으로 함
정의	• 청소년 : 9세 이상 24세 이하인 사람을 말함 • 청소년육성 : 청소년활동을 지원하고 청소년의 복지를 증진하며 근로 청소년을 보호하는 한편, 사회 여건과 환경을 청소년에게 유익하도록 개선하고 청소년을 보호하여 청소년에 대한 교육을 보완함으로써 청소년의 균형 있는 성장을 돕는 것을 말함 • 청소년활동 : 청소년의 균형 있는 성장을 위하여 필요한 활동과 이러한 활동을 소재로 하는 수련활동·교류활동·문화활동 등 다양한 형태의 활동을 말함 • 청소년복지 : 청소년이 정상적인 삶을 누릴 수 있는 기본적인 여건을 조성하고 조화롭게 성장·발달할 수 있도록 제공되는 사회적·경제적 지원을 말한다. • 청소년보호 : 청소년의 건전한 성장에 유해한 물질·물건·장소·행위 등 각종 청소년 유해 환경을 규제하거나 청소년의 접촉 또는 접근을 제한하는 것을 말함

실력UP 청소년복지시설과 청소년활동시설 ★ 빈출개념

청소년복지시설(청소년 복지지원법 제31조)	청소년활동시설(청소년활동 진흥법 제10조)
• 청소년쉼터 • 청소년자립지원관 • 청소년치료재활센터 • 청소년회복지원시설	• 청소년수련시설(청소년수련관, 청소년수련원, 청소년문화의 집, 청소년특화시설, 청소년야영장, 유스호스텔) • 청소년이용시설